Josef Schaller

Trilenium
Chronik der Zukunft

Bücher von Josef Schaller:

Chronik Zwiesel u. Umgebung ISBN 3-930692-00-7
Mann zwischen zwei Welten ISBN 3-930692-01-5
Tränen aus Glas ISBN 3-930692-02-3
Servus - Tränen der Götter ISBN 3-930692-03-1

Trilenium - Chronik der Zukunft ISBN 3-930692-05-8

Alle Rechte vorbehalten
Copyright 1994
Josef Schaller

Verlag A. Maier-Zwiesel
Postfach 1320 - D 94222 Zwiesel
Tel. 09922-2693

ISBN 3 - 930692 - 05 - 8

Josef Schaller

TRILENIUM

Zukunftsvisionen und Prognosen
für die Jahrtausendwende

A. Maier Verlag - Zwiesel

Inhalt

Zeitlos - Raumlos   9

I. Waldpropheten
Mühlhiasl oder Stromberger   13
Emerenz Meier   16
'Mühlhiasl' Prophezeiungen   18
Der Waldhirt Stormberger   23
Schau was i hab' traamt!   34
Prokop, der Waldhirt (1887-1965)   36
Waldpropheten, Versuch einer Deutung   38
Hedwig E. Seeler und der Waldprophet   40

II. Zukunftsvisionen
Wissenschaft und Parapsychologie   47
Die Zeit eilt ihrem Ende entgegen   51
Der blinde Jüngling aus Prag   54
Nostradamus   62
Die Weissagung von Kloster Orval   72
Bartholomäus Holzhauser   75
Antichrist versus dem großen Monarchen   82
Die Sybille von Prag   86
Die Zukunft nach der Sibylle von Prag   94
Die Wismarer Prophezeiung   101
Fuhrmannl   103
Bernhard Rembold, der Spielbernd   105
Johann Peter Knopp   108
Alois Simon Maaß, der alte Fließer Pfarrer   109
Katharina Leistnerin, die 'Geißenkäthe'   112
Wessel Dietrich Eilert   113
Ludovico Rocco OFM   115

Der Altöttinger Mönch	118
Lied der Linde	120
Der einäugige Bauer aus Elsen	130
Das Ende Roms?	132
Orakel der Sibyllen	138
Die Prophezeiungen Don Boscos	140
Sepp Wudy, der Bauernknecht	144
Der Kriegsgefangene	147
Der Eismeerfischer - Anton Johansson	162
Der Seher Franz Kugelbeer	173
Der Seher von Vorarlberg	175
Elena Aiello	177
Prophezeiungen über: Drei Tage Finsternis	181
Die selige Anna Maria Taigi verkündet...	181
Marie Julie Jahenny	182
Vision der Nonne Schwester Maria	183
Mahngedicht	184
Karmohaksis	185
Prophezeiungen verschiedener Seher	188
Der Benediktiner Mönch aus Maria Laach	188
Die Mainzer Prophetie	189
Der Irländer John Wallich	190
Hilarion	192
Nectou	194
Nativitas	195
Vision der Prinzessin Bilcante von Savoyen	198
Die Helmsauer Marie	199
Die Weissagung der heiligen Odilie	202
Der unbekannte Mönch	203
Der Mönch aus Polen	203
Die letzte Weltschlacht	205
Das Buch vom Marienthaler Kloster	206
Antonius von Aachen	206

Solowjow	208
Donoso Cortés	209
Prophezeiung aus dem fernen Osten	211
Madame Sylvia	212
Maria-Erscheinungen und Voraussagungen	216
La Salette	217
Das dritte (Vatikan) Geheimnis von Fatima	222
Maria Mesmin	228
Andere Marienerscheinungen	230
Edgar Cayce, der schlafende Prophet	238
Alois Irlmaier	248
Jean Dixon	269
Die Voraussagungen des Pietro Ubaldi	278
Schlußwort	281

III. TRILENIUM

Vorwort	282
Einleitung	284
Chronik des Trileniums	
Der Brief	286
Die Energie der Technik	290
Umwelt- und Arbeitspolitik	294
Atom- und Giftmüllentsorgung	297
Intelligenz- und Wetterkontrolle	299
Genforschung & medizinische Entwicklung	302
Weltraumforschung	307
Kontakt im Weltall	309
Unterhaltung	314
Das Ende der Versicherungen und Banken	318
Wohnung und Haushalt	319
Umweltschäden und ihre Folgen	322
Das Große Abräumen	324
P. I. S.	334

Der Trick mit der Religion	335
Puls der Ewigkeit	339
Drogen und Kriminalität	339
Das neue Kriminalität- und Arbeitsgesetz	341
Neue Erfindungen und Forschung	342
Verkehr und Transport	345
Die Deurop-Bahn	347
Ausklang	351
Dankwort	352
'Zeit'	353

Zeitlos - Raumlos!

Prophezeiungen sind mindestens genau so alt wie die ersten primitiven Religionen, die ein besseres Weiterleben nach dem Tode versprechen. Die Angst vor der ungewissen Zukunft beunruhigt die Menschheit in allen Erdteilen, in allen Völkergruppen und in allen sozialen Schichten. Und so sucht der Mensch fast begierig nach Information über das morgen von denen, die anscheinend die Fähigkeiten besitzen, in die Zukunft zu schauen. Dabei sind es meist solche Individuen, die fern vom Trubel und Treiben der modernen Welt, oft in der Abgeschiedenheit einfacher Dörfer oder Landgegenden, ihre Visionen erleben und an ihre Mitmenschen weiterberichten.

Ähnlich ist es auch in der Stille und Naturverbundenheit von Gebirgen und ländlichen Gegenden, wo immer wieder Leute auftauchen, die seherische Fähigkeiten als 'zweites Gesicht' besitzen.

Im Unterbewußtsein gibt es keine Vergangenheit oder Zukunft - alles ist Gegenwart.

Die Geheimnisse der Zukunft können zeitlich wie auch räumlich nicht genau festgelegt werden.

Obwohl Menschen mit seherischen Veranlagungen oftmals starke Ahnungen und sogar Bilder von bevorstehenden Ereignissen wahrnehmen, so konnte doch selten einer dieser Seher einen genauen Zeitpunkt des von ihm (oder ihr) Vorausgesehenen nennen oder das Geschehnis genau lokalisieren. Nur eine Analyse der wahrgenommenen Bilder ermöglicht es manchmal dem Seher, das Gebiet und den Zeitraum festzustellen.

Wenn dabei Bilder gesehen werden, wie etwa die vom bayerischen Mühlhiasl, der vor etwa 200 Jahren die ihm unbekannten Flugzeuge sah, die ihre Bomben auf deutsche Städte abwarfen, dann entstehen daraus Weissagungen wie: "Eiserne Vögel fliegen und lassen Eier fallen, die viele Menschen umbringen..."

Derselbe Seher prophezeite für den Bayer- und Böhmerwald den Einmarsch feindlicher Truppen aus dem Osten, die er 'die Roten' nannte. Lange Zeit vermutete man, daß es sich dabei um die französische Armee handeln mußte, denn die trugen damals rote Jacken und wurden mancherorts 'die Roten' genannt. Als dann 150 Jahre später die russische Rote Armee in den Böhmerwald und weite Teile Deutschlands einmarschierte, da nahm der Ausdruck 'die Roten' eine völlig andere Bedeutung an. Nun waren 'die Roten' tatsächlich aus dem Osten gekommen, so wie mehr als ein Seher es voraus prophezeit hatte.

Stormberger sah etwa zur selben Zeit als er seine Visionen von 1790 (?) wahrnahm, den Zwieseler Kirchturm, der erst 1898 erbaut wurde, und dabei fiel ihm auf, daß hoch oben auf dem Turm - Birkenbäumchen so groß wie eine Fahnenstange herauswuchsen.

Er vermutete, daß die anderen tragischen Ereignisse, die er etwa zur selben Zeit gesehen hatte, ebenfalls um dieselbe Zeit '...wenn Birken aus dem Zwieseler Kirchturm wachsen' geschehen werden.

Bei den 'eisernen Vögeln', die ihre tödlichen Eier abwarfen stimmte die zeitliche Übereinstimmung, nicht aber bei einigen anderen seiner zeitlichen Prognosen. Auch die Antwort auf die Frage wann das, was er als das große Bankelabräumen bezeichnete, geschehen wird: "Du wirst es nimmer derleben und auch deine Kinder nicht, aber deren Kinder werden es erleben...", stimmte nur zum Teil.

Daß der 'eiserne Wolf' genau auf der Stelle, wo er seinen Hirtenstab in den Boden steckte, auf einer eisernen Straß' durch den Wald fahren würde, ist historisch von Zeitzeugen bestätigt worden. Ebenso die etwa 200 Leute, die bei dem Beerdigungszug mitmarschierten, als der Waldprophet von Rabenstein zum

Friedhof nach Zwiesel gebracht wurde, erzählten für viele Jahrzehnte danach noch, was sie dabei gesehen hatten: Bei der Hammerbrücke brach eins der Wagenräder und der Sarg fiel vom Wagen, wobei der Prophet herausrollte. Fast genau so, wie er es vorausgesagt hatte.

Daß jedoch der Mühlhiasl und der Stormberger zwei verschiedene Personen waren, das belegen noch die älteren Schriften und Aussagen. Etwas verwischt wird hingegen, wer genau welche Voraussagungen gemacht hatte. Dies ist wohl darauf zurückzuführen, daß bis etwa gegen Ende des 19. Jahrhunderts nur mündliche Überlieferungen von den Prophezeiungen dieser beiden Seher vorhanden waren und im Volksmund etwas durcheinander geraten waren. Der erste ausführliche und veröffentlichte Bericht existiert jedoch schon seit mindestens dem 22. Juni 1929, als die Landshuter Zeitung einen Bericht von Wugg Netzer veröffentlichte, den dieser für die Niederaltaicher Nachrichten geschrieben hatte.

Diese prophetischen Aufzeichnungen als Vorgeschichte zum dritten Jahrtausend, ins 'Trilenium' unserer Zeitrechnung, wären nicht komplett, wenn wir nicht auch all die anderen uns bekannten und bedeutendsten Seher aufführen würden. Die dabei angeschlossene Deutung soll zugleich ein Versuch sein, mit den neuesten Erkenntnissen und Ereignissen der vergangenen Jahre die Wahrscheinlichkeit der weiteren, bisher noch nicht eingetroffenen Voraussagungen abzuwägen. Doch der Leser möge sein eigenes Urteil aus den wahrheitsgemäßen Überlieferungen formen.

Abgerundet wird dieser Band mit einer Zukunftsprognose für das kommende Jahrtausend, dem ich den Namen 'Trilenium' gegeben habe. Ob und wieviel davon zutreffen wird, kann nur die Zukunft zeigen.

Waldpropheten

Mühlhiasl oder Stormberger?

'Oana - koana - oder oi zwoa?'

Der Streit der Schriftsteller aus dem Bayerischen Wald, ob die seit fast 200 Jahren im Volksmund als Mühlhiasl und Stormberger bekannte Waldpropheten ein und dieselbe Person war, werden auch wir nicht für die eine oder andere Seite entscheiden können. Ob es den Mühlhiasl, alias Mathias Lang nie gegeben hat, weil ein ehrenwerter Schreibtischforscher herausgefunden hat, daß in Straubing ein Mann mit dem Namen Mathias Lang beerdigt liegt und da nachweislich dieser Lang Hiasl kein Prophet war, sei auch der Mathias Lang, alias Mühlhiasl kein Prophet gewesen...

Wolfgang Johann Bekh berichtet in seinem Buch 'Bayerische Hellseher:

Johann Evangelist Landstorfer, Pfarrer und Dekan in Pinkofen bei Eggmühl, hat am 18. Februar 1923 im 'Straubinger Tagblatt' und in einer Serie von Artikeln im 'Altöttinger Liebfrauenboten' die Authentität des Mühlhiasl ausführlich beschrieben:

"Da mir aus dem Munde des Pfarrers Mühlbauer, dessen sechsundneunzigjähriger Vater noch ein spezieller Freund des Mühlhiasl gewesen war, manches eigenartige Wort eingeprägt worden war, nahm ich mir einmal die Mühe, das Weitere zusammenzutragen und festzuhalten, was in der Erinnerung der ganz alten Leute noch fortlebte."

Bekh schreibt weiter: 'An seiner Glaubwürdigkeit und an der seines Informanten Pfarrer Johann Georg Mühlbauer ist nicht zu zweifeln. Dieser Priestergreis (geboren am 29. Dezember 1827 in Rammersdorf bei Viechtach, 1883 bis 1887 Pfarrer in Achslach, 1887 bis 1904 Pfarrer in Oberaltaich) starb am 18. Mai 1921 als Kommorant in Pinkofen im Alter von 93 Jahren.

Da Mühlbauers Vater das hohe Alter von 97 erreichte, ist die mündliche Tradition lückenlos.'

Wenn dann noch das Sterbebild des ehrenwerten Pfarrers als Beweismaterial benutzt wird, um die 'Mühlhiasl hat's nie gegeben' Behauptung für ein neues Buch zu unterstützen, da kann man nur noch mit dem Kopf schütteln. Besonders wenn man in derselben Beweisführung noch gleich sechs (!) verschiedene mündliche Überlieferung aus den Jahren 1970/75 (!) bringt.

(Man kommt fast in die Versuchung auszurufen: 'Ah geh - ihr Herren Akademiker, laßt's doch den Leut' ihre mystischen Helden und versucht's nicht immer alles besser zu wissen.' - Amen!)

Nach den zahllosen Aussagen und Überlieferungen der beiden berühmtesten Seher aus dem Bayerischen Waldgebirge, der Mühlhiasl - Mathias Lang und der Waldhirte Mathias Stormberger, hat der eifrig wiederholende Volksmund sicherlich einige der Zukunftsprophezeiungen des einen mit denen des anderen durcheinander gebracht. Selbst wenn der weit umherreisende Mathias Lang, alias Mühlhiasl die Prophezeiungen des Stormbergers als seine eigenen verbreitet haben sollte, so wird dadurch doch nur die 'uralte' Existenz dieser Prophezeiungen durch mehrere Aussagen bestätigt.

Da wir hier jedoch nur Prophezeiungen aufzeichnen und keine Laudatios verteilen wollen, interessiert es herzlich wenig, ob der Mühlhiasl oder der Stormberger diese oder jene Voraussagung gemacht hat. Wichtig ist, daß diese Prophezeiungen schon damals, vor vielen Generationen gemacht worden sind und sich zum Teil bereits mit erstaunlicher Genauigkeit erfüllt haben.

Diese Überlieferungen wollen wir nun aufzeichnen und nach den neuesten Erkenntnissen und Ereignissen auswerten.

Um weitere Kontroversen zu vermeiden, werden wir hier alle uns als älteste bekannten Voraussagungen dieser beiden Waldpropheten aufführen, mit dem Namen des jeweils angegebenen Sehers aus dem Quellenmaterial.
Ein Vergleich zwischen Mühlhiasl und Stormberger Prophezeiungen, die sogenannte Keilhofer Abschrift, befand sich schon seit Generationen im Besitz der Familie Keilhofer vom Gasthof 'Zur Waldbahn', ehe sie Paul Friedl 1921 dort abschrieb, und als dritte Version folgt anschließend die im 19. Jahrhundert entstandene Niederschrift des Lehrers Westermeyer von Preying, die schon vor der Jahrhundertwende im 'Grafenauer Anzeiger' veröffentlicht worden war.
Hier allerdings wurde der Seher, Waldhirt und Aschenbrenner zu Rabenstein bei Zwiesel - Andreas Starremberger genannt. Ein typisches Beispiel dafür, wie durch mündliche Überlieferung gravierende Abänderungen entstehen können.
Die Ähnlichkeit der Voraussagungen dieser beiden Waldpropheten ist so frappierend, daß man sicherlich von ein und derselben ausgehen kann. Nur - im Falle der Mühlhiasl Prophezeiung handelt es sich um die Version aus dem Bogener Landkreis und bei der Stormberger Überlieferung, um die aus der Zwieseler Gegend.

Emerenz Meier erzählt...

In dem Buch 'Das Jahr der schönen Täuschungen' berichtet Hans Carossa von einer Begegnung mit der Dichterin Emerenz Meier im Sommer 1899:

"Die Senz erzählte von den Prophezeiungen, die seit anderthalbhundert Jahren im Bayer- und Böhmerwald umlaufen. Zeitenweise vergaß das Volk auf sie, dann aber huschten sie auf einmal wieder durch die abendlichen Spinnstuben.

Die Dichterin dämpft die Stimme, als fürchte sie heimliche Lauscher; in mir vermutet sie wohl einen besonders guten Zuhörer, sie hätte aber noch einen besseren verdient. Ein junger Mensch, der eben erst zu entdecken beginnt, wie wunderbar es mitten im Alltag zugeht, hat kaum den rechten Sinn für Märchen, und etwas anderes als märchenhafte Hirngespinste sah ich nicht in diesen Vorhersagungen, die man einem längst verstorbenen Hirten oder Waldhüter zuschrieb.

Die eisernen Wägen, die ohne Rosse und ohne Deichsel fahren, gab es freilich schon in Form von Eisenbahnen; Kraftwägen kannte das Land noch nicht.

Der große Krieg aber, der für eine Zeit verkündet war, wo die 'Rabenköpf', also die schwarzen Kopftücher der Bäuerinnen 'schön staad wieder abkommen' würden, der stand noch aus, und ich glaubte so wenig an ihn, wie die Vertreibung von Kaisern und Königen oder an das Ungültigwerden des Geldes. Auch nahm ich's nur als eine hübsche, nicht gerade neue Phantasie, daß die Menschen dann in der Luft fliegen würden, wie die Vögel.

Die Erzählerin aber glühte von diesen Gesichten; sie schien auch an die allgemeine Seelenverfinsterung zu glauben, die dem Krieg dereinst folgen werde. Da müsse einer den anderen hassen, der Himmel werde ein Zeichen geben, das große Abräumen stehe bevor.

Wer dann auf der Flucht zwei Brotlaibe unter dem Arm trage und einen verliere, der soll ihn liegen lassen und weiterlaufen, einer sei ausreichend, bald werde alles vorüber sein. Wer zur Nachtzeit auf dem Rachel oder Lusen stehe, der sehe nirgends ein Lichtlein mehr, öd und ausgestorben sei das Waldland, Brennesseln wüchsen aus den Fenstern. Einmal aber, wenn die Leut genug 'gereitert' (durchgesiebt) seien, komme eine gute, fromme Friedenszeit. Wer dann noch lebe, der kriege Haus und Grund geschenkt, und je mehr Hände (Hilfskräfte) einer habe, um so mehr werde er gelten.''

Emerenz Meier - aus ihr sprach der Volksmund - erzählte dem einundzwanzigjährigen Carossa also schon 1899 vom Aussterben der niederbayerischen Tracht nach 1900, von der Luftfahrt, vom Ersten Weltkrieg, vom Sturz der Monarchen, von der Inflation, von den Revolutionen, sozialistischen wie nationalsozialistischen, vom Verfall des Glaubens und der Moral, von der reichen Ernte des Todes in kommenden schrecklichen Kriegen...

'Mühlhiasl' Prophezeiungen

**Nach der Landstorferschen Fassung - Straubinger Tagblatt, 28. Februar 1923
Paul Friedls Aufzeichnung in seinem Buch: 'Prophezeiungen aus dem bayerisch-böhmischen Raum', und Wugg Netzer, Landshuter Zeitung vom 22. Juni 1929.**

Wird ein großer Krieg kommen. Ein Kleiner fangt ihn an, und ein Großer, der übers Wasser kommt, macht ihn aus.

Da wird aber zuerst eine Zeit sein, die dem großen Krieg vorausgeht und ihn herbeiführt.

Eine Zeit wird kommen, wo die Menschen wieder wenig werden, und die Welt abgeräumt wird. Das wird sein, -

...wenn die Bauern mit gewichsten Stiefeln in der Miststatt stehen.

...wenn sich die Bauernleut gewanden wie die Städtischen und die Städtischen wie die Narren.

...wenn die roten Hausdächer kommen, und die Rabenköpf (schwarzen Kopftücher) wieder abkommen und die Weiberleut Hüte tragen wie die Mannsbilder.

...wenn die farbigen Hüt aufkommen und Leut rote Schuhe tragen.

...wenn die Weiberleut auf der Straß' wie Gäns daher kommen und eine Spur hinterlassen wie die Geißböck.

...wenn der eiserne Hund auf der Donau herauf bellt.

...wenn die Wägen ohne Roß und Deichsel fahren.

...wenn d'Leut in der Luft fliegen können.

...wenn die Leut mit zweiradeligen Karren fahren, so schnell, daß kein Roß und kein Hund mitlaufen kann.

...wenn der Hochwald ausschaut wie dem Bettelmann sein Rock.

...wenn man Manner und Weiber nicht mehr auseinander kennt.

...wenn d'schwarze Straß von Passau heraufkommt.

...wenn im Vorwald draußen die eiserne Straß fertig ist (gemeint war die 1914 vollendete Bahnstrecke Deggendorf - Kalteneck).

...wenn d'Bauern nimmer arbeiten wollen.

...wenn die Bauernleut lauter Kuchen fressen. Aber es wird ihnen noch einmal schlecht gehen, wenn alles drunter und drüber geht.

...dann werden sie sich Zäune ums Haus machen und auf die Leute schießen. Und dann werden sie Steine zu Brot backen und Brennesseln essen.

In den Städten wird alles drunter und drüber gehen. Die feinen Leute werden zu den Bauern aufs Land kommen und werden sagen: Laß mich ackern. Man wird sie aber an den feinen Händen erkennen und sie erschlagen.

Alles nimmt seinen Anfang, wenn ein großer weißer Vogel oder ein Fisch über den Wald fliegt.

(Damit war wohl der Zeppelin gemeint, der über 100 Jahre später - 1914 - den Bayerwald überflog)

...dann kommt der Krieg und noch einer, und dann wird der letzte kommen.

Vom Osten her wird es kommen und im Westen aufhören.

Der letzte Krieg wird der Bänkeabräumer sein. Er wird nicht lange dauern. Er wird so schnell gehen, das kein Mensch es glauben kann, aber es gibt viel Blut und Leichen.

Es wird so schnell gehen, daß einer, der beim Wegrennen zwei Laib Brot unterm Arm hat und einen davon verliert, sich nicht darum bücken braucht, weil er mit einem Laib auch langt.

Zuvor werden viele Häuser gebaut wie Paläste, für die Soldaten, aber dann werden einmal die Brennesseln aus dem Fenster wachsen.

Das Geld aber wird zu Eisen, wenn die Not kommt, und man wird sich dafür nichts kaufen können.

Wenn die Fledermaus auf dem Geld erscheint, dann geht es zum zweiten großen Krieg.

(Der 20 Reichsmark-Schein im Dritten Reich trug links oben ein Ornament, das einer Fledermaus sehr ähnlich sah).

Da wird aber ein strenger Herr kommen und ihnen die Haut abziehen und ein strenges Regiment führen.

Nachher kommt der große Krieg. Nach dem Krieg meint man, es ist Ruh, ist aber keine. Die hohen Herren sitzen zusammen und machen Steuern aus, die niemand zahlen wird.

Aber die Kleinen werden groß und die Großen klein, und da wird sich erweisen, daß der Bettelmann, wenn er aufs Roß kommt, nicht zu derreiten ist.

In dieser Zeit wird das Geld so knapp, daß man sich um einen Goldgulden einen Bauernhof kaufen kann.

Das wird aber auch eine Zeit sein, da man um 200 Gulden keinen Laib Brot bekommt. Aber eine Not wird doch nicht sein.

Geld wird gemacht, so viel, daß mans nimmer kennen kann. Wenns gleich lauter Papierflankerl sind, kriegen die Leute noch nicht genug daran. (Die Inflation!) Auf einmal gibts keins mehr.

Kommt aber auch wieder eine gute Zeit, und die Leute werden fressen und saufen vom Überfluß.

Nachher stehts Volk auf. Bald's angeht, ist einer übern andern, raufen tut alles, wer etwas hat, dem wirds genommen, in jedem Haus ist Krieg, kein Mensch kann mehr dem anderen helfen.

Dann wird es wieder losgehen, und es wird schrecklich.

Jeder wird einen anderen Kopf aufhaben, und eins wird das andere nicht mehr mögen.

Der Bruder wird den Bruder nicht mehr kennen und die Mutter die Kinder nicht.

Gesetze werden gemacht, die niemand mehr achtet, und Recht wird nimmer Recht sein.

Aber aus Krieg und Not wird keiner etwas sich merken. Wieder wächst der Übermut.

Der Glauben wird so klein werden, daß man ihn unter den Hut hinein bringt. Den Herrgott werden sie von der Wand reißen und im Kasten einsperren. Kommt aber eine Zeit, da werden sie ihn wieder hervorholen, aber es wird zu spät sein, weil die Sach ihren Lauf nimmt.

Denn niemand denkt daran, daß die Geißel Gottes kommt. Und so wird der Jammer groß sein.

Wenn man die Leute die einem begegnen, nicht mehr versteht (!), ist es nimmer weit zum schrecklichen Ende.

Die Rotjankerl (Roten) werden auf den neuen Straßen hereinkommen. Aber über die Donau kommen sie nicht.

Soviel Feuer und soviel Eisen hat noch kein Mensch gesehen.

Alles wird dann durcheinander sein. Wer's übersteht, muß einen eisernen Kopf haben.

Aber es wird nicht lange dauern.

Es wird nichts helfen, wenn auch die Leute wieder fromm werden und den Herrgott wieder hervorholen. Sie werden krank, und kein Mensch kann ihnen helfen.

Im ganzen Wald wird kein Licht mehr brennen, und das wird lang dauern.

Die wieder von vorne anfangen, werden eine Kirche bauen und Gott loben.

Wenn man herüber der Donau noch eine Kuh findet, der soll man eine goldene Glocke umhängen.

Es wird erst vorbei sein, wenn kein Totenvogel mehr fliegt.

Die es überstanden haben, werden sich grüßen: "Bruder, lebst du auch noch?" und werden sich mit "Gelobt sei Jesus Christus" antworten.

Dann schaut den Wald an. Er wird Löcher haben wie des Bettelmanns Rock.

Das wird nicht nur bei uns, sondern auf der ganzen Welt so sein, und Recht wird wieder Recht sein, und der Friede wird tausend Jahre gelten.

Aber dann- und das ist weit - wird man Sommer und Winter nicht mehr auseinander kennen, und die Sonne wird nicht mehr scheinen.

Denn alles hat ein End, auch diese Welt.

Soweit die Prophezeiungen die man dem 'Mühlhiasl' zuschreibt. Wir werden aber gleich sehen, daß die Stormberger Prophezeiungen diesen hier sehr ähnlich sind.

Der Waldhirt Stormberger

Hier folgen nun einige der ältesten überlieferten Aufzeichnungen über die Prophezeiungen des Waldpropheten Stormberger, dessen Authentität wohl kaum jemals von jemanden angezweifelt worden ist.

Bevor wir die älteste der uns bekannten Aufzeichnungen aus dem Jahre 1830 aufführen, möchten wir daran erinnern, daß diese Visionen von einem alten Mann gemacht wurden, der kaum etwas anderes gekannt hatte als einfache Holzhütten und Kleidung. Alles Licht bei Nacht war für ihn 'Feuer' und wenn sich in seinen Zukunftsvisionen Leute auf den weithin sichtbaren Straßen bewegt haben, dann hatten sie ein 'Dach' über den Kopf, das ein weitrandiger Hut - ein Regenschirm oder eventuell auch - ein Auto hätte sein können?

Doch es sollte jeder selber mit offenen Gedanken diese Prophezeiungen lesen und dann seine Schlüsse daraus ziehen.

Nun die Niederschrift der Starremberger (Stormberger) Prophezeiungen aus dem Jahre 1830, von Lehrer Heribert Westermeyer. Veröffentlicht im Dezember 1932 vom Bayerischen Waldverein in dem Monatsheft 'Der Bayerwald':

Die 100 Jahre alte Prophezeiung eines Hundertjährigen.

Aus dem Jahre 1830 ungefähr ist eine alte, vergilbte Handschrift erhalten. Zwischen den Blättern und Bildern der Orts- und Heimatgeschichte einer Schule in der Landshuter Nähe feiert sie still ihr 100jähriges Jubiläum. Die Buchstaben liegen geheimnisvoller als sonst im bräunlichen, fransigen Papier, tragen sie doch, selber schon 100 Jahre alt, die Zukunftsgedanken eines hundertjährigen Waldhirten, der schon zu seiner Zeit als sonderlicher Alter gemieden wurde. Die wörtlich und buchstäblich genaue Abschrift sei hier wiedergegeben.
Heribert Westermayer

Prophezeiungen
Von den Andereas Starrenberger, Viehhirt und Aschenbrenner zu Rabenstein, bei Zwiesel.

1) O ihr Leute, wenn ihr wisset, was sich in hundert Jahren zutragen wird, so würden viele Leute nicht zu leben verlangen.

2) Es wird sich bald in Bayern ein Krieg erheben, der wird in vielen Orten Armut und Elend zurichten. Nach diesem Krieg werden etliche bessere Jahre kommen.

3) Nach diesen Jahren wird eine große Teuerung werden. Da wird der arme Mensch viel Not leiden müssen und wird sein Leben hart durchbringen. Nach dieser Zeit wird wieder eine gute Zeit werden.

4) Dann wird sich die Hochfahrt bei den gemeinen Leuten einschleichen. Man wird Farben an ihren Kleidern sehen, die noch niemand gesehen hat, dem Waldwurm ähnlich. Man wird den Bauer nicht von dem Bürger, den Bürger nicht von dem Edelmann und die Magd nicht von der Frau kennen.

5) Es werden die Leute nicht mehr ohne Dach auf die Straße gehen.

6) Es wird in Zwiesel ein großes Gebäude aufgeführt werden, das wird viel Mühe und Geld kosten, wird aber nicht lange dauern, wird bald vernichtet werden.

7) Es werden in die wilden Waldungen viele Häuser und Paläste eingebaut werden, daß Fürsten und große Herren darin wohnen könnten.

8) Dann wird sich ein großer Krieg gegen Niedergang der Sonne erheben, da wird viel Geld, Leut und Blut vergossen werden, ganze Länder verwüstet, und wird lang dauern.

9) Darnach wird eine große Teuerung werden, und der Arme wird nicht wissen, wie er sein Leben durchbringen muß.

10) Nach dieser Teuerung wird alles recht wohlfeil werden, dabei wird bei den kleinen und bei den großen Ständen die Hochfahrt und der Übermut überhandnehmen, und der arme Mensch wird recht schlecht geachtet sein.

11) Es werden große Herren in die Waldungen kommen, und werden alles durchsehen und durchmessen, dann wird es nicht mehr gut sein für die armen Menschen.

12) Es werden im Walde zwei auf einem Stock sitzen, wird einer dem andern nicht trauen dürfen.
13) Auf die hohen Bergen werden Freudenfeuer brennen, daß man in einem Tal viele zählen kann.

14) Es werden durch die Waldungen weite Straßen gemacht werden, daß es die Leute auf eine Meile sehen können.

15) Der katholische Glauben wird sich fast gänzlich verlieren, die Geistlichkeit wird recht schlecht geachtet sein, sie werden nach ihrer Lebensart, keine Achtung verdienen, wenig gute Christen wird man unter den Leuten finden, vom Adel bis zu dem geringsten Tagelöhner werden die Gebote Gottes nicht mehr geachtet werden, man wird die größten Ungerechtigkeiten für keine Sünde haben.

16) Bei dem Glaubenverlöschen, wird sich auch die Liebe des

Nächsten ganz verlieren, man wird die Gerechtigkeit wenig mehr schätzen, dem Armen wird selten mehr Recht gesprochen werden, und er wird schlechter als ein Hund geachtet sein.

17) Es werden die großen Herren Sachen befehlen, wo alle Menschen darüber lachen und spotten, und dem gemeinen Volk zur Last sein.

18) Nach diesem wird sich bei dem gemeinen Volk die Lauigkeit einschleichen und werden sich über die Herren aufwerfen und werden sie überall verfolgen, es werden sich die Herren in der Bauernkleidung in der Wildnis verkriechen, man wird sie aber an ihren Händen erkennen, und sie werden in der Wildnis nicht sicher sein.

19) Nach diesem wird sich ein Unheil erheben, daß es zu bedauern sein wird, da wird keine Ordnung mehr herrschen unter den Leuten.
Es wird niemand das seinige mehr sicher sein, eins das andere zu Grunde richten auf eine kurze Zeit. Wann einer mit drei Laib Brot davon laufen würde, und er wird einen im Laufen verlieren, so hat er es net (nicht) nötig das er zurück laufe, es klekgen (genügen) ihm zwei auch.

20) Wenn aber am ganzen Donaustrom jemand noch eine Kuh findet, so ist sie es wert, daß ihr der Eigentümer eine silberne Glocke anhängt.

21) Nach dieser Rebellion werden nur die Leute bleiben nach der Waldung, soweit das Forellenwasser läuft, nach diesen werden die Leute der Waldung in die Länder ziehen, ohne Hunger und sterb, und die eingebauten Häuser in denen Wäldern, den Füchsen zur Wohnung werden.

22) Nach diesem Verlauf wird es ein Wunder sein, wenn man noch zwei oder drei Herrscher miteinander gehen sehe, nach diesen wird die Nächstenliebe wieder werden, und wer es überlebt, der hat wieder eine gute Zeit zu hoffen.

Ich danke Gott, daß ich meine Lebenszeit beinahe vollendet habe und mein Alter bis auf 105 Jahre alt geworden bin. Ich sehe, daß mein Leben nicht lange dauern werde. Ihr, meine Kinder, erlebt das größte Unheil nicht, ihr meine Enkel, erlebt es auch nicht, aber der dritte Stamm, der kann es leicht erleben.

Nun die Keilhofersche Abschrift, nach Paul Friedl

Der Stormberger

O ihr lieben Leut, es wird eine Zeit kommen, da werden die Leut alleweil gscheiter und närrischer werden -

Wenn ihr wüßtet, was euch, eueren Kindern und Kindskinder bevorsteht, ihr würdet in Schrecken vergehen -

Wenn sich die Bauern wie die Städtischen kleiden, und wenn sie mit gewichsten Stiefeln in der Miststatt stehen -

Wenn man die Weiber wie die Geißen spürt (mit Schuhe sporrt)

Wenn es nur noch rote Hausdächer gibt -

Wenn auf den Straßen die weißen Gänse daherkommen -

Wenn die roten Hüt aufkommen, das ist die erste Zeit -

Eiserne Straßen werden in den Wald gebaut, und grad an Klautzenbach (bei Zwiesel) vorbei, wird der eiserne Hund bellen -

Wagen werden gemacht, die ohne Roß und ohne Deichsel fahren -

Und der Übermut wird keine Grenzen mehr haben -

In die Schwarzach wird eine eiserne Straß gebaut, die wird nicht mehr fertig -

In Zwiesel wird ein großes Schulhaus gebaut, wie ein Palast für die Soldaten -

In Zwiesel wird alles voll Häuser, und einmal werden Brennessel aus den Fenster wachsen -

Wenn die Rabenköpf aufkommen und dann schön stad wieder abkommen, beginnen diese anderen Zeiten -

Wenn das Korn reif ist, wird ein großer Krieg kommen -

Die Leute werden aber alleweil mehr statt weniger -

Das Geld wird keinen Wert mehr haben -

Um 200 Gulden kann man keinen Laib Brot kriegen. Es wird aber keine Hungersnot sein -

Das Geld wird zu Eisen -

Um ein Goldstück kann man einen Bauernhof kaufen -

Von den Leuten wird eins das andere nimmer mögen -

Den Herrgott werden sie von der Wand reißen und im Kasten einsperren -

Jeder wird einen anderen Kopf haben -

Die Leut werden in der Luft fliegen wie die Vögel -

Ein großer weißer Vogel (Fisch) wird in den Wald kommen -

Der Wald wird so licht werden wie des Bettelmanns Rock -

Auf jedem Stock wird ein Jäger sitzen -

Und vom Hühnerkobel (Berg am Ortsrand von Zwiesel) bis zum Rachel wird man durch keinen Wald mehr gehen brauchen

Das Holz wird so teuer wie das Brot, aber es langt -

Die Kleinen werden groß und die Großen klein -

Dann wird es sich erweisen, daß der Bettelmann auf dem Roß

nicht zu derreiten ist -
Der Glauben wird so klein werden, daß man ihn unter einen Hut hinein bringt -
Sieben geistliche Herren werden in Zwiesel eine Messe lesen, und bloß sieben Leut werden's anhören -
Die hohen Herren machen Steuern aus, die keiner mehr zahlen wird-
Viele neue Gesetze werden gemacht, aber nimmer ausgeführt
Nachher geht's an - In der Stadt geht alles drunter und drüber
Und der Bruder wird seinen Bruder nicht mehr kennen, die Mutter ihre Kinder nicht -
Von der Stadt werden die Leute aufs Land kommen und zum Bauern sagen: Laß mich ackern - Doch der Bauer wird sie mit der Pflugreuten erschlagen -
Wer feine Händ hat, wird gehängt werden -
Das dauert aber nur eine oder zwei Mondlängen -
Die Mannsbilder werden sich tragen wie die Weiberleut und die Weiberleut wie die Mannsbilder, man wird sie nimmer auseinander kennen -
Die Bauern werden sich hohe Zäune ums Haus machen und aus dem Fenster auf die Leut schießen -
Zuletzt werden sie noch Steine zu Brot backen und betteln gehen -
Den Herrgott werden die Leute wieder hervorziehen und ihn recht fromm aufhängen, doch es wird nimmer viel helfen, die Sach geht ihren Lauf -
Ein Himmelszeichen wird es geben, und ein gar strenger Herr wird kommen und armen Leuten die Haut abziehen -
Es wird aber nicht lange dauern, denn wenn alles das eingetroffen ist, dann kommt das große Abräumen -

Das Bayernland wird verheert und verzehrt, das Böhmerland mit dem Besen auskehrt -
Der Wald wird öd werden ohne Hunger und ohne Sterben -
Über den Hühnerkobel, über den Falkenstein und über den Rachel werden sie kommen und rote Jankerl anhaben -
Über Nacht wird es geschehen -
In einem Wirtshaus in Zwiesel werden viele Leute beisammen sein, und draußen werden die Soldaten über die Brücke reiten
Die Berge werden ganz schwarz werden von Leuten -
Die Leute werden aus dem Wald rennen -
Wer (beim Weglaufen) zwei Laib Brot unterm Arm hat und verliert einen, der soll ihn liegen lassen, denn er wird mit dem einen auch reichen -
Die Leut, die sich am Fuchsenriegel verstecken oder am Falkenstein, werden verschont bleiben -
Wer's übersteht, muß einen eisernen Kopf haben -
Die Leut werden krank, und niemand kann ihnen helfen -
Wenn man auf den Bergen steht, wird man im ganzen Wald kein Licht mehr sehen -
Wenn man herüber der Donau noch eine Kuh findet, der soll man eine goldene Glocke umhängen -
Es wird aber wieder weitergehen -
Der erste Rauch wird im Ried aufsteigen - Dort wird später eine große Kirche gebaut, und von weither werden die Leut kommen
Wenn die Leut gereitert sind, kommt wieder eine gute Zeit -
Wer dann noch lebt, kriegt ein Haus geschenkt und Grund, so viel er mag -
Je mehr Hände (Familienmitglieder, Kinder) einer hat, desto mehr wird er gelten -
Das 'Gelobt sei Jesus Christus' wird wieder der Gruß sein -

Die Gescheitheit wird nichts nutz sein, und sie ist vergessen -
Der Hirt wird Kühe hüten und sagen, da ist einmal ein Dorf gestanden, dort eine Stadt -
Aber es wird weitergehen, und was dann kommt, ist das Ende der Welt -
Himmel und Erde brennen, denn es ist die Zeit da, wo alles ein Ende nimmt -
Und diese Zeit ist da, wenn die wilde Jagd mit Feuer und Schwefel über alle Länder braust -
Bis dahin ist es noch lange, dann wird kein Mensch mehr wissen, wo Zwiesel und wo Rabenstein gewesen -
Von allen Schrecken wird der Bänkeräumer der letzte sein -
Wenn die Leute von der Bank fallen wie die Fliegen von der Wand, beginnt die letzte Zeit - Sie wird furchtbar sein!

Die Rechenmacher Abschrift von 1839

Auf Begehren des Herrn Hüttenmeisters ist es abgeschrieben worden von Andreas Bongratz Lokalschreiber auf Hilz Hütten, anno 1706.

Meine lieben Leute, sagt dieser Mann, wenn ihr wissen würdet, was in der Zeit von hundert Jahren vorbeiginge, so würdet ihr euch verwundern.
Es werden allerhand neue Einrichtungen, da doch die alten viel besser sein.
Die alte Kleidertracht wird abkommen und in allen Ständen neue sein. Der Edelmann wird sich vor dem Bürger und der Bürger vor dem Bauern nicht mehr verkletten können. Der Adel wird sich in eine alte Narren- und Bauerntracht verändern.

Die Weibsbilder werden sich mit ihren Schuhspitzen spieren, wie die Zügen und Gaißen (Ziegen und Geiß), und dabey eine gescheckete (bunte) Tracht hochachten.

Es werden hier im Wald Häuser wie Paläste gebaut, und mit der Zeit wieder verwüstet werden, daß in manchen Füchse und Hasen ihre Jungen aufziehen darin.

Die Leute werden sich von hier verlaufen, ohne Hunger, ohne Sterb, und große Herren in die wilden Wälder kommen, selbige besichtigen, und hernach immer schlechter werden.

Es wird in Zwiesel ein großes Gebäudt aufgebauet, und viele Kosten verwendet, so anders nicht lange dauern, und wieder zu nichts werden.

Lieber Freund, rede noch weitters!

Ja, und wenn ich schon rede, so wird mir doch nicht glaubt.

Der Hochmuth wird in Städten einreißen, und kein Mensch wird mehr nach seinem Stande leben.

Danach wird sich ein großer Krieg erheben, man wird nicht wissen warum. Es wird aufwärts gehen (anfangen), und viele Leut, Blut und Geld kosten. Der Baiernfürst wird nicht kriegen (Krieg führen), und wird doch sein Land durch Durchzüge sauber verdorben. Dieser Krieg wird lange Zeit dauern. Hernach geht er auf einmal zurück, und es wird übel ausschauen. Ein Streif' neben dem Böhmerwald wird bleiben, allwo man den größten Rummel mit drei Laib Brot überstehen kann, wenn aber im Laufen ein Laib hinab fällt, so lasse ihn liegen, es tun es zwei Laib auch schon.

Wenn rechts der Donau einer eine Kuh findet, der hänge ihr eine silberne Glocke an, und die Leute werden sich verlaufen ohne Hunger, ohne Sterb. Ja wo laufen sie hin, die Narren? In gute Länder, die in diesem Krieg öd geworden sind, und wo niemand mehr da sein wird.

Darnach werden jene Häuser zu Fuchs- und Wolfshöhlen, und es wird wieder eine Lieb zu Gott, und des nächsten

Mitbruders werden, die zuvor nicht war.

Auch wird sich unter dieser Zeit eine große Teuerung erheben, wo der arme Mann sich hart fortbringen, und sehr schlecht behelfen muß, nebenbei sehr schlecht geachtet sein wird.

Wenn alles auf den höchsten Gipfel gestiegen ist, wird es abermal schlecht geachtet auf einmal fahlen (fallen), und dann erst wieder Liebe zu seinem Nächsten geben, und was noch überbleibt, und sonst noch abgibt, durchaus besser werden.

Wer dieses überlebt, der muß einen eisernen Kopf haben, ich aber überlebe es nicht. Gott gebe, daß ich es nicht erlebe, aber ihre meine Kinder könnt es vielleicht erleben.

Es werden auch vorher weiße (weite?) Straßen durch viele Berge und Thäler gemacht, daß man sie auf zwei Stunden sehen kann, und mit großer Pracht und Aufwand bewundern muß.

Wer aber diese Zeit erlebt und überlebt, wird wieder gutes finden, und werden auch wieder froh sein, wenn eins das andere sieht, oder sonst von einem Bekannten etwas hört.

Es werden in manchen Ländern die Leute so wenig sein, daß man sie leicht zählen kann, und wird man nicht wissen, wie die anderen umgekommen sind.

Es wird aber auch die Geistlichkeit schlecht geachtet, und der katholische Glaube viele Feinde haben.

Abgeschrieben den 26. September 1839
                Joh. Bapt. Rechenmacher
                Wirt in Kirchdorf

- * -

Schau was i hab' traamt!

Ich schlaf und schlaf net aa
schau was i hab' traamt jetzt na:
Weiber mit Köpf - schwarz wia a Raab
bis sie ziehn das schwarze Kopftuch ab.
Bauernburschen sehn wie Städtische aus,
stehn mit g'wichste Stiefel im Mist vorm Haus.
Und der Bürger narrisch aussehn tut
mit buntem, rot oder weißem Hut.
Kleider tragen's scheckig affig und bunt
wenn auf eiserner Straß' da bellt der Hund.
Oben Silberfisch und Vögel flitzen
und drinnen lauter Leute sitzen.
Die schwarze Straß' sieht man von weiten
wird aber nimmer fertig - beizeiten.
Dann geht's schon los mit Krach und Graus
mancher Soldat kommt dann nimmer nach Haus.
Das Geld so viel, nur noch Druckpapierflanken
kein Wert mehr - in den deutschen Banken.

Dort im Dunkel des Waldes stiller Ruh
hör ich dem Wind und dem Regen zu.
Vögel singen zwischen Tann' und Ficht',
seh fremde Bilder - und der Herrgott spricht.
Häuser seh' ich viele wie Paläst',
zerstörte Wälder - ohne Laub mehr im Geäst.
Fremde Krieger - rauben - morden,
von Osten kommen rote Horden.
Winter und Sommer nicht mehr stimmt,
ein Zeichen, daß es bald so kimmt.

Der Glaube wird so wenig sein,
mit 'ner Geißel könnt' man ihn vertrei'm.
All das was heilig - wird verspott'
selbst Christen glauben nimmermehr an Gott.
Die Ober'n machen immer mehr Recht,
hilft nix, wird nur noch mehr schlecht.
Wenn d'Leut' nix mehr tun wie fressen und saufen,
Bauern mit g'wichste Stiefel im Mist rum laufen,
Wagen fahren - ohne Deichsel und Roß,
auf schwarzer Straß' - bis hierher bloß.
Zweiradig' schneller wie Rösser und Hund,
das alles tun mir die Traum-Bilder kund.
In der Stadt - Häuser, wie Bienenstöck hoch,
wie für Fürsten und Herr'n - d'Soldaten noch.
'Laß mich ackern', bitten städtische Leut',
der Bauer erschlagt ihn mit der Pflugreut'.
Versteck dich schnell mit drei Laib Brot,
wenn nachher kommt die Zeit der Not.
Wenn einer fällt, ein Brot verliert,
Renn weiter, s'kommt was kommen wird.
Bayern wird verheert und verzerrt,
Böhmen, - mit dem Besen auskehrt.
                                    J.S.

Prokop, der Waldhirt

In seinem Buch 'Prophezeiungen aus dem bayerisch-böhmischen Raum' schrieb der berühmte Heimatforscher Paul Friedl die merkwürdigen Erzählungen des Waldhirten Prokop auf, so wie sie dieser in seiner bayerischen Mundart erzählt hatte, bevor er 1965 im Alter von 78 Jahren in Zwiesel verstarb. Prokop war ein einfacher und sehr verschlossener Mann, der das halbe Leben in der Waldeinsamkeit verbracht hatte.

"I schlof und schlof net, wenn i in der Nacht in der Hütt'n lieg. Aber Sachen macht's mir vür, zum Grausen, und i schlof do net, weil i draußt meine Stier hör und'n Wind und'n Regen. Oamal siehg i, wia da Wind s'Fenster daherbringt, und alle Baam brennen wia Zündhölzl, a andermal siehg i, daß drunten alles verkommen is, koa Mensch is mehr da und koa Haus. Grad mehr Mauertrümmer. Und alleweil wieder kemman Wolk'n, feuerrot, und es blitzt, aber es donnert net. Und amal is alles finster, und drunten auf der Waldhausstraß' geht oana mit an brennend'n Ast und schreit: Bin i wirkli no da Letzt'? Bin i wikli no da oanzig? Und nacha is wieda da Himml gelb wie a Zitron und is tiaf herunt. Koa Vogl singt, i find koan Stier mehr und koa Wasser. Auf'n Berg is koans mehr und drunt im Reg'n aa koa Tropfa mehr. Muaß ja aa so kemma, weil d'Leut nix mehr glaub'n, a jeda tuat, als waar er alleweil aaf da Welt da, und a jeda moant, was er wohl is und no werd'n kunnt. Werd'n no alle 's Spinna ofanga und moana, sie können vo da Gscheitheit leb'n und net vo da Arbat. Dö, wo arbat'n, werd'n eh alleweil wenga, und dö, wo von dene ihre Arbat leb'n, alleweil mehr. 's Regiern is halt leichta wia d'Arbat."
Übersetzung: "Ich schlafe und schlafe doch nicht, wenn ich nachts in der Hütte liege. Aber Dinge sehe ich, zum Grausen,

doch ich schlafe dabei nicht, weil ich draußen meine Stiere hören kann (P. war Waldhirte) und den Wind und Regen. Einmal seh ich, wie der Wind Feuer bringt und alle Bäume brennen wie Streichhölzer. Ein andermal seh ich, daß drunten (im bewohnten Tal) alles verkommen ist, kein Mensch ist mehr zu sehen und kein Haus, nur noch Mauertrümmer. Und immer wieder kommen Wolken, feuerrot, und es blitzt aber es donnert nicht. Einmal ist alles finster und drunten auf der (Zwieseler) Waldhausstraße geht einer mit einem brennenden Ast und ruft: 'Bin ich wirklich noch der Letzte? Bin ich wirklich noch der einzige?' Und wieder danach ist der Himmel gelb wie eine Zitrone und so tief herunten. Kein Vogel singt, ich finde keinen Stier mehr und kein Wasser. Auf dem Berg nicht und drunten im Regen (der Fluß Regen) kein Tropfen mehr. Es muß ja so kommen, weil die Leute nichts mehr glauben. Jeder tut als wäre er für immer auf der Welt und jeder meint was er wohl sei und noch werden könnte. Es werden noch alle zu Spinnen anfangen und meinen, sie könnten vom Gescheitsein leben und nicht von der Arbeit. Die, die arbeiten werden immer weniger und die, die von den Arbeitenden leben, werden immer mehr. Das Regieren ist eben leichter als Arbeiten.''

So erzählte der Prokop an einem Sonntagnachmittag im Wirtsgarten vom Zwieseler Waldhaus, und die Umsitzenden lachten.

War es das Gesicht eines einfachen Waldhirten? Oder waren es nur Träume? Jedenfalls deutete der Prokop im gleichen Wirtshaus, zu dem er gelegentlich an einem Sonntag von seiner Bergweide herunterkam, einmal auf den durch den Garten gehenden Holzhauer Dirnhofer und machte eine Bemerkung: ''Mei, der arme Mann, den wird da Baam daschlog'n.'' (Den wird der Baum erschlagen.) Als dies drei Monate später eintraf, erinnerte man sich wohl an den Waldhirten Prokop...

Die Prophezeiungen der Waldpropheten.
Versuch einer Deutung

Vieles ist selbstverständlich, nur einiges bedarf einer Klärung, soweit dies überhaupt möglich ist. Eine chronologische Reihenfolge der vorausgesagten Ereignisse kann besonders bei mündlichen Überlieferungen nicht erwartet werden. Doch verblüffend genau wurden in den aufgeführten alten Niederschriften Ereignisse vorausgesagt, von denen der Prophet Mühlhiasl oder Stormberger keine Ahnung haben konnte. Es gab damals kein Fahrrad, kein Auto, keine Dampfmaschine, kein elektrisches Licht, keine Eisenbahn, keinen Zeppelin oder Flugzeug - keine Atombombe oder chemische Kriegsführung...

Der große Krieg der von einem Kleinen angefangen wurde (Serbien, durch die Ermordung des Kronprinzenpaar in Sarajewo) und vom Großen der übers Wasser kommt, (USA) ausgemacht wurde, war sicherlich der Erste Weltkrieg.

Rote Hausdächer waren damals noch vollkommen unbekannt. Sie kamen in den bayerischen Wald hauptsächlich erst Ende des 19. Jahrhunderts, als auch die weitgebräuchlichen schwarzen Kopftücher (Rabenköpfe) allmählich verschwanden.

Der eiserne Hund betraf nach einigen Aussagen die eisernen Schleppkähne auf der Donau, die mit Dampf betrieben wurden.

Die eiserne Straße auf dem der eiserne Hund durch den Wald bellen wird, damit war aber wahrscheinlich die Eisenbahn gemeint.

Die Hauptstrecke Plattling-Bayerisch Eisenstein wurde einige Jahre vor dem Ersten Weltkrieg fertig gestellt. Am 1. August 1914 fuhr zum ersten Mal die Eisenbahn von Kaltenegg nach Deggendorf, mitten durch den Vorwald. Es war der Tag, an dem der 1. Weltkrieg ausbrach.

Das viele Papiergeld das gemacht wird, daß man es nicht mehr kennt, war sicherlich die Inflation von 1923.

Daß Frauen Spuren hinterlassen wie die Geißen, damit meinte der Seher sicherlich die hohen und spitzen Schuhabsätze.

Gleich nach dem 2. Weltkrieg wurden tatsächlich hohe Zäune um Bauerngehöfte errichtet und Fremde abgewehrt. Als Brot aus getrockneten Kartoffelflocken, Steinsalz und minderwertigem Mehl gemacht wurde, hat der Verfasser 1946 selber noch mitgeholfen es zu backen, in der Bäckerei seines Onkels J. Büchler in Frauenau.
Und Brennesseln wurden damals nicht nur von unserer Mutter gekocht, um damit die Familie zu ernähren.

'Feine Herren' kamen damals aufs Land, um auf den Bauernhöfen zu arbeiten, nur um etwas zum Essen zu bekommen.

Im Frühjahr 1914 überflog der 'silberne Fisch' (Zeppelin) den Bayerischen Wald. Kurz darauf begann der Erste Weltkrieg.

Zwei der vorausgesagten Kriege haben wir schon hinter uns. Der 'Bänke-Abräumer' liegt anscheinend noch vor uns.

Nach dem 2. Weltkrieg wurden tatsächlich sehr viele Häuser gebaut im Bayerischen Wald. Daß sie dem Waldpropheten in seiner Vision wie Paläste vorkamen, ist nicht verwunderlich.

Die Vision, wenn im Wirtshaus von Zwiesel viele Leute beisammen sein werden, während draußen die Soldaten über die Brücke 'reiten' - auf Panzern und anderen Militärfahrzeugen.

Wenn man auf dem Berg stehend, im ganzen Wald kein Licht mehr sieht... kein Strom mehr für das elektrische Licht?

Wenn die Leut' von der Bank fallen... -Atomverstrahlung - Radioaktivität?

Die Leute werden krank und niemand kann ihnen helfen...

Hedwig Eleonore Seeler & der Waldprophet

Sie lebte in Berlin, als sie durch einen Zeitungsartikel über den Waldpropheten den Weg nach Zwiesel und Rabenstein fand. Hier, in dem weltentlegenen kleinen Ort bei der Waldstadt Zwiesel, hatte sie ihre erste geistige Begegnung mit dem vor fast 200 Jahren verstorbenen Seher aus dem Bayerischen Wald.

Von Frau Seeler ist uns bekannt, daß sie im Alter von 28 Jahren schwer erkrankte, und nachdem sie schon als klinisch tot galt, wurde bereits ihre Beerdigung vorbereitet. Eine nahe Verwandte besuchte sie noch einmal und berührte sie - Abschied nehmend. Dabei glaubte sie bei Eleonore eine leichte Bewegung verspürt zu haben. Aufgeregt verlangte die Verwandte eine Untersuchung der scheinbar Verstorbenen, wobei Frau Seeler durch ärztliche Bemühungen wieder ins Leben zurückgebracht wurde.

In der Folgezeit war ihr seelisches Leben völlig verändert. Sie bekam öfters Zustände von meist nur sehr geringer Dauer, die sie für wenige Sekunden oder Minuten Bilder sehen ließ, die aus der Vergangenheit stammten oder kommende Ereignisse zeigten. Sie begann diese Visionen die sie auch 'Erlebnisse' oder 'Inspirationen' nannte, aufzuschreiben.

Dabei schrieb sie: "...Man kann in zwei Welten leben und kann sich dagegen nicht wehren. Zeit und Raum spielen dabei keine Rolle..."

Auf Grund eines Zeitungsartikels über den Waldpropheten aus Rabenstein, schrieb sie auf's Geradewohl einen Brief dorthin, der dann von dem Heimatpfleger Heinz Waltjen beantwortet wurde.

Während ihres ersten Besuches im Heimatort des bayerischen Sehers, erhielt sie im Trancezustand die ersten Mitteilungen aus dem Jenseits von ihm. Bei diesem Zustand geistiger

Entrücktheit veränderte sich völlig ihr sonst so freundliches, rundes Gesicht und auch ihre meist fröhliche, weibliche Stimme wurde hart und streng.

Diese 'Erlebnisse', die sie dabei hatte, hielt sie mit genauer Zeitangabe schriftlich immer genau fest. Dabei machte sie genaue biographische Angaben über den 'Mühlhiasl' - von ihr auch Stormberger genannt, die für den Waldprophet-Forscher geradezu verblüffend waren. Sie erfuhr, so erklärte sie, daß Stormberger eigentlich 'Hiasl vom Sturm übern Berg' genannt worden war. (Dies erklärt vielleicht auch die unterschiedliche Namensaussprache über den Waldpropheten Stormberger, den manche, besonders die ältere Generation in den 1940iger Jahren noch 'Sturmberger' genannt hatte.)

Auch ansonsten folgten ihre Äußerungen so ziemlich den ältesten Überlieferungen. Hiasl sei als Kind mit Bärentreiber nach Rabenstein gekommen, wobei diese in einem Sturm umgekommen sind. Sie waren aber nicht seine leiblichen Eltern gewesen. Seine Mutter sei eine ledige Magd gewesen. Die ersten Worte die der Storm- oder Sturmberger zu H.E. Seeler gesprochen hatte, sollten gewesen sein: "Wir sind auf dem Weg zum Abräumen."

Im Mai 1971, während eines Mittagessens im Hotel 'Zur Post' in Zwiesel, fiel Frau Seeler plötzlich in eine Trance und beschrieb anschließend das Aussehen des alten Hiasl wie folgt: "Ein sichtlich gutmütiger Mann, etwa 1,65 Meter groß, mit rotem Haar und Bart, und einem verletzten Arm."
Was sie über seine Bekleidung sagte, stimmt mit der damals üblichen Bekleidung eines Waldhirten genau überein. Bemerkenswert ist auch, was ihr der Hiasl über sein Alter sagte: "Bin net so alt geworden, wie sie heut' sagen, sondern nur neunundsechzig Jahr." (Nach Überlieferung soll er ein Alter von rund hundert Jahren erreicht haben.)

Diese 'Vision' beim Mittagessen, ist von etlichen einheimischen Gewährsleuten bezeugt worden.

Am 10. 12. 1971 sei der Schatten Stormbergers in ihrer Berliner Wohnung aufgetaucht:

"Ich saß am Schreibtisch, ordnete meine Haushaltskasse und rechnete auf kleinen Zetteln die Beträge aus. Die Uhr kündigte die zehnte Abendstunde, und beim letzten Schlag geschah es. Ich empfing die Inspiration, sah auf und blickte in das Astral-Antlitz des Waldpropheten. Es war sehr ernst, ich griff nach leeren Zetteln, und schon sagte Hiasl: 'Hab keine Angst, aa wenn der Teufel mit den Teufeln an Pakt schließt, änderts nix an der Sach' und is aa koa Hindernis, daß Deutschland in fünfzehn bis zwanzig Jahr zu Macht und Reichtum, zu Ansehen kommt. Aber durch einen von uns...' " erzählte Frau Seeler.

Schon in der darauffolgenden Nacht hatte sie wieder ein 'Erlebnis' und sie schreibt darüber: "Die Schwingung bei der Übermittlung war fast schmerzlich. Die Botschaft (des Waldpropheten) lautete:
'Laß deinen Wunsch sterben zu wollen, du wirst noch gebraucht. Die Zeit ist noch net rum, wirst noch manches erleben, was die oben angerichtet haben. Aber schlimmer kommt es net, wie es jetzt ist. Die Menschen werden anders... Da erst wird alles ins rechte Gleis kommen. Es dauert seine Zeit, bis alle mürb sind, der Friede ist dann, wenn jeder das Land zurückgibt, das ihm net g'hört hat. Das Volk muß alles ausbaden.' -"

Im September 1972 hieß es: "...vernahm ich die kurze Inspiration: Es läuft alles den Weg, um das Abräumen schneller herbeizuführen. Das läßt sich nimmer aufhalten, wirst schon sehen."

Am 29. 9. 1972: "... erlebte ich beim Vorlesen des Buches von Pater Norbert über den Waldpropheten, in Gegenwart von Herrn Paul Sack und seiner Frau Martha, beide wohnhaft in Berlin, folgendes: Das Lesen begann von Seite eins bis Seite zwölf, da empfand ich ein Fluidum um mich und bemerkte auch den Schatten auf den Seiten des Buches. Ich legte sicherheitshalber Schreibzeug zurecht, falls mir etwas übermittelt werden würde. Und schon begann es. Die Mitteilung: Mir hat keiner was in den Mund gelegt, hat es auch net gebraucht. Ich bin gefunden worden und dageblieben, bis ich vor Schmerz am Bein tot zusammengebrochen bin. Der Biß vom Bären ist net geheilt. War ein Hirte, bin es geblieben, der Wald war meine Heimat. Die Leut' mochten mich, aber als ich um die Dreißig war, fürchteten sie mich. Bin nie fromm gewesen, aber zu Feiertagen in die Kirch' gegangen - Mühlen hab i net könnt, aber im Winter hab i geschnitzt - Da ich im Sturm gefunden worden bin, hat man mich genannt den Hiasl vom Sturm übern Berg - die Bärenleut haben geredet wie die Waldler, ich hab erst so reden gelernt.''

Am 30. Juni 1970 sagte der Stormberger: ''- Wenn die Bäum verdorren und keine Blume mehr blüht, der Mensch kein Fenster mehr aufmachen kann, weil er die Luft nicht verträgt, die Toten kein Grab finden und die Kinder Krüppelgeborene sind und die Zeit ist, wo die Menschen wie Fetzen durch die Luft fliegen, da soll der Waldler nicht verzagen, wo er das vom Städter erlebt. Beten soll er nicht vergessen, Gott wird sich seiner erbarmen. Fünf bis sechs Finger und jedem eine Null anhängen, das ist die Zeit vom großen Abräumen.''

Eine weitere Vision bei Heinz Waltjen am 28. 5. 1973, 17:40 Uhr. Waltjens schreibt darüber: ''In meinem Haus in Rabenstein nach einem längeren Gespräch. Frau Seeler drehte sich plötzlich mir zu und sagte in knappen strengem Ton: 'Hast ein Papier da zum Schreiben?' Ich war überrascht, denn

Frau Seeler hat mich noch nie geduzt. 'Ein Papier sollst nehmen, schreib!'

Zum Glück hatte ich einen leeren Umschlag in meiner Brusttasche.

'Was jetzt auf euch zukommt, und das in Bälde, bringt eine große Veränderung und nicht zum Guten. Es kommt aber einer von uns, ein Bayer, der bringt es wieder ins Gleis, der Franzl sorgt dafür, daß noch was anderes wird aus dem Geldsack. So eine Entwertung, wie ihr jetzt glaubt, wird es net. Amerika muß viel einstecken. Der Chinese macht die Russen fertig. In ein paar Jahr kann der Russ nicht mehr atmen.'-"

Über ihre Gesichte und die damit verbundenen Inspirationen zum Jahreswechsel 1973-1974 teilt Frau Hedwig E. Seeler mit:

Vom 31.12.1973: "Es schlängelt sich noch eine Weile so dahin. Für Deutschland besteht noch keine Gefahr, aber ringsherum spürt man es schon. So man es versteht, es sich einzuteilen, ist noch lange an Not nicht zu denken und aller Schrecken noch zu ertragen:"

Vom 1.1.1974: "Die Zeit eilt einem Zerfall entgegen und ist nicht mehr aufzuhalten. Wird durch Kälte und Erdbeben vielen Menschen den Tod bringen. Feuer umzüngelt die Welt des Ostens, da dort das rote Roß alles verschlingen will, was ihm aber zum Verhängnis wird, da es die Kraft seines Feindes unterschätzt. Doch es braucht seine Zeit, bis das Ende des Schreckens herankommt. Aber es wird ertragen von denen, die Verstehen füreinander haben..."

Am Schluß, aus dem 10. Manuskriptband der Frau Seeler erwähnte der Waldprophet, daß sich seine Prophezeiungen bis zum Jahre 2111 erstrecken, aber ein Teil werde sich noch im 20. Jahrhundert erfüllen.

Höhepunkt des 'großen Abräumens', der großen Vernichtung der Welt, wird das Jahrzehnt 2020 bis 2030 sein, wenn man die 5 bis 6 Finger mit je einer Null als 50 bis 60 Jahre nach 1970 deutet.

Soweit die Aussagungen und Vorhersagungen der Eleonore Seeler aus Berlin, wie sie sich in der Hellseher Dokumentation im Waldmuseum von Zwiesel darstellte, - und aus Paul Friedls Bericht über diese Frau, von der er sagt: "Ich habe diese einfache, grundehrliche und redliche Frau kennengelernt, weiß, daß sie von plötzlichen Erscheinungen überrascht wird, die sie völlig verändert und mit Zeichen der momentanen Entzückung erlebt und die sie danach mit großer Gewissenhaftigkeit niederschreibt. Diese Niederschriften und die Versuche der Erklärungen füllen schon fast tausend Seiten, säuberlich mit der Schreibmaschine geschrieben, mit genauen Daten und Zeichnungen vervollständigt. Schlicht und einfach sind die Schilderungen gehalten, eindringlich der Versuch zu erklären, daß es eine geistige Verbindung zu den Seelen längst oder jüngst Verstorbener gibt..."

Ein andermal berichtet Paul Friedl über Frau Seeler: "Heuer war doch die Frau Seeler aus Berlin schon da. Jedes Jahr kommt sie; die hat das zweite Gesicht, das ist unbestreitbar. Eine kleine, einfache Frau, die hier bei mir am Tisch gesessen ist in Anwesenheit auch anderer Menschen, plötzlich ihre - ich weiß nicht, ich nenn' es 'Anfall' - ihre Verzückungen bekommen hat, und am 6. Mai vergangenen Jahres vormittags um halb zehn bei mir da plötzlich in diesen Zustand fällt und ausruft: 'Die Regierung wechselt!' In der darauffolgenden Nacht ist doch der Bundeskanzler Brandt zurückgetreten. Die hat bei dieser Gelegenheit dann auch noch mehr gesagt. Und sie schreibt dabei. Ich habe diese Zettel... Meine Frau ist Zeuge, dann der Herr Waltjen von Rabenstein: Wir waren alle da.

Ich habe das zweimal erlebt, wie sie diese Zustände bekam. Und was sie da jeweils gesagt hat, das ist irgendwie greifbar gewesen, hat sich irgendwie erfüllt. Und warum soll ich dieser alten, braven Frau Unrecht tun und an ihr mäkeln wollen, daß sie vielleicht hier uns etwas vormacht. Das könnte ich nicht beweisen. Der ganze Vorgang ist jeweils so natürlich.
Das ist eine Frau mit einem kleinen kugelrunden Kopf und wenn sie ihren, sagen wir 'Anfall' hat, dann kriegt sie ein graues, langes Gesicht, verkrampft sich und spricht dann - man hat das Gefühl, die spricht gar nicht selber, sondern irgend jemand aus einer anderen Welt. Der Tonfall ist ein anderer. Und wenn sie dann wieder bei sich ist, dann - währenddem schreibt sie ja immer, das ist kaum leserlich, aber sie setzt es dann um, und dann sagt sie: 'Ja, ich weiß eigentlich nun jetzt erst, was gewesen ist.'
Was soll man da sagen..?"

II. ZUKUNFTSVISIONEN

Wissenschaft und Parapsychologie

Bis vor wenigen Jahrzehnten wurde alles Übersinnliche nur in Verbindung mit Religion akzeptiert. Alles andere war Zauberei, obwohl selbst dies etwas mit dem Teufel oder einem Geist aus dem Jenseits zu tun haben mußte. Kein Wunder, daß jede Frau oder Mann mit einer Vision oder sonstigen hellseherischen Fähigkeiten, diese nur mit übertriebenem Eifer als 'von Gott eingegebene Vision' oder 'von Gott mitgeteilt', an andere weitergegeben hatte. Jeder sonstige Hellseher lief in die Gefahr als mit dem Teufel verbundene 'Hexe' auf dem Scheiterhaufen lebendig verbrannt zu werden.

Bis zum Ende des achtzehnten Jahrhunderts dauerte diese Verfolgung und danach kam die Zeit der Aufklärung, in der alles Unerklärbare als Aberglauben abgetan wurde und folglich gar nicht sein konnte. Außergewöhnliche Ereignisse, die man nicht leugnen konnte, bezeichnete man als Betrug, Täuschung oder Zufall. Diese Engstirnigkeit ist sogar heute noch in einigen schmalen Geistern verwurzelt. Da herrscht das starre Vorurteil: ''So etwas gibt es einfach nicht, und so etwas darf es auch nicht geben.''
Dieses Vorurteil stellt mit solcher Unduldsamkeit selbst das finstere Mittelalter in den Schatten.
Denn selbst damals hatten Humanisten wie C.A. von Nettesheim und Paracelsus, die um die Jahrhundertwende des 15. Jahrhunderts gelebt hatten, schon behauptet, daß paranormale (d.h. scheinbar nicht erklärbare) Fähigkeiten letzten Endes die natürlichen Kräfte des Menschen seien.

Zwei der größten Geister deutscher Geschichte, Goethe und Schopenhauer, brachten diesem ganzen Komplex ein sehr aufgeschlossenes Interesse entgegen.

In Amerika brachte man dem Nervenkitzel, den diese Forschung nach dem Übersinnlichen auszulösen scheint, ein sehr starkes Interesse entgegen. Als dann die Anhänger dieses 'Spiritismus' immer mehr Aufsehen erregten, rief es die Wissenschaft auf den Plan.

1870 beschlossen einige englische Gelehrte, den 'Schwindel' durch wissenschaftliche Untersuchungen aufzudecken und an den Pranger zu stellen. Sie fanden zwar keine 'Geister', aber doch manche Tatsache, für die eine natürliche Erklärung nicht auszureichen schien.

Man forschte weiter, ging über den 'Spiritismus' hinaus und nahm Dinge wie Hellsehen, Telepathie, Wahrträume, Wünschelrutengehen, Hypnose und dergleichen unter die Lupe. Daraus entstand dann die parapsychologische Forschung.

1882 wurde in London die 'Society for Psychical Research' gegründet. Sie hat seither auf diesem Gebiet viel Bahnbrechendes geleistet. In mehreren Ländern entstanden ähnliche Institute, die es sich zur Aufgabe machten, diese außergewöhnlichen Dinge wissenschaftlich zu erforschen und zu erklären.

Inzwischen gibt es an mehreren Universitäten schon Lehrstühle für Parapsychologie, die von namhaften Professoren geleitet werden.

Wir wollen hier nicht Raum und Zeit wegnehmen, um weitere Beweise für diese Wissenschaft zu erbringen. Fest steht, daß Parapsychologie uns die Erkenntnis vermittelt, daß hierin in viel höherem Maße natürliche Kräfte im Spiel sind, als man bisher anzunehmen geneigt war.

Nur ein allseits bekanntes 'Phänomen' soll noch aufgeführt werden, dem bisher leider viel zuwenig Aufmerksamkeit geschenkt worden war: Auch Tiere haben diese natürliche hellseherische Gabe, Dinge vorauszuahnen, vorauszusehen. Man hat dies vor allem bei Pferden beobachtet. An Orten, wo kurz zuvor oder bald danach ein Unglück eintraf - meist gewaltsamer Tod - bäumten sich die Tiere mit dem Ausdruck größten Schreckens auf, obwohl nichts Auffälliges zu sehen war, oder ergriffen vor diesem Ort die Flucht.

In ihrem Buch 'Späte Matura' (Graz, 1975) gibt Paula Grogger ein historisches Beispiel: "Hätte Erzherzog Franz Ferdinand vor seiner Reise nach Sarajewo das gesehen, was seine Pferde sahen... Als der österreichische Thronfolger mit seiner Gattin, der Herzogin von Hohenburg, in der Hofequipage zum Südbahnhof fahren wollte, traten die Schimmel auf der Stelle und bäumten sich wie Steppenhengste gegen jede Dressur. Die Hoheiten mußten in ein Auto umsteigen. (Ahnten die Tiere den gewaltsamen Tod zu dem sie ihren Herrn bringen sollten?)

Daß Ratten geschlossen ein Schiff verlassen, das dem Untergang geweiht ist, ist bei Seeleuten geradezu sprichwörtlich geworden.

Am Vorabend des Untergangs von Messina im Jahre 1907, verließen sämtliche Katzen die Stadt.

Hunde haben oft schon durch Winseln oder auffälliges Benehmen ihrem Herrn aus einer kommenden Gefahr gerettet, die keiner der beiden ahnen konnte.

Ein anderer Fall in diesem Zusammenhang: Am 15. Juli 1927 versank in Wien der Justizpalast durch Brandstiftung in Schutt und Asche. Tausende von Tauben, die in den reichen Verzierungen des historischen Bauwerks Unterschlupf gefunden hatten, verließen in Schwärmen ihre Quartiere - drei Tage bevor der Brand begann.

Das sind nur einige der Beispiele von unzähligen aus der Beobachtung erfahrener Tierfreunde, Bauern, Reiter und Waidmänner.

In der Lehre des Buddhismus gibt es einen Fluß zwischen dem schwierigen Leben der Gegenwart und dem Leben der Zukunft.

Der Weg zum anderen Ufer - im Tod, ist schwierig und voller Tücken. Doch die Belohnung für den, der das andere Ufer erreicht, sind unvorstellbare Glückseligkeit und ewiges Glück im Nirwana.

Manche Menschen können diesen Weg zum anderen Ufer sehen und in die Zukunft schauen.

Warum manche Menschen diese hellseherischen Gabe haben und andere nicht, konnte wissenschaftlich bisher noch nicht ergründet werden. Nach der Auffassung vieler Parapsychologen steht jedoch fest, daß alle Seher eine enge Verbundenheit mit der Natur haben und diese Fähigkeit mit höherer Intelligenz bzw. - geschultem Wissen - eher schwindet, als zunimmt.

Die Zeit eilt ihrem Ende entgegen!
Eine philosophische Zukunftsprognose...

(Mit Zuhilfe nehmenden Auszügen aus 'Nur die Vergangenheit hat Zukunft' von Wolfgang Johannes Bekh, die Zukunftsvision eines alten Pfarrers aus dem Jahre 1965.)

Der alte Pfarrer formulierte es so: "Jahrhunderte dauerte es, bis die Mächte des Verderbens ihr Weltreich aufrichten konnten. Wenn aber Mächte der Finsternis, die sich 'Mächte des Lichtes' nennen, zur Verbrennung der Welt ansetzen, wird es nicht mehr Jahrhunderte, sondern nur noch Jahre dauern. Bis zuletzt versteht es die Dunkelheit, sich hinter dem Licht zu verstecken. Dieses Licht wird am hellsten leuchten, bevor alles Licht erlischt. Ganz am Schluß, bevor die Tage so finster wie Nächte sind, werden die Nächte zu Tagen gemacht.

Die Welt wird ärmer an Dingen und reicher an Abfall. Die Berge ausgedienter Dinge wachsen... Die Müllberge die in den letzten fünfzig Jahren produziert worden sind, wird keine kommende Zeit aufarbeiten können.

Ich bedaure die Kinder, die in dieser Scheinwelt ohne natürlicher Verbindung mit den reellen Dingen aufwachsen. Die Entwirklichung bedroht den Mensch und seine Natur, sie eilt der Realität voraus.

Was ist der Gewinn von Zeit im Vergleich mit in gesunden Wäldern atmen, in klaren Bächen und Flüssen zu waten und zu schwimmen? Barfuß laufen über eine grüne Wiese, über einen Feldweg? Der Klang einer Hirtenflöte - welch Jubel des Herzens, im Vergleich zu dem hirnzerschmetternden Lärm einer rauchgeschwängerten Disko!

Das Trällern der letzten Lerche wird mit Straßen- und Maschinenlärm übertönt, die Wirklichkeit wird hinter Illusionen versteckt. Kaum einer nimmt Notiz vom Sterben der Natur, keiner hat Zeit von der Vergangenheit Abschied zu

nehmen, ihr nachzutrauern...
Das nächste Spiel wartet schon auf dem Computerbildschirm.
Glaube kann Berge versetzen, aber wo ist der Glaube geblieben? Für die Jugend an der Schwelle des Trileniums sind die Daten in der Speicherbank ihres PCs überzeugender als die Hoffnung auf ewiges Leben. Und ein Virenschutzprogramm mächtiger als das Kreuz Christi!
Es gibt Mächte, vor denen selbst Eisen zu Staub verfällt.
Doch kein Rost, kein Wurm oder Fäulnis kann den Glauben eines Menschen zerfressen.
Mit grellem, künstlichen Licht werden Nächte zu Tagen gemacht, mit lügnerischen Illusionen wird das Böse für Gutes angepriesen.
Das Gebüsch, einst Heim für unzählige Tiere wird entwurzelt, Bäume werden mit Giftluft entästet, Blumen werden entblättert, zahme Tiere zu 'Hamburger' gemacht, modernes Fleisch aus Massentierhaltungen, mit Farben und Chemikalien als appetitlich gefälscht und serviert.
Der Wald schwindet mit der Natur, mit Tier und - Mensch.
Der blutige Schädel des Embryos an der Pforte zum Leben ist der Tod, der sich aus dem Schoß schuldiger Kindesmörder drängt.
Ein furchtbares Bild drängt sich in die Vision der Gegenwart: Ein Weib mit glänzendem Haar, mit weichen Wimpern, mit glatter Haut, weißen Zähnen und üppigem Leib... Sie verliert ihre gelockte Perücke und die künstlichen Wimpern. Ihre Schminke bröckelt ab, das Gebiß fällt zwischen zersprungenen Lippen aus ihrem Mund. Silicon unter die Brusthaut implantiert, eitert heraus. Die Haut faltig und mit Ausschlag bedeckt. Die Stöckelschuhe brechen zusammen, die Gelenke mit schmerzender Gicht durchwachsen.
Die Raute der Fruchtbarkeit ist kein Sinnbild mehr. Der geöffnete Mutterschoß ist verfault - ein Totenschädel quillt heraus.

Brüste, die ein Garten unfruchtbarer Lüste sind, verdorren wie Leder, ungeschützt in der südlichen Sonne.
Es schwellen die Leiber, brechen zu Geschwüren auf, beginnen aufzureißen, verkrusten, vertrocknen, zerfallen, unnütz, zu Staub.
'Schneller, höher, weiter!' lautet das Schlagwort. Aber dem Tod entgeht man dadurch nicht. Der Acker der Lebendigen wird mit dem Fleisch der Toten gedüngt.
Die Glocke, die einst zum Gebet rief, zerspringt. Kein Pfarrer hält noch Messe für die wenig Gläubigen. Zuerst wird die Raute (bayerische) verlacht und dann das Kreuz. Keiner versteht mehr den anderen. Es wird viele Gescheite geben und wenig Gute. Den vielen kleinen Untergängen wird der große folgen.
Sieben Menschen werden arbeiten müssen, damit einer genug hat. Dem Überfluß am Unnötigen wird ein Mangel am Nötigen gegenüberstehen. In Häusern, in denen einst Nahrungsmittel bis zur Decke aufgehäuft waren, werden die Leichen bis zur Decke aufgestapelt sein. Hochhäuser und Massensiedlungen werden leer stehen. Auf Bauwut folgt Bauzerstörung. Auf Lichterflut folgt Dunkelheit. Keine Lampe brennt mehr. Die Nächte sind wieder Nächte. Auf Lärm folgt Stille. Wolken ballen sich, Blitze zucken. Auf Krieg folgen Hunger und Krankheit. Wer fliehen kann, wird fliehen. Doch die Entfernungen werden groß sein. Man wird wieder nach Fußstunden rechnen.
Durch das was kommt, müssen alle hindurch. Große Mächte mit ihren Sprach-Eselsbrücken (Vereinten Nationen?) werden alle Grenzen festlegen und befestigen. Es wird aber nichts nützen. Dann kommt das Neue. Heimat und Reich sind keine Gegensätze mehr. Die (Landes-) Sprachen werden wieder zu Ehren kommen. Vieles wird wiederkommen, was vergangen geglaubt war..

Der blinde Jüngling von Prag

In seinen Wanderungen durch den Böhmerwald in den Jahren 1923 und 1924, war der bekannte Heimatschriftsteller Paul Friedl öfters auf Voraussagungen der 'Sibylle' und des 'blinden Hirten' oder 'Jüngling von Prag' wie er manchmal genannt wurde, gestoßen. Er zeichnete vorerst auf, was die deutsche Bevölkerung im Böhmerwald darüber zu sagen wußte und versuchte immer wieder geschriebenes oder gedrucktes über den blinden Hirtenjungen zu bekommen.
Im Hause Steinbrenner in Winterberg, erhielt Paul Friedl im Winter 1938 eine Übersetzung aus dem Tschechischen über diesen mysteriösen Jüngling. Das etwa handgroße, um 1760 in Budweis gedruckte Büchlein schilderte die Geschichte und die Weissagung des blinden Hirten. Diese Übersetzung stammte von Frantisek Hajek.

Als Paul Friedl nach dem Zweiten Weltkrieg eine von Max Günther veröffentlichte Ausgabe über die Voraussagungen des blinden Jünglings kennenlernte, ('Der Jüngling von Prag', München um 1950) fand er, daß der Inhalt mit dem von dem Büchlein aus Budweis ziemlich übereinstimmte.

Friedrich Holl meint in seinem Buch 'Waldpropheten', daß ein gewisser Josef Kochan aus Roschmital die Aufzeichnungen über den böhmischen Hirten im Jahre 1491 von Johann Melichar aus Horschau abgeschrieben habe.
Der erste tschechische Druck soll 1559 erschienen sein und ein Exemplar davon sich in der Hofbibliothek zu Wien befunden haben.
Nach diesen Schriften, zu denen auch Pfarrer Jungmann einen Hinweis gefunden hatte, handelte es sich dabei um einen blind geborenen Bauernsohn aus Kauth (Gemeinde Neugedein) im Kreis Taus.

Die Geschichte des blinden Hirtenjungen wird so dargestellt:
Zu kaum einer anderen Zeit waren die Menschen allem Mystischen und Übersinnlichem so zugetan wie im 14. Jahrhundert. Sterndeuter (Astrologen) und Wahrsager waren in allen Fürstenhöfen zu finden und das Volk war beunruhigt durch Geisterglaube und Angst vor dem bevorstehendem Weltende, das schon seit der Jahrtausendwende immer wieder prophezeit worden war.

Um die Mitte dieses Jahrhunderts machte in Böhmen, damals ein bedeutender Mittelpunkt Europas, ein blinder Jüngling von sich reden, der Ereignisse voraussah.

Dieser Hirtenjunge, der da am Rande des Böhmerwaldes sein Vieh hütete und die wunderbare Gabe besaß, trotz völliger Blindheit über Tage, Wochen und Jahre Ereignisse voraussah, die auch über die weitere Zukunft des Landes, ja sogar der ganzen Welt und der Menschheit aussagte. Er konnte auch über jede Entfernung Tiere und Menschen erkennen, selbst wenn sie von den Sehenden noch nicht erkannt werden konnten. Fremden vermochte er zu sagen, wer sie sind, woher sie kommen und ihre weitere Zukunft...

Als die Kunde davon nach Prag gelangte und Kaiser Karl IV. (1346-1378) darauf aufmerksam wurde, ließ er ihn zu sich rufen, um von seinem eigenen Schicksal und dem seines Landes zu erfahren.

Der Kaiser empfing den jungen Hirten allein, nur sein Schreiber durfte dabei anwesend sein.

Angeblich prophezeite er damals schon Karl IV. seine Krönung zum Kaiser. Allerdings unter Umständen, die den Kaiser in Rom keinen Schlaf finden lasse. Tatsächlich hat der neugekrönte Kaiser mit seinen 300 Reitern noch in derselben Nacht der Krönung, Rom wieder verlassen.

Karl IV. war ein gelehrter und kunstsinniger Herrscher, der in Prag die erste Universität des Deutschen Reiches gründete.

Erschüttert und bleich entließ der Kaiser nach dem Treffen den Jüngling, der keine Bezahlung annahm, weil sonst, wie er erklärte, die Seherkraft von ihm genommen werde. Die Aufschreibungen wurden trotz der strengen Geheimhaltung bekannt, sei es durch den Schreiber oder dem Jüngling selbst, der seine Voraussagungen für die Zukunft auch seiner Umgebung mitteilte. In der nachstehenden Anordnung dieser Offenbarungen wurden die aufgezeichneten Angaben insoweit sie sich irgendwie unterscheiden, von Frantisek Hajek mit (H) und die von Max Günther mit (G) bezeichnet. Die in F. Holls Buch aufgeführten Abweichungen, werden zusätzlich angemerkt.

1) O ihr Kaiser, Könige und Fürsten. O ihr armen Leute im Lande, es wird eine Zeit kommen, da werdet ihr wünschen, nicht geboren zu sein. (H)
2) So viele Leute wird es geben, daß kein Brot mehr für sie da ist, aber die einen werden fressen, und die anderen werden verhungern. (H)
3) Böhmen wird die Herrscher wechseln wie der feine Herr das Hemd. (H)
4) Eine und noch eine und eine halbe Zeit werden über Böhmen fremde Herrscher sein. (G)
5) Die Menschen werden einander nicht mehr mögen. Wenn einer sagt: Ruck ein wenig, und der andere tut es nicht, ist es sein Tod. (H)
6) In einer Zeit, in der einer länger denn sechzig Jahre Herr über Böhmen war, wird durch einen Fürstenmord ein großer Krieg entstehen. (G)
7) Wird einmal ein Krieg kommen und alles anders werden. Dann fallen die Kronen. (H)
7a) Dann werden die gekrönten Häupter wie die Äpfel von den Bäumen fallen. (G)

8) Wenn im großen Krieg jeder gegen jeden ist, dann beginnt die Zeit, da der Schrecken unser Land nicht mehr verlassen wird. (H)
9) Dann sind die Burgen verödet, und die hohen Herren greifen zum Pflug. (H)
10) Von da an wird es nicht mehr sein dürfen, daß sich die Leute auf der Welt verstehen. (H)
11) Sie werden keine Ruhe geben, bis der böhmische Löwe wieder selber herrscht und niemanden untertan ist. (H)
11a) Der böhmische Löwe wird nicht mehr untertan sein, sondern selber herrschen. (G)
12) Zwei Völker werden in Böhmen leben (F. Holl)
13) Zwischen Böhmens Bergen wird ein Volk dem andern nach dem Leben trachten. (H)
13a) Das herrschende Volk wird dem andern nach dem Leben trachten und ihm keine Freiheit gönnen. (G)
14) Dann aber kommt einer, der wird die Geißel schwingen über Prag. (H)
14a) Bis ein Mächtiger kommt. (G)
15) Dann werden die Herren in Prag dem zweiten Volke die Freiheit aus dem Fenster zuwerfen, aber zu spät. (F. Holl)
16) Es kommt abermals ein großer Krieg zwischen den Völkern der Erde. (G)
17) Es wird nicht der letzte Krieg sein, aber er wird anfangen die letzten Zeiten. (H)
18) Um Böhmen herum wird ein großer Trümmerhaufen sein, denn es wird Feuer hageln. (H)
19) Deutschland wird ein Trümmerhaufen sein, und nur das Gebiet der blauen Steine wird verschont bleiben. (G)

20) Wenn die Kirschen blühen, wird alles vorbei sein. (H)
20a) Der große Krieg wird zu Ende gehen, wenn die Kirschen blühen. (G)
21) In Böhmen aber wird der heimliche Brand nicht ausgehen. (H)
22) Solange die Kirschen reifen, möchte ich kein Deutscher sein. (F.Holl)
23) Wenn aber die Kirschen reif sind, möcht ich kein Tscheche sein. (G)
24) Zweimal wird das Böhmerland gesiebt werden, das erstemal bleiben nur soviele Deutsche, wie unter einer Eiche Platz haben. (G)
25) Die eine andere Sprache reden, werden das Land verlassen.(H)
26) Wieder wird der böhmische Löwe das Land beherrschen, aber sein Glanz ist zu Ende. (G)
27) In Böhmen wird nur noch ein Volk leben. (F.Holl)
28) Und immer wird noch Blut fließen unter den Brüdern. (H)
29) Ein neuer Krieg wird ausbrechen, dieser wird der kürzeste sein. (G)
30) Das Volk in Böhmen wird durch den Krieg vernichtet, und alles im Land wird verschüttet werden. (F.Holl)
31) Die Menschen werden die Welt vernichten, und die Welt wird die Menschen vernichten. (H)
32) Zweimal wird das Böhmerland gesiebt werden: das zweite Mal werden nur soviel Tschechen übrig bleiben, die auf einer Hand Platz haben. (F.Holl)
33) Aber es wird nicht eher Friede in Europa sein,

ehe nicht Prag ein Trümmerhaufen ist. (F.Holl)
34) Abermals zur Kirschblüte wird Prag vernichtet werden. (F.Holl)
35) Eine Sonne wird stürzen und die Erde beben. (F.Holl)
36) Die Rache kommt übers große Wasser. (F.Holl)
36a) Über das große Wasser wird der Krieg kommen, und die eisernen Rosse werden Böhmens Erde zerstampfen. (H)
37) Wenn zum zweiten Male die Kirschen reifen, werden die Vertriebenen aus Böhmen traurig wieder zu ihren Herren, ihren Webstühlen und Feldern zurückkehren. (F.Holl)
38) Aber nur wenige werden es noch sein. (F.Holl)
39) Und diese Wenigen werden einander fragen: Wo hast du gesteckt, und wo du? (F.Holl)
40) Und das Land der Bayern hat viel zu leiden. (H)
41) Aber bald wird man Gott loben, daß es nicht schlimmer gewesen ist. (H)
42) Es wird alles so kommen, weil die Menschen Gott verlassen werden, und Gott wird sie verlassen und läutern. (H)
43) Wenn sie meinen, Gottes Schöpfung nachmachen zu sollen, ist das Ende da. (H)
44) Es dauert nicht länger, als man dazu braucht, Amen zu sagen. (H)
45) Die wilde Jagd braust über die Erde. (H)
46) Die Totenvögel schreien am Himmel. (H)
47) O ihr Mächtigen und Gewaltigen, ihr werdet kleiner sein als der arme Hirt. (H)
48) Wann es kommt? Es wird lange dauern und noch viel Wasser die Moldau hinabrinnen. Von uns wird niemand mehr etwas wissen, und der

Hirte wird seinen Stecken in den Boden stoßen und sagen: Hier hat Prag gestanden. Wenn es aber kommt, dann wird es einfahren wie ein Blitz in den Ameisenhaufen, und es wird auch den Hirten nicht verschonen. (H)
49) Über die Welt wird ein neues Zeitalter kommen, das man das goldene nennen wird. (F.Holl)

Die Deutung der Prophezeiungen des blinden Jünglings sind zum Teil leicht gemacht durch die genaue Voraussagung der Geschehnisse. Andererseits kann man sie aber nicht unbedingt in der aufgeführten Reihenfolge verknüpfen.
Satz 6) die Regierungszeit des österreichischen Kaiser Franz Joseph von 1848 bis 1916, in der auch die Ermordung des Kronprinzenpaares am 28. Juni 1914 den Ersten Weltkrieg auslöste.
7) Nach dem 1. Weltkrieg fielen die gekrönten Häupter Europas tatsächlich wie 'Äpfel von den Bäumen'.
11) und 12) Aus der Tschechei und der Slowakei entstand das Gebilde 'Tschechoslowakei', das später in der sozialistischem Struktur abgekürzt CSSR genannt wurde.
13) und 14) Nach tausend Jahren wurde man sich in Böhmen plötzlich seiner wahren Nationalität bewußt und Hitler wurde heraufbeschworen.
Nach seiner Niederlage begann die Vertreibung jenes Volksteils, auf den die Herrlichkeit der Städte Böhmens zurückgegangen war.
15) Nach 1945 wäre mancher Tscheche gern wieder zu dem Status vor 1918 zurückgegangen, aber die Erkenntnis dessen was man gehabt hatte, war zu spät gekommen.
16) bis 20) Der Zweite Weltkrieg wird hier verblüffend genau vorausgesagt. Der Termin des Zusammenbruchs zur Zeit der Kirschblüte im Mai stimmte genau.

22) 24) 25) 'Solange die Kirschen reiften' dauerte die tragische Vertreibung der Deutschböhmen und der Sudetendeutschen.
23) Seit der Kirschenernte 1945 (bis 1990) standen die Tschechen unter sowjetischer Herrschaft. Der Versuch 1968 einen 'menschlichen Sozialismus' einzuführen, wurde von den Sowjets mit Tausenden von russischen Panzern blutig beantwortet.
27) Die Separation Tschechiens von der Slowakei.
ab 29) Damit ist der kommende Dritte Weltkrieg gemeint. Der Untergang Böhmens wird auch von anderen Sehern vorausgesagt.
36) Ein Japaner, der 1945 den Atombombe von Hiroshima überlebt hatte beschrieb die Nuklearexplosion: 'Eine Sonne fiel vom Himmel und zerbarst.''
43) Die Gentechnik

NOSTRADAMUS

Sich mit Prophezeiungen zu befassen - ohne von Nostradamus zu sprechen - wäre geradezu unmöglich. Obwohl gerade er mit seinen vielen Voraussagungen mehr Kritiker hervorgerufen hat, als jeder andere Zukunftsprognostiker. Seit dem 16. Jahrhundert wurden über Nostradamus Voraussagungen mehr Bücher gedruckt und veröffentlicht, als über jede andere Aufzeichnung - außer der Bibel. Jedes Jahrhundert zwischen 30 und 40 verschiedene Ausgaben, und im 20. Jahrhundert sogar mehr als doppelt soviele.

Nostradamus dessen bürgerliche Name Michel de Notre-Dame lautet, war französischer Astrologe, geb. 14.12.1503 in St.Remy, gestorben 2.7.1566 in Salon.

Er beschäftigte sich mit Astrologie in einer Zeit, in der es allein in Paris über 3000 Astrologen gegeben haben soll. Sie alle erklärten sich bereit für ein geringes Entgelt ein Horoskop aufzustellen.

Nostradamus, der sich als Arzt und Astrologe bezeichnete, war auch Leibarzt Karl IX. Katharina von Medici, Karls Mutter, baute ihm sogar ein Observatorium in Les Halles. Doch Nostradamus scheiterte nach Berichten einiger seiner Zeitgenossen als Astrologe ebenso kläglich wie als Arzt.

Im Jahre 1564 z.B. wird er nach der Lebensdauer von Karl IX. gefragt. Der König, erst 14 Jahre alt, ist immer kränklich und müde, trotz seines Leibarztes Nostradamus und kann nur selten das Bett verlassen. Der Arzt und Astrologe Nostradamus sah in den Sternen gute Gesundheit und eine Lebenszeit von 90 Jahren für den jungen König voraus. Doch schon 10 Jahre später stirbt der König als Vierundzwanzigjähriger. Ob er diese Voraussagung nur gemacht hatte, um als Günstling am Hofe des Königs Vorteile zu erhalten, bleibt dahingestellt.

Seine '100 Weissagungen' von 1566 werden von manchen Leuten als völlig wertlos bezeichnet. Die darin enthaltenen Zwiedeutigkeiten, geschickt verpackt, lassen sich auf fast alle geschichtlichen Ereignisse anwenden - heißt es. Seine dunkel-verworrenen 'Centuries' (die bis 3000 nach Christi Geburt reichen) werden auch noch heute, wie zu seiner Zeit als Hirngespinste beurteilt.

Und doch....
Obwohl im Laufe der Jahrhunderte manche negative Kritik gegen Nostradamus geäußert worden war, so kann man doch nicht so ohne weiteres an den vielen bereits eingetroffenen Voraussagungen dieses Mystikers vorbeigehen.
Es gibt auch Millionen Andersdenkende über Nostradamus' Fähigkeiten. Sie sind sicher in der Mehrheit und von den zahlreichen Büchern und Artikel, die über diesen Astrologen und Seher in den letzten einhundert Jahren in Europa und USA erschienen sind, habe ich einige Voraussagungen herausgesucht, um sie in diesen Kapiteln (siehe auch: Das Ende Roms) dem interessierten Leser zu präsentieren.

In den ersten beiden Vierzeilern seines Buches beginnt der Mystiker:
"Sitz ich des Nachts, zu forschen in geheimen Dingen,
Allein, zurückgelehnt auf ehernem Gestühl,
Dann läßt die Einsamkeit und ihre Flamme das gelingen,
Was für den Glauben nimmer ist zuviel.

Faß ich die Wünschelrute an den Zweigen,
So dringts wie eine Welle mir durch Kleid und Glieder:
Furcht; eine Stimme heißt mich schweigen!
Göttlicher Glanz... Göttliches schwebt hernieder..."

An einer anderen Stelle spricht Nostradamus von seiner prophetischen Gabe als 'fureur poétique', eine Art Manie, wie sie den Dichter erfüllt. Er fügt hinzu, daß ihm diese Gabe angeboren sei und daß er die künftigen Ereignisse wie im Spiegel vor sich sehe.

Die 966 Vierzeiler seiner berühmten zehn Centuries, die anscheinend ohne Ordnung und ohne Zusammenhang niedergeschrieben wurden, enthalten viele Voraussagungen, die bis ins Detail eingetroffen sind.

Einige der bekanntesten aus dem 16. Jahrhundert:

"Wenn der wilde König seine blutige Hand durch Feuer, Eisen und gespannte Bogen betätigt, dann wird das gesamte Volk erschrocken darüber sein, daß es die Größten an Hals und Füßen aufgehängt sehen wird."

Der 'wilde König' ist Karl IX, über dessen Grausamkeit, auch gegen Tiere, genügend Zeugnisse überliefert sind.

Der König selbst schoß in der Bartholomäusnacht auf die Fliehenden; die Leiche seines großen Admirals Coligny wurde vom Pöbel mit einem Fuß an den Galgen in Montfaucon gehängt.

Aus dem 17. Jahrhundert:

"Derjenige, der Dauphin war, wird die Lilie nach Nancy tragen und bis nach Flandern wegen eines Kurfürsten des Reiches. Ein neues Gefängnis für den großen Montmorency, der außerhalb des dafür bestimmten Ortes einer berühmten Strafe (clere peyne) überliefert wird."

Der 'Dauphin' ist Ludwig XIII, der diesen Titel getragen hat. 1633 eroberte er Nancy, 1635 drang er bis nach Löwen (Flandern) vor. Der Grund für diesen Feldzug lieferte ihm der Kurfürst von Trier. Kurz zuvor im Jahre 1632, war ein Aufstand des Herzogs von Montmorency mißglückt. Er wurde in das Gefängnis des neuerbauten Rathauses in Toulouse eingeliefert und zum Tode verurteilt. Mit Rücksicht auf seinen Stand fand die Hinrichtung nicht auf dem Marktplatz, sondern im Gefängnishof statt. Sie wurde auch nicht vom berufsmäßigen Henker, sondern von einem dafür ausgelosten Soldaten namens Clerepeyne vollzogen.

"Mehr ein Metzger ist er als ein König in England. Er, der dunkler Herkunft ist, wird das Reich mit Gewalt an sich reißen. Hinterlistig, treulos, gesetzesbrüchig, wird er das Land zur Ader lassen..."

Dieser Usurpator 'dunkler Herkunft' kann nur Cromwell sein.

Aus dem 18. Jahrhundert:

"Lange vor solchen Umtrieben werden die Leute des Ostens - das Jahr 1700 unter Lunas Herrschaft - großen Raub erjagen, wobei sie fast den nördlichen Winkel unterjochen."

Durch die Schlacht bei Poltawa, 1709, errang das petrinische Rußland die Vorherrschaft über Schweden und den Besitz der Ostseeprovinzen.

Für dieses Jahrhundert sagte Nostradamus auch voraus, daß der Nachfolger des großen Monarchen (der Sonnenkönig) Ludwig XV ein unzüchtiges Leben führen wird und infolge seiner Lässigkeit Konzessionen machen wird, die zum Verschwinden der damaligen 'Salischen' Gesetze und zur Revolution führen wird.

Unheimlich die folgende Voraussagung:

"Des Nachts wird man durch die Pforte der Königin kommen: Zwei Ehegatten; Irrweg; die Königin; der weiße Edelstein; der verlassene König in Grau in Varennes. Der gewählte Capet Ursache für Sturm, Feuer, Blut, Hackmesser."

Tatsächlich verließ das königliche Paar durch eine geheime Pforte bei Nacht das Schloß. Ludwig XVI ließ zuerst die Richtung nach Verdun einschlagen, befahl aber dann dem Kutscher nach Varennes zu fahren (Irrweg). Um nicht erkannt

zu werden, trug der König auf der Flucht einen grauen Anzug. Daß diese Flucht mit der Festnahme des Königs, dessen Familienname 'Capet' war, in Varennes ihr Ende fand und den beschriebenen Terror erst auslöste, ist hinlänglich bekannt. Nur eine das 19. Jahrhundert betreffende Voraussagungen:
"Über die tributpflichtige Seestadt wird das geschorene Haupt die Herrschaft gewinnen. Jagen wird er das Schmutzige, das ihm entgegen wirkt. Vierzehn Jahre wird er die Tyrannengewalt besitzen."
Mit der Eroberung der 'Seestadt' Toulon begann 1793 der Aufstieg Napoleons. Im Gegensatz zur Zopftracht des 18. Jahrhunderts, erscheint Napoleon als 'geschorenes Haupt'. Er verjagte das verhaßte Direktorium und besaß vom 9. November 1799 bis zum 13. April 1814 die unumschränkte Gewalt.

Weitere Vierzeiler, die den Sturz des Korsen sowie die Gefangennahme und endlich die Eröffnung des Vatikanischen Konzils vorausprophezeiten, sind klar erkennbar.

Schwieriger wird es schon für das 20. Jahrhundert und darüber hinaus.

Fast alle der Quatrains (Vierzeiler) sind verschlüsselt und verschleiert, und gar mancher Nostradamus-Forscher hat geglaubt Dinge darin zu entdecken, die keineswegs beabsichtigt waren.

Manche beschweren sich, daß die Verse mal in 'lateinisch', mal in 'französisch' geschrieben, bald wörtlich und bald symbolisch, und schließlich überhaupt nicht mehr zu verstehen seien.

Daß er wegen der Inquisition der katholischen Kirche und der düsteren Zukunft des französischen Königshauses manche Voraussagungen in Anagrammen 'verstecken' mußte ist verständlich. Auch darf man nicht vergessen, daß er als Arzt und Astrologe und auch in der Sprache der damaligen Gelehrten schrieb.

Die Hauptursache der sibyllischen Verwirrung jedoch ist darin zu finden, daß er als Bürger von Savoy, einen Dialekt - fast eine Mischung von Italienisch und Französisch gebrauchte.

In dem Buch 'Nostradamus - Key to the Future (Schlüssel zur Zukunft)', beschreibt der langjährige Nostradamus-Forscher Renucio Boscolo nicht nur die astrologischen Voraussagungen, sondern auch den Hintergrund und Herkunft des großen Mystikers.

Boscolo ist geborener Italiener (23. April 1945) und wohnte lange Zeit in Turin, spricht auch französisch und zwar denselben Dialekt, den Nostradamus in der Provinz Savoyen sprach.

Boscolo schulte sich und studierte alles, was er finden konnte über Nostradamus, antike Religionen, Philosophen und Kulturen. Die Schriften des Rig Veda, Tao te ching, die Kabala und den Koran. Seine Abhandlungen und Artikel über antike Mystik, wurden in vielen Zeitschriften der ganzen Welt veröffentlicht.

Durch diese Nachforschungen fand er schließlich auch bisher unveröffentlichte Prophezeiungen des Nostradamus und seines Jüngers - Jean Aymes de Chavigny.

Boscolo hatte auch eine Kopie des fast völlig unbekannten 'dritten Briefes' in originaler Handschrift von Nostradamus. Dieses Schriftstück aus dem Archiv der königlichen Bibliothek von Savoy (galt lange als verschollen) und andere Schriften und Briefe von Nostradamus, ermöglichten es ihm die Vierzeiler besser zu überschauen und zu verstehen.

So zum Beispiel, wenn Nostradamus von der Bombardierung Hiroshima spricht, sagt er nicht, daß eine Stadt bombardiert wird, sondern beschreibt es durch den Makrokosmos seiner Quatrains: "Nahe dem Hafen zweier Städte (Nagasaki und Hiroshima) werden zwei Schrecken geschehen, wie sie die Welt noch nie gesehen hat. Pest von innen, Hunger und das (kriegerische) Schwert, werfen die Leute aus der Stadt, sie rufen um Hilfe beim allmächtigen Gott."

Das Wort 'Großdeutschland' taucht zweimal auf in den Centuries, und auch Hitler sieht Nostradamus voraus:
"Am Fluß des Norischen Gebirges (der Inn im einstigen Noricum = Österreich) wird ein Großer geboren aus dem Volk... er wird Pannonien und Sarmatien (Ungarn und das Gebiet zwischen Weichsel und Wolga) verteidigen..."
Verblüffend ist der Vers, in dem er den Zweiten Weltkrieg, das Hakenkreuz und den damaligen Luftkrieg voraussagt: "Zwanzig Jahre nach den großen Kriegen (1. Weltkrieg) tausend Teufel durch die Lüfte fliegen, viermal ist das Kreuz im Rad gebrochen (Hakenkreuz) Hölle, Irrsinn, Mord kommt angebrochen."

René Durand hat einige dieser Vierzeiler in deutsch geformte Verse gestaltet. Dabei auch eines das haargenau auf Hitler paßt:
"Geifernd schreit ein Mann vor sturen Massen
Die nach seinen Worten kämpfen, sterben lassen,
Nie noch sah die Welt ein solches Morden,
Raub und Blut bringt Ehre, Ruhm und Orden."

Der folgende Vierzeiler scheint sich auf die deutsche Nachkriegszeit des II. Weltkrieges zu beziehen:
"Der Staat, elend, unglücklich, wird von einer neuen Behörde verwüstet werden. Der große Umfang, den das verderbliche Exil bei ihnen annimmt, wird Deutschland veranlassen, seinen großen Kontrakt zu brechen."
Auch diese Verse über Rußland scheinen ziemlich klar zu sein:
"Das Volk der Slawen wird durch eine Weltkriegstunde (I. Weltkrieg) zu großer Macht erhoben werden. Man wird den Fürsten wechseln (vom Zar zu Lenin). Hoch kommt ein Mann (Stalin) aus der Provinz, wenn Truppen (USA) das Meer überschreiten."

"Des Slawenvolkes Gesänge und Forderungen werden, während Fürsten und große Herren in den Gefängnissen stekken, von Dummköpfen ohne Verstand als göttliche Offenbarung für die Zukunft aufgenommen."

Die vielen der angeblich bereits eingetroffenen Voraussagungen Nostradamus' hier aufzuführen, würde die Kapazität dieses Buches sprengen.

Sehr zeitnah scheint auch eine Prophetie aus Cent.II,57 zu sein: "Die große Mauer (?) wird fallen, der Große wird getötet werden, sein Tod wird plötzlich sein, und er wird sehr beweint werden. Das Schiff (die katholische Kirche) wird schadhaft sein, und die meisten werden schwimmen... die Erde beim Fluß wird rot sein von Blut."

Nostradamus' mystische und sehr zweideutige Centuries, sind oft mit den Ereignissen der jeweiligen Zeit in Zusammenhang gebracht und so ausgelegt worden.

In einer im 18. Jahrhundert in Straßburg gedruckten Übersetzung des Nostradamus heißt es:

Und wenn in den letzten Zeiten
dann Gelb und Rot sich streiten
und sie sich überrennen -
dran wird die Welt verbrennen.

Damals glaubte man, daß unter 'Gelb' die Habsburger und unter 'Rot' die Bourbonen zu verstehen seien, die einen großen, alles vernichtenden Krieg beginnen würden.

Wahrscheinlicher erscheint der obig aufgeführte Vers in der heutigen Zeit, in der 'Gelb' und 'Rot' eine ganz andere Bedeutung haben.

Nostradamus' Vierzeiler bieten jedem Forscher und auch jedem Phantasten die Möglichkeit, seine eigene Version der 'Prophezeiungen' zu schaffen.

In II,24 z.B. ist das Wort 'Hister' lange Zeit als 'Rumänien' gedeutet worden, weil auf lateinisch: Ister, 'untere Donau'

heißen soll. Danach entdeckte jemand die Ähnlichkeit mit dem Namen 'Hitler', und schon ergab sich eine völlig neue Version der Auslegung. Zu den 'Bestien des Hungers die den Fluß (Rhein) überqueren' wurden in den Schriften der Allierten nun die meisten Deutschen, die in ihrem Land diesen 'Hister' unterstützten; die eisernen Käfige - mal Panzer die in den großen Krieg rollten, und mal Eisenbahnwaggons in denen 'die Großen' oder 'große Massen' verfrachtet wurden, während die Jugend Deutschlands respektlos und gesetzlos war.
"In Deutschland werden verschiedene Sekten (Parteien?) entstehen, die sich sehr dem 'glücklichen Heidentum' nähern. Wenn das Herz gefangen ist, und die Kleinen wieder aufgenommen sind, kehren sie zurück, um den wahren Zehnten zu bezahlen."

Über die weitere Zukunft sagen wahrscheinlich folgende Verse:
"Das Heilige Reich wird nach Deutschland kommen, die Araber werden offene Orte finden, die Asse wollen auch Carmania (eine iranische Provinz am Persischen Golf), die Unterstützer völlig mit Erde bedeckt (?)."
"Die Kirche wird verfolgt werden,
die heiligen Tempel vernichtet,
das Kind der Mutter beraubt,
die Araber sich mit den Juden verbünden."

Unglaublich? Aber noch vor wenigen Jahren wäre eine Voraussagung über den so schnellen Zerfall der UdSSR noch viel unglaublicher gewesen. Außerdem, einige Bündnisse zwischen Arabern und Israel sind in den letzten Monaten (1994) bereits zustande gekommen.

"Und fliegendes Feuer wird den großen Führer in Schrecken versetzen. Im Osten wird man ein großes Feuer erblicken, Lärm und Helle gegen Norden (Deutschland) hin. Überall ringsum geschieht dann Geschrei und Mord. Im Innern erheben sich die Aufrührer."

"Wenn der Erderschütterer Feuer aus dem Mittelpunkt der Erde hervorbrechen läßt, dann wird er die Umgebung der neuen Stadt (New York) erzittern lassen. Zwei große Felsen werden lange kämpfen, dann wird Arethusa (USA?) einen neuen Fluß rot färben..."

"An einem 20. April wird die Erde beben: Das große Theater wird einstürzen. Luft, Himmel und Erde werden verdunkelt und in Aufruhr versetzt."

Es ist geradezu ein unerschöpfliches und verwirrend prophetisches Werk, das uns Nostradamus hinterlassen hat. Ich kapituliere vor weiteren Auslegungen mit folgender Aussage: "Nach Durchsicht von über zwanzig Büchern und Dutzenden von Auslegungen der Nostradamus 'Prophetien' habe ich mich entschlossen, den 'Wirrsinn Nostradamus' fähigeren Leuten zu überlassen."

Die Weissagung von Kloster Orval

Der Ursprung der Prophezeiung von Orval scheint im Dunkeln zu liegen. Die Überlieferung kennt nicht einmal den Namen des 'Einsiedlers', dem sie angeblich im 16. Jahrhundert offenbart wurden. In 48 Versen werden die Schicksale Frankreichs vom Auftreten Napoleons bis zum Sieg des Antichrist aufgeführt.
Da sich vor allem die erste Hälfte mit besonders genau eingetroffenen Merkmalen auszeichnet, wurde von einer 'Ergänzung' gemunkelt, die jedoch hartnäckig bestritten wird. Fest steht allerdings, daß diese Prophezeiungen schon vor der großen Revolution existiert hatten.
Hier nun die zweite Hälfte einer deutschen Fassung aus dem Jahre 1920:

26. Heulet, ihr Söhne Brutus, rufet über euch die Tiere, die euch verschlingen. Großer Gott! Noch ist keine volle Zahl von Monden vorüber, und siehe, es kommen viele Krieger.
27. Der trostlose Berg Gottes hat zu Gott gerufen; die Söhne Judas haben zu Gott gerufen aus dem fremden Lande, und Gott bleibt nicht taub.
28. Welch Feuer geht mit seinen Pfeilen! Zehnmal sechs Monde und abermals sechsmal zehn Monde haben seinen Zorn genährt. Wehe über dich, du große Stadt! Siehe, es kommen Könige, die der Herr bewaffnet; doch bereits hat dich das Feuer dem Boden gleichgemacht, und dennoch werden deine Gerechten nicht zugrunde gehen. Gott hat sie erhört.
29. Der Schauplatz des Verbrechens wird durch Feuer gereinigt. Der große Strom führt sein von Blut gerötetes Wasser ins Meer.
30. Und das gestürzte Gallien wird sich vereinigen.
31. Gott liebt den Frieden. Komme, junger Fürst, verlasse die

Insel der Gefangenschaft; höre; vereine den Löwen mit der weißen Blume; komme!
32. Was voraus geschehen ist, das will Gott.
33. Das alte Blut wird langen Spaltungen ein Ende machen; alsdann wird ein einziger Hirt in keltisch Gallien sein.
34. Der mächtige Mann wird sich durch Gott befestigen; viele weise Anordnungen begründen den Friede. So klug und weise wird der Sprößling der Capet sein, daß man sagen wird: Gott ist mit ihm.
35. Dank dem Vater der Barmherzigkeit wird man in seinen Tempeln einen einzigen großen Gott besingen.
36. Viele verirrte Schafe kommrn trinken zum lebendigen Quell; drei Fürsten und Könige legen den Mantel des Irrtums ab und sehen klar im Glauben Gottes.
37. Um diese Zeit wird ein großes Volk des Meeres zu zwei Dritteilen zum wahren Glauben zurückkehren.
38. Gott wird gepriesen während vierzehnmal sechs Monden und sechsmal dreizehn Monden.
39. Gott wird genug Barmherzigkeit geübt haben. Dennoch will er für seine Guten den Frieden um zehnmal zwölf Monde verlängern.
40. Gott allein ist groß! Das Gute ist getan, die Heiligen werden zu leiden haben. Der Mensch des Bösen, aus zweierlei Blut entsprossen, kommt. Die weiße Lilie verdunkelt sich während zehn Monden und sechsmal zwanzig Monden, und verschwindet dann, um nicht mehr zu erscheinen.
41. Viel Böses, wenig Gutes um diese Zeit. Viele Städte gehen durch Feuer zugrunde.
42. Darnach wird Israel aus freiem Antrieb zum Christus-Gott kommen.
43. Verfluchte Sekten und gläubige Sekten werden beiderseits deutlich gekennzeichnet sein.
44. Doch es ist geschehen. Gott allein wird alsdann geglaubt,

und der dritte Teil Galliens und abermals vierhalb Gallien hat keinen Glauben mehr.

45. So auch die anderen Völker.

46. Und nun sind es schon sechsmal drei Monde und viermal fünf Monde, daß alles sich trennt, und das Jahrhundert des Endes hat begonnen.

47. Nach einer vollen Zahl von Monden kämpft Gott durch seine beiden Gerechten und der Mensch des Bösen gewinnt die Oberhand.

48. Doch es ist geschehen; der erhabene Gott stellt eine Mauer von Feuer hin und verdunkelt meine Erkenntnis und ich sehe nichts mehr. Gelobt sei er immerdar! Amen.

Bartholomäus Holzhauser

Im bayerischen Schwabenland, in Laugna zwischen Augsburg und Dillingen, wurde 1613 der Schusterssohn Bartholomäus Holzhauser geboren. Nachdem die Pestepidemie die Armenschule zum Erliegen gebracht hatte, verdiente er sein Brot erst als Hausbursch beim Pfarrer von Burgheim, ehe er sich mit Rosenkranz und zwei Kreuzern Zehrgeld in der Tasche auf Wanderschaft begab.

Danach wurde er ins Knabenseminar der Neuburger Jesuiten aufgenommen. Fünf Jahre studierte er dort, immer wieder die heilige Schrift, die Nachfolge Christi und die Briefe des heiligen Franz Xaver. Kasteiungen und Bußübungen waren an der Tagesordnung, und oft ließ er sich nachts noch in die Kongregationskirche Maria Victoria einsperren.

Doch bald stand es für ihn fest: Nicht der Eintritt bei den Jesuiten war sein Lebensziel, sondern die Reform der Weltgeistlichen, die in der damaligen Glaubenslosigkeit und Sündhaftigkeit verstrickt waren.

In Ingolstadt erhielt er das Baccalaureat der Theologie und die philosophische Doktorwürde. Zum Pfingstfest 1639 feierte er in der Kirche der Muttergottes vom Sieg seine Primiz.

In einer Traum-Vision sah er eines Tages in überirdisches Licht getaucht, ein palastartiges Salzach-Inn-Haus. Sofort brach er nach Salzburg auf, wobei ihn sein Weg über Landshut führte. Im niederbayerischen Geisenhausen klopfte er um Nachtquartier an die Tür des Pfarrhofs.

Pfarrer Leonard Siberer wollte den späten Wanderer zunächst abweisen, nahm ihn dann doch auf und diskutierte mit ihm bis zum Morgengrauen über geistliche Fragen. Er wurde später Holzhausers treuester Gefolgsmann.

Über Altötting kam Holzhauser schließlich nach Tittmoning ins Salzburgische Land.

Hier fand er jenes palastartige Haus, das er vor dem Antritt seiner Reise in einer Vision gesehen hatte, - der Kanonikatshof. Es wurde die Stätte seines zukünftigen Wirkens. Im Juli 1640 wurde er vom Fürstbischof von Chiemsee, Graf Liechtenstein, zum Kanoniker von Tittmoning befördert.
Von 1642 bis 1655, als Dekan seines Bischofs, hatte er fünf Pfarreien und siebzehn Vikariate unter sich. Im Dechantenhof zu St. Johann entstanden die beiden literarische Werke, die seinen Namen als den eines bayerischen Sehers durch die Jahrhunderte tragen sollten: 'Erklärung der Apokalypse' und 'Visionen'.
Holzhauser ist als Stadtpfarrer von Bingen am 20. Mai 1658 gestorben, noch nicht 45 Jahre alt.

Bis weit in unsere Zeit herein haben Holzhausers Visionen nachgewirkt. In seinem Buch 'Vom Geist des Barock' erzählt Benno Hubensteiner, daß der preußische Regierungsrat Wilhelm Gustav Volk - er schrieb unter dem Namen Ludwig Clarus - 1848 die im Lateinischen verfaßten Bücher Holzhausers 'Erklärung der Offenbarung' und 'Visionen (Gesichte)' ins Deutsche übersetzte, in Regensburg herausbrachte und kommentierte.
Selbst noch während der strengen Zeit des Dritten Reichs schwärmten Abschriften von Holzhausers dunklen Prophezeiungen durch das Land, von denen sich besonders der katholische Historiker und Publizist Friedrich Ritter von Lama sehr angezogen fühlte.
1940 erschien die Gestapo in St. Johann (Tirol), um 'den Dekan Holzhauser wegen Heereszersetzung' zu verhaften.
Friedrich von Lama ist 1944 als Opfer der politischen Polizei, im Gefängnis Stadelheim gestorben.

Die Zehn Visionen des Bartholomäus Holzhauser

Der Seher verfaßte seine 'Erklärung der geheimen Offenbarungen des heiligen Johannes' in großer geistiger Zurückgezogenheit, unter Fasten und Meditation. Er hat später erklärt, daß er sich dabei wie ein Kind das schreibt vorgekommen sei, während jemand anderer es leitete.

Seine, in lateinisch 'Explanatio in Apocalypsin' unterteilte er, dem Beispiel der Offenbarung folgend, in die Zahl sieben. Die sieben Schöpfungstage Gottes, die sieben Gemeinden in Asien von denen Johannes schrieb, sieben Zeitalter der Kirche und sieben Weltalter.

Im 'Buch der Wahr- und Weissagungen' hat Wilhelm Clericus die sieben Zeitalter der Kirche in der Übertragung aus dem lateinischen Original zusammengefaßt:

"Das erste Zeitalter der Kirche ist nur kurz und dauert bis zum Beginn der Christenverfolgung unter Nero. Es wird als der Zustand der Aussaat bezeichnet. Ihm entspricht die Gabe der Weisheit, welche der wahre Glaube an das Leben in und für Christus ist. Symbol dieses Zeitalters ist der erste Schöpfungstag.

Das zweite Zeitalter wird das befruchtende genannt und trägt diesen Namen als Hinweis auf die bewundernswürdigen Früchte, welche das in den ersten dreihundert Jahren der Kirche stromweise vergossene Blut der Märtyrer erzeugt hat. Man denkt dabei an die Worte Tertullians: 'Das Blut der Märtyrer ist der Samen für das Christentum.' Diese Zeit dauert bis zu Konstantin den Großen, welcher der Kirche (durch seine Anerkennung als Reichsreligion) den Frieden gab.

Das dritte oder das Zeitalter der Erleuchtung reicht von Papst Sylvester und Konstantin dem Großen bis Papst Leo III. und Kaiser Karl den Großen. Es erhält diese Bezeichnung wegen der zahlreichen Konzilien und wegen des strahlenden

Kranzes von Lichtern der Gottesgelehrtheit, die in den Kirchenvätern und Kirchenlehrern am Himmel der Kirche erschienen.

Das vierte Zeitalter umfaßt den Zeitraum von Papst Leo II. und Kaiser Karl dem Großen bis Leo X. und Karl V., den größten Teil des Mittelalters. Es wird als das friedliche Zeitalter bezeichnet, mit Rücksicht auf den inneren Frieden, den die Kirche während mehrerer hundert Jahre im ganzen ungestört von aller Ketzerei, in dieser Zeit genoß, und auf die herrlichen Blüten der Heiligkeit und Gelehrsamkeit, die sich in dieser Periode entfalteten.

Wir treten in das fünfte Zeitalter der Kirche, das unter Leo X. und Kaiser Karl V. begonnen hat, und bis zu dem 'heiligen Papst' und jenen 'großen Monarchen' dauern wird, der die 'Hilfe Gottes' genannt wird.

Es wird als das Zeitalter der Trübsal bezeichnet, angesichts der zahllosen Irrlehren, Bedrängnisse in politischer und sozialer Beziehung, der Bekämpfung des katholischen Glaubens und der Freiheit der Kirche durch die Regierungen, durch die aufgeblähte Wissenschaft, durch Glaubenslosigkeit und weiter um sich greifenden Sittenverfall.''

Dieses fünfte Zeitalter ist Holzhausers eigenes und müßte auch noch das unsere sein.

''Das sechste Zeitalter der Kirche wird mit dem heiligen Papst und jenem gewaltigen Monarchen beginnen, der eine christliche Weltmonarchie errichtet. In der Apokalypse heißt es im vierzehnten Kapitel, daß auf einer weißen Wolke einer saß gleich dem Menschensohn, mit einer goldenen Krone auf dem Haupt und einer scharfen Sichel in seiner Hand.

Der große Monarch - schreibt Holzhauser - wird mit dem Menschensohn verglichen, weil er der Menschheit das Heil bringen wird. Die Wolke worauf er sitzt, ist der Heilige Geist, der ihn leiten und stützen wird. Die goldenen Krone ist die des heiligen römischen Reiches, die Sichel ist das unüberwindliche Kriegsheer, mit dem er die Feinde Gottes und der Kirche besiegen wird. Dieses Zeitalter wird dauern bis zur Ankunft des Antichrist. Es wird das Zeitalter des Trostes sein. In diesem Zeitalter wird das Priestertum blühen.

Endlich wird das siebente Zeitalter der Kirche anbrechen und von der Ankunft des Antichrist bis zum Ende der Welt dauern. Es wird angesichts der Greuel der Verwüstung die da kommen werden, ein Zustand der Trostlosigkeit sein.''

Die 'Visionen' des Bartholomäus Holzhauser sind eng mit seinen 'Erklärung der Apokalypse' zusammen. Insgesamt beschreibt Holzhauser zehn Gesichte, die er in den Jahren 1634 bis 1644 hatte. Auf Drängen seiner Hilfspriester schrieb er sie 1645 in lateinischer Sprache nieder.

Bei der Wiedergabe der Übersetzung beschränken wir uns, wie schon frühere Abschriften, auf Auszüge aus dem sechsten, siebenten und achten Gesicht. (Die ersten vier Visionen beziehen sich vorwiegend auf die Vergangenheit, die fünfte hat Holzhausers eigene Lebensgeschichte zum Gegenstand und die neunte stellt eine Bußpredigt an das Deutschland des Dreißigjährigen Krieges dar.)

Im sechsten Gesicht heißte es:
''Nach diesem sah ich am neunten Tag des Monats April einen Sturmwind von Westen kommen, und siehe, die Gewässer, welche in der Donau waren, erhoben sich und traten aus. Dieselben stiegen in die Höhe, drangen in die Stadt ein und verwandelten sie fast in eine Wüste. Und ich erblickte einen König in seinem Diadem und eine überaus große Menge. Dann schaute ich gleichsam den Frieden, und alle Menschen meinten, es sei Friede und Sieg.
Und siehe, ich erblickte eine lange Kette von Sprachen und

Völkern und von Feinden des Kreuzes Jesu Christi. Und sie haben vielfach gesiegt, die festesten Städte erobert, Glück in ihren Unternehmungen gehabt und die Oberhand erhalten. Und man hielt gleichsam dafür, daß es aus sei mit dem Reich. Aber dennoch behielten sie die Oberhand nicht. Denn Jesus besiegte sie, damit alle erkennen möchten, daß Macht und Kraft, Sieg und Herrschaft vom Herrn sei.
Die Menschen setzten ihr Vertrauen auf ihre Waffen, ihre Ratschläge, ihre Reiter, ihre Armeen. Aber der Herr allein war es, der ihnen den Sieg verlieh und seinen Kampf durch seinen gerechten Heerführer kämpfte."

Wer ist, war oder wer wird dieser 'gerechte Heerführer' sein, der auftritt, wenn die Not am größten ist? Jener 'große Monarch', von dem bei Holzhauser so oft die Rede ist?

Clericus meinte noch 1920, daß das sechste Gesicht auf sein Zeitalter nur unter gewissen Modifikationen anwendbar sei, weil es dort heißt: "Und indem ich zitterte und staunte, sah ich, wie die ganze Welt im Unglauben schwamm, und wie die ganze Erde, von ihrem Bräutigam abgewendet, sich fremder Buhlschaft ergab, so daß allem Fleische Buße zu predigen war."

Im 'siebenten Gesicht': "Ich sah allenthalben auf Erden Menschen und Vieh sterben. Eine große Wunde war auf Erden und diese mit Blut überschwemmt."

Holzhauser bemerkt dazu erläuternd: "In der Welt wird es Krieg geben... infolge schrecklicher Sünden. Wenige werden übrig bleiben auf Erden.

Weltreiche werden in Verwirrung geraten, Fürstentümer umgestürzt, Herrschaften erniedrigt werden, Staaten werden fallen und fast alle verarmen. Der Bluthund wird die Kirche betrüben, und auf Erden wird die größte Drangsal und alle Art Verwirrung herrschen."

1920 meint Clericus dazu noch hoffnungsvoll: "Das alles dies auf einmal und auf der ganzen Erde zugleich geschehen werde, würde angesichts der Ausbreitung und der Macht der Kirche, doch eine mehr als kühne Behauptung sein."
Das achte Gesicht: "Nach diesem gewahrte ich Ruhe im Lande. Die Mörder waren entflohen und die Feinde des Kreuzes Christi zu Grunde gegangen. Es trat eine Stille ein und ein Triumphwagen fuhr gegen Westen. Auf diesem Wagen saßen drei Große im Siegesgepränge. Der Erdkreis ruhte vom Siegesgetümmel und der Name des Herrn Jesu Christi ward auf der ganzen Erde verherrlicht."

Im achten Gesicht nimmt Holzhauser auch Bezug auf eine Stelle im ersten Gesicht, wo es geheißen hatte: "...und es wird eine große Kette gewunden werden zum Bande des Friedens, eine große und wunderbare Kette, welche die ganze Welt und ihre Bewohner in die Einheit einer Alleinherrschaft umfassen wird."

Vom großen Monarchen ist schon in den 'Erklärungen' die Rede: "Er wird durch alle christlichen Tugenden dem Heiland möglichst ähnlich sein. Der Regenbogen über seinem Haupt soll als Symbol des allgemeinen Friedens gelten, der unter der Herrschaft des mächtigen Alleinherrschers hergestellt wird. Das offene Büchlein, von einem Engel in der Hand gehalten, würde jenes große allgemeine Konzil bedeuten, das größte und glänzendste, das bis dahin abgehalten worden wäre. Dieses große Konzil würde auf Veranlassung und unter dem Schutze des großen Monarchen abgehalten werden."

Nach Holzhausers Ansicht würde der große Monarch von Osten kommen. Wörtlich übersetzt heißt es: "Endlich wird jener überaus tapfere von Gott gesandte Mann erscheinen aus dem Osten." (Osten, auch = Orient)

Antichrist versus dem großen Monarchen

Im 'Rheinischen Merkur' Jahrgang 1814, Nr. 6 finden wir eine von Joseph Görres redigierte 'Prophezeiung', die sich auf einen Vorläufer des Antichrist bezieht.

Nach Görres' Versicherung, war die Prophezeiung schon mindestens fünfundzwanzig Jahre vor der französischen Revolution im Umlauf. Sie wurde aber erst beachtet, als ihre Voraussagungen sich nach und nach bewahrheiteten.

In dem lateinischen Manuskript, das dem Herausgeber des 'Merkur' vorlag, wird Bartholomäus Holzhauser, der fromme bayerische Seher, als Verfasser genannt.

Hier geben wir die Übersetzung aus dem lateinischen Original nach Görres wieder:

"Und zwar werden in der Zeit der Kirche, der tausendundachthundert Jahre, nachdem die Jungfrau geboren hat, große Bedrängnis über die Erde kommen.

Zu dieser Zeit wird ein neuer Luzifer erscheinen, das ist ein Geist des Hochmuts und der Eitelkeit, der unter dem Namen der Philosophie eine Zeit lang einen großen Teil der Welt beherrschen wird.

Und zwar hat Luther das Dach zerstört, Calvin die Mauern eingerissen, aber die Grundfesten wird dieser Philosophismus zerstören.

In Frankreich, das früher schon durch Sünden groß geworden, werden Hähne aufstehen, die durch ihr philosophisches Geschrei die ganze Welt aufregen und unter dem Schein der Freiheit die Völker verführen, daß sie die Länder verwüsten, die Lilien brechen, die Fürsten ermorden und den christlichen Glauben gänzlich erdrücken, in der Kirche Verfolgung erregen, wie in ihren ersten Zeiten unter Nero.

Die Priester und Diener der Kirche werden ins Elend gejagt und ermordet werden und die gottlose Schar dieser soge-

nannten Philosophen wird ihre Lehre ausbreiten, womit sie die Jugend zum Atheismus und Naturalismus verleitet, die Völker verführt, daß sie dem Gesetz und dem König nicht gehorchten, die Kirche verdammen, sich verschwören, um in der ganzen Welt Republiken zu errichten.
Dann wird Frieden werden, aber nur der Name wird sein, und in Wahrheit ist kein Friede. Denn in ihm werden die Bedrängnisse so groß sein, wie im Kriege.

Die deutschen Fürsten, schon von alter Treue abgefallen, werden den Kaiser verlassen und durch das unrechtlichste Band des Friedens gegen die Katholiken sich verbinden.

Alle Erzbistümer und Bistümer, Klosterabteien und Körperschaften, die meist der fromme Sinn der Väter gründete, werden diese Fürsten nach Art der Wölfe zerstören.

Denn Deutschland wird sein ein in sich geteiltes Reich, weil seine Fürsten Gesellen der Wut geworden sind, weswegen Gott den Geist des Schwindels über sie ausgegossen hat.

Und das wird's sein, was sie sich bereitet haben: Sie werden wollen was sie nicht wollen, nicht wollen was sie wollen, und so groß wird die Verkehrtheit werden, daß sie nicht können, was sie können. Denn jener Geist des Schwindels wird es also fügen, daß Könige und Fürsten am hellen Mittag wie in der Finsternis tappen, weil ihre Leuchten verrückt sind von ihrem Ort, daß sie verblinden mußten.

Aber nun wird, was kaum glaublich ist, ein Mensch erscheinen, sein Name wird unbekannt sein und sein Vaterland wenig nur berühmt; er wird Italien besiegen, Rom an einem Tage stürzen, und ihn hat Gottes Allmacht unter dem Namen des großen Monarchen bestimmt, einen weiten Teil der Welt zu strafen.

Dieser starke Monarch, gegurtet mit dem mächtigen Schwert, wird alle Republiken, welche die Zöglinge des Philosophismus errichtet hatten, von Grund aus zerstören und die Schar dieser gottlosen Jünger, die nicht der Kirche nach dem Gesetz gehorchen, sich wunderbar unterwerfen.

Die Religion, zum größten Teil noch unterdrückt, wird durch Belehrung dieses verkehrten französischen Volkes von ihm wieder befestigt werden. Und mit einem Male wird er unter dem Zeichen des raubsüchtigen Adlers, mit Schrecken und Härte das Reich beherrschen, das immer am ersten in die Fehler fällt, die es vermeiden wollte.

Den Geist der Zwietracht wird dieser starke Monarch zu Hilfe nehmen, und nun in die anderen Reiche dringen, besonders in jene, die jenseits des Rheines liegen, um sie für ihre gottlose und lasterhafte Regierung zu bestrafen. Denn im priesterlichen Kleide und im weltlichen Gewande hatten sie den wahren Glauben und die Gesetze verlassen. Darum wird er den größten Teil ihrer Reiche verwüsten und die Szepter und Kronen dieser Könige zerbrechen.

Alte Staaten werden untergehen und neue sich erheben. Unter den Flügeln dieses räuberischen Adlers wird das römische Reich elendiglich zerrissen werden; weil viele um den Vorrang streiten, wird alles gestürzt werden.

Und es wird dieser starke Monarch einige, aber nicht lange Zeit herrschen in einem Teil des Orients (Ostens) und auch des Occidents (Westens), damit alle Welt verarme zur Strafe der Völker, auf daß sie wiederkehren zu Gott unserem Herrn.''

Manche meinen dazu: 'Eine treffendere Beschreibung Napoleons hat es in keiner anderen Prophezeiung gegeben.'

An Holzhauers 'Erklärung der Apokalypse' knüpft nach einer Mitteilung von Alfons Konzionator auch Bernhard Maria Clausi an, der 1849 in Paola gestorben ist.

''Er sagt, dem Triumph der Kirche werde ein großes Strafgericht vorausgehen. Es wird ein ganz neues Strafgericht sein, das noch nie stattgefunden hat, und wird auf der ganzen Erde eintreten. Es wird so schrecklich sein, daß die, welche es überleben, sich einbilden werden, sie wären die einzigen Verschonten. Alle Menschen werden dann reumütig sein. Dieses Strafgericht wird plötzlich und von kurzer Dauer, aber schrecklich sein. Dann kommt der große Triumph der heiligen Kirche und das Reich der brüderlichen Liebe. Glücklich, wer in diesen gesegneten Tagen dann leben wird.

Aber vorher wird das Böse solche Fortschritte gemacht haben, daß es scheinen wird, alle Teufel der Hölle seien losgelassen; so groß wird die Verfolgung der Bösen gegen die Gerechten sein, die ein wahres Martyrium zu erleiden haben werden.''

Die Sybille von Prag
(Auszüge einer Übersetzung aus dem Tschechischen)

Im Jahre 1658 starb in Prag eine alte, erblindete Frau, die mit einer ans Bewundernswerte grenzenden Gabe begnadet war. Was über ihr Leben der Nachwelt überliefert wurde, ist folgendes: Sie soll eine Komtesse gewesen sein, deren Verlobter, den sie innig liebte, auf dem Schlachtfeld gefallen war. In treuer Erinnerung an ihn blieb sie unverehelicht.

Nach dem Ableben ihrer Eltern soll sie sich in unbändiger Reiselust einer Zigeunersippe angeschlossen haben, mit dieser die Donauländer, das Heilige Land und die Länder des Islam durchzogen haben, dann über Ägypten, Spanien und Frankreich nach Rom und Venedig, von dort über die Salzstraße nach Prag gekommen sein.

Sie galt als Hellseherin, die sowohl Vergangenes als auch Zukünftiges sagen konnte. Sie hatte während ihrer Jahrzehnte dauernden Reisen ein ansehnlicches Vermögen erworben, was ihr nicht allzu schwer gefallen sein dürfte, weil ihr Ruf als weltweit bezeichnet werden konnte. Proben ihres erstaunlichen Könnens gab sie vor gekrönten Häuptern, vor dem Adel und den reichen Handelsherren der damaligen Zeit, die sie zumeist in fürstlicher Weise entlohnten.

Als sie in Prag seßhaft wurde, war sie bereits ein altes, gütiges Weiblein, das sich eine kleine Wohnung in einem Hause nahe der Stadtmauer gemietet hatte, sich seither aber nicht mehr als Wahrsagerin betätigte, sondern das bescheidene Leben eines abgeklärten Sonderlings führte. Sie galt als wohlhabend, soll in ihrer Truhe mehrere Säcke voll Goldmünzen aufbewahrt haben und so manchem Studenten oder Handwerksburschen, dem der Hunger aus den Augen schaute, schweigend einen Golddukaten in die Hand gedrückt haben.

Als sie gegen neunzig alt wurde, war sie fast gänzlich erblindet,

doch ließ ihre geistige Frische nichts zu wünschen übrig.
Ihre Prophezeiungen wurden, wie es heißt, von einem in der Nachbarschaft wohnenden Gärtner schriftlich niedergelegt und konnten deshalb auf diese Art der Nachwelt überliefert werden. Allerdings hat es sich seinerzeit ergeben, daß eine Anzahl Blätter im Laufe der Jahre irgendwie verloren gingen, so daß die ansonsten ziemlich lückenlosen Voraussagung derzeit eigentlich nur einen Torso bilden. Immerhin reichen die erhalten gebliebenen Auszeichnungen hin, um sich von dem hervorragenden Können dieser alten Frau ein Bild zu machen. Im Vergleich zu den Centurien des Nostradamus, den Weissagungen von Orval usw. sind ihre Prophezeiungen leicht verständlich gehalten.

Ihre Voraussagungen bis zur Gegenwart:
"Schön bist du, Prag, in deinem Kleide von purer Sonne! Aber zum Feste des Heiligen Geistes wirst du dein Antlitz verhüllen.

Über den halben Lauf des Mondes hinaus wirst du von Tod und Verderben beherrscht. 19 Tage und 19 Nächte werden die Kanonen brüllen, die sie auf den Höhen vor der Moldaustadt aufgestellt haben. Blutigrot widerstrahlt das Firmament das Feuer deines Leibes. Ich sehe die Burg brennen. Die Neustadt und Kleinseite (Teile von Prag) sind verwüstet. Troja und Podbaba (Vorstädte von Prag) sind dem Erdboden gleichgemacht. Doch noch ist dein Schicksal nicht erfüllt. Am 20. Tag wirst du wieder frei und herrlich sein, und das Volk wird jubelnd deine Gassen durcheilen."

(Es können damit zwei Kriege der Geschichte Prags gemeint sein: entweder die berühmte Schlacht am nahen Weißen Berg im Jahr 1620, wo Tilly über den sogenannten Winterkönig siegte, oder 1757 die Schlacht am Zizkaberg, die mit dem Sieg Friedrich des Großen über die Österreicher endete.)

"Wieder erholt sich aber die Menschheit. Gesetz und

Recht kommen wieder zu Ansehen. Ein neuer Zeitgeist beginnt die Gehirne zu vernebeln. Aber diesmal kämpfen Tausende um ihr wahres Recht. Ein Sturm durchbraust die Lande, Ketten und Fesseln fallen. (Abschaffung der Leibeigenschaft) In anderen Landen aber, wo Leichtsinn und Sünde zu Hause sind, und Pracht und Luxus neben der Armut wohnen (Frankreich?), werden sich geile Weiber um die Throne balgen und sich mit giftigen Zungen bedrohen. Sie aber werden es verstehen, auf Kosten des Volkes zu leben und zu prassen, werden die höchsten Würdenträger sich untertan machen und werden, um ihre Macht zu festigen, über Leichen gehen."

(Wer weiß nicht von der Zeit der luxuriösen, prassenden Weiberherrschaft zur Zeit der französischen Ludwige. Eine Marquise de Pompadour, ränkevoll, klug und aus einfachem Stande, 'regierte' unter der Lenkung der Jesuiten Frankreichs Thron und ihren Geliebten Ludwig XV.
Dubarry, die zweite, diesmal gräfliche Geliebte Ludwigs XV, ruinierte Thron und Volksgut vollends.)

"Das Volk wird aber aufstehen und das Joch von sich streifen. Ich höre die Menge johlen und schreien und das Blut wird durch die Gassen in Strömen fließen. Haß und Habgier werden herrschen, und die höchste Gewalt wird in den Schmutz gezerrt. Grausig verzerrte Köpfe rollen durch den Sand. Das Blut peitscht die verkommenen Menschen auf, und die Seelen werden von der Finsternis besessen. Der Zorn hält grausiges Gericht."
(Eine deutlichere Schilderung der Greuel der französischen Revolution hätte kein Augenzeuge in so kurzen, prägnanten Sätzen geben können.)

"Die Menschheit will nicht mehr arbeiten, doch will sie mehr essen. Kinder verraten die Eltern, der Gehilfe den Meister. Christliche Tugenden, Güte und Erbarmen, Liebe und Freundschaft, sind selten geworden.

Wie aus der Erde gequollen steht ein kleiner Mann auf (Napoleon) und verspricht dem Volke eine frohe und glückliche Zukunft. Die Menschheit hört auf seinen Ruf und folgt ihm begeistert. Aber wieder bringt er nicht den Frieden, sondern neue schwarze Wolken verdunkeln das Gesicht der Erde. Unzählige Söldner durcheilen die Länder der Erde, lassen Tod und Verderben hinter sich. Der kleine Mann will Herrscher über die ganze Welt sein. Heiliges ist ihm unheilig, und selbst der Vater der Menschheit (Papst Pius V; Napoleon setzte sich selber die Kaiserkrone aufs Haupt) muß seine Knie beugen. Weiter schreitet die Habgier und kämpft in der Hitze des glühenden Sandes (Schlacht bei den Pyramiden 1798 in Ägypten) ebenso wie in der Hölle starrenden Eises (Rußland-Feldzug 1812). Jammervolle Gestalten wanken durch die Gebiete des Bärenlandes (Rußland) und suchen vernichtet die Heimat."

"Große Not wird über die Menschheit kommen. Gottes Gebote finden keine Beachtung, Gräber werden geschändet, Kirchen zerstört. Hunger geißelt die Menschheit. Haß, Neid und Mißgunst beherrschen die Welt."

"Suchen wird die Menschheit nach neuen Dingen der göttlichen Allmacht, und sie werden finden ein neues Metall, glänzend wie Silber, aber viel kostbarer und seltener als Gold" (- deutet auf den Fund des Platins hin).

"Und der Verstand der Menschen wird sich schärfen, endlich wird ihr Geist auch dem Frieden nützen. Sie machen große Kessel, die sie mit Wasser und Feuer füllen, die sie dann auf Räder und in Boote stellen. Mit ihnen werden sie sich am Lande und im Wasser fortbewegen und nicht die Hilfe der Muskeln oder des Windes beanspruchen müssen."
(Die Erfindung der Eisenbahn und des Dampfschiffes 1830.)

"In Blitzeseile werden sie von Land zu Land eilen und ein einziger dampfender Kessel, der die Menschen selbst durch die Erde (Tunnel) führen wird, wird hundert Postkutschen ziehen."

"Die Menschen sind aber nicht glücklicher, nicht besser geworden. Die Leute hungern, und wieder ist Bruder dem Bruder feind. Wieder fließt Blut durch die Gassen (die 1848iger Revolution), sie toben und kämpfen um ein Stück Brot. Fremdes Eigentum wird geplündert, und den Hausrat werfen sie auf die Straßen, um dahinter lhren Leib zu schützen. (Barrikaden).

Helden werden aus der Mitte des Volkes aufstehen und wollen versuchen, den Brüdern die Augen zu öffnen. Doch falsche Freundschaft und Verrat werden sie dem grausamen Feinde ausliefern. Und während das gemeine Volk hungert und darbt, werden die Reichen prassen und tanzen.

Im Nebelland (England) wird ein jungfräuliches Mädchen Königin und ihrem Lande Reichtum und Größe geben. Lange werden die Segnungen ihrer Hand erhalten bleiben, doch die nachkommenden Geschlechter werden sich ihrer nicht wert zeigen, und ehe sich das dritte Jahrhundert nach ihrem Tode vollendet, wird das Land des Nebels im Meere versinken."

(Königin Viktoria übernahm im Jahre 1837 die Regentschaft in England, dem Land des Nebels. Sie starb 1901. Den Untergang Englands haben auch andere Seher vorausgesehen.)

"Wunder über Wunder werden sich ergeben, denn die Menschheit wird ruhelos sein und sinnen. Künstliche Flüsse werden die Länder durchschneiden, um der Zeit die Zeit abzujagen." (Erbauung des Suezkanales 1859-1869 und des Panamakanales 1881-1914.)

"Worte laufen auf dünnen Drähten, die über alle Lande gespannt sind, von Mund zu Mund. Nicht mehr ins Angesicht siehst du deinem Freunde, wenn er zu dir spricht, und die Lüge wird zum Beherrscher der Welt. (Erfindung des Telefons 1860). Es ist erstaunlich wie trefflich die Sybille von Prag es verstanden hat, die Begriffe der Zukunft zu schildern.

"Auf der Straße wird ein Wagen fahren, nicht von Pferden gezogen, sondern getrieben von einem seltsamen Wasser (Benzin), aber ebenso schnell. Angst und Schrecken wird dieses Gebilde hervorrufen, doch bald wird es den Menschen gute Dienste leisten. (Erfindung des Automobils 1885)

Ein kleines Kistchen mit runden Knöpfen wird Menschheit Freude und Lust bis in die kleinste Kammer bringen. Musik und frohes Lachen entquillt dem sonderbaren Ding, und lauschen werden die Menschen seinen guten und bösen Worten. (Man bedenke, daß diese Vorahnung des Radios ca. 300 Jahre vor seiner Erfindung gemacht wurde.)

Häuser werden sie bauen, die höher sind als die Türme des Hradschin. Sie wollen Gott nahe sein und sind ihm doch immer ferner. (Erbauung der Wolkenkratzer und Hochhäuser.)

Ein großer Arzt wird der Menschheit viel Gutes tun, denn er wird eine Maschine ersinnen, deren Auge durch den menschlichen Körper sieht und die Krankheit im Keime erstickt. (Röntgen, 1845-1923, entdeckte die X-Strahlen, die soviel Leiden und Krankheiten zu lindern und zu verhindern imstande sind.)

Silberne Vögel werden durch die Lüfte fliegen, aber nicht Gott hat sie zu Freude und Nutzen geschaffen, sondern der Geist der Menschheit, um neue Pein zu ersinnen. (Erfindung der Flugzeuge und ihr Einsatz zu Krieg und Vernichtung.)

Zwischen den großen Ländern entsteht ein neuer Krieg und Prag liegt in der Mitte. (Erster Weltkrieg!) Söldner kommen über das Meer (Amerikaner). Stürme brechen aus allen Windrichtungen, und die Menschen werden wie die Fische unter dem Meere schwimmen (Unterseeboote). Aber aller menschlicher Geist nützt nichts, die Stunde kommt tausendfach wo die Menschen die Stunde ihrer Geburt verdammen. Kaiser und Könige verlieren ihr Ansehen, und dennoch

bleiben die Menschen Sklaven."
(Monarchien stürzten, neue Bonzen folgten ihnen zur Macht, ein Ismus jagt den anderen)
"Die Wellen der Moldau ziehen dahin, die Goldene Stadt (Prag) wird Sinnbild und Mittelpunkt eines freien Landes. (Die erste tschechische Republik.) Große Länder zerfallen (Österreich-ungarische Doppelmonarchie, die Kolonialmächte), kleine gehen unter, doch Prag mit seinen hundert Türmen bleibt als Zeichen der überwundenen Zeit.
Ruhelos eilt die Zeit dahin. Der Streit um die Macht durchfröstelt die Menschheit (Parteienkampf zwischen dem ersten und zweiten Weltkrieg - und danach...) und mordet mit blutigen Händen.
Glanz und Reichtum wohnen neben Armut und Not. Vieles wird versprochen, doch müde ist die Menschheit.

Im Nachbarland (Deutschland) spricht ein Mann, dessen Wappen ein seltsames Kreuz trägt, zu seinem Volke und verspricht ihm Macht und Ruhm. (Hitler mit seinem Hakenkreuzbanner.) Das Volk jubelt ihm zu, sie alle wollen kämpfen, um einen großen Sieg feiern zu können. Er will die Welt beherrschen und verbündet sich mit dem Beilträger der ewigen Stadt, der ihm aber kein Glück bringen wird. (Hitlers Bündnis mit Mussolini, der als Symbol der faschistischen Partei, das fascio = das Beil der Macht, und das Liktorenbündel hatte.)
Seine Söldner mit eisernen Häusern, die auf Kufen und Ketten laufen (Panzer und gepanzerte Fahrzeuge) und die Tod und Verderben ausspeien, kommen auch nach Prag. (März 1939) Das Volk der Moldaustadt sinnt mit haßvollem Herzen auf Rache. Der Kreuzträger aber fühlt sich sicher und schaut stolz vom Hradschin über die schöne Stadt. Aber noch hat er zu wenig Macht und eilt weiter in der Welt. Er gibt den Befehl, und seine Söldner ziehen tausend Meilen nach Nord,

Süd, Ost und West. (Beginn des 2. Weltkrieges.) Auch sie werden unter der schwarzen Sonne (Afrika) verschmachten, auch sie werden in der Schneewüste des Bärenlandes (Rußland) erfrieren.
Kein Ende will dieser Krieg nehmen, und furchtbar ist die Zeit. Pech und Schwefel regnet es in Strömen vom Firmament (Bomben- und Phosphorangriffe.) Aber dennoch lebt die Welt weiter und ersinnt neue Greueltaten und Grausamkeiten. Große Städte sehe ich in Rauch und Flammen aufgehen, und nichts als Schutt und Asche bleibt zurück.
Unter der Erde wohnt die Menschheit (Luftschutzkeller) und erlebt alle Qualen der Hölle. Aber jener Kreuzträger findet ein seltsames Ende, und tausend Jahre noch werden sie seine Leiche suchen. (Damit kann nur Hitler gemeint sein.)
Die Menschheit ist vermessen. Sie wollen Gott übertrumpfen. Grausamen Herzens säen sie einen Pilz, dessen Samen sie vom Himmel auf die Erde werfen. Groß wird die Furcht und reicht bis zu den Wolken und der Pilz überschattet weites Land. Aber der Pilz ist giftig, und Tausende sterben einen qualvollen Tod. (Angesichts dieser Voraussagung der Atombombe, erübrigt sich jegliches Kommentar!)
Den Leichen werden die Kleider vom starren Körper gerissen und die Lebenden decken mit ihnen die eigenen Blößen. Hunger, Kälte, Wind und Regen peinigen die Menschheit, so daß viele von ihnen toll werden. (Anscheinend nach dem Atom-Holocaust) Schmach liegt über ihren Landen und die Menschheit ist unfähig, sie abzuschütteln. (Dies greift bereits in die Zukunft hinein.)
Soweit eine gekürzte Wiedergabe von den Weissagungen der Sibylle von Prag. Mit unheimlicher Genauigkeit hat sie die Zeit bis zur Gegenwart vorausgesagt. Im zweiten Teil erfahren wir, wie die Seherin von Prag die weitere Zukunft und schließlich das Ende der Welt sah.

Die Zukunft nach der Sibylle von Prag

"Finsternis ist in die Herzen eingezogen. Die Menschen sind so seltsam. Jeder kennt das Unheil, das der Menschheit und der Welt droht. Alle hassen, keiner will Gottes Allmacht glauben."
"Sie bauen einen Turm aus Stahl und Wasser und glauben damit das All zu erobern. (Wer denkt dabei nicht an die 20 bis 30 Meter hohen Weltraumraketen, deren stählerne Tanks mit flüssigem Treibstoff gefüllt sind?) Die Menschen werden ob ihrer Vermessenheit schwer zu büßen haben. Unter dem Meere wühlen sie wie Würmer." (Der Tunnelbau zwischen Frankreich und England, Erdölbohrungen)
"Seltsame Zeiten, seltsame Menschen füllen die Welt. Niemand ist wahrlich glücklich. Die Natur wird geschändet und Menschen Geist fühlt sich erhaben über das All."
(Auch diese Zeit scheint bereits eingetroffen zu sein.)
"Eine Kugel, getrieben vom Wasser, rollt über die Erde Sie könnte Segen bringen, doch bringt sie nur Not. (?) Ein kleines Land wird groß, denn wieder wird ein Mensch geboren, der groß ist in der Macht des Alls. Millionen werden ihre Hände nach ihm ausstrecken, und er wird stark sein, die Not zu bannen. Aber auch ihm wird eine dunkle Macht ein Ende setzen, und eine Platte aus schwerem Eisen wird den Wurm (?) zerdrücken.
Nochmals besinnt sich die Menschheit, und sie kämpft einen verzweifelten Kampf, doch auch ihnen ist die Ungerechtigkeit heiliges Mittel. Spät, aber doch gelangen sie zur Einsicht.
Im Osten steigt ein stolzer Adler in den blauen Himmel. Goldene Felder wiegen sich im Winde und glückliche Menschen bewohnen die Häuser. Frohes Kinderlachen erfüllt den weiten Raum.

Ein Mensch durcheilt die Luft, wie von Engelsflügeln gehalten, und er spendet Segen mit beiden Händen den Ländern, die er überfliegt.

Stäbe werden sie in den Händen halten, die Nutzen und Freude, gewandelt aber, auch Tod und Verderben spenden können.

Kugeln werden sie formen, die sie schlucken, wenn sie hungrig sind. Dennoch aber werden sie nicht satt, denn die Strahlen machen ihren Leib noch hungriger. (Künstliche Ernährung durch Pillen?)

Eine farbige Kiste wird der Menschheit helfen, ihr den Schoß der Erde zu öffnen. (Atomenergie?) Aber Gift und Feuer wird ihre Ernte sein, und schwer wird es ihnen ankommen, den Schoß wieder zu schließen.

Glühende Luft werden sie sich nutzbar machen, und das Eis des Nordens wird zerfließen und das Land urbar sein.

Ich sehe sie ein kleines kantiges Ding in den Händen halten, das ihnen Auskunft gibt über alles, was sie wissen wollen. (Minicomputer)

Auf einer weißen Fläche, entsprungen einem kleinen Kasten, sieht man Mensch und Tier, Berg und Tal. Liebliche Musik begleitet die Bilder und die Menschen freuen sich herzlich. (Kino und Fernsehen)

Aber all die Freude nützt ihnen nichts. Tränen werden wieder aus ihren Augen fließen und sich zu einem reißenden Strom vereinen. Gottes Stimme wird aus der Luft ertönen und zitternd wird die Menschheit ihre Knie beugen.

Froher und freier wird die Menschheit werden, aber um vieles ärmer. Die Schafe (die gläubigen Menschen) werden lernen, ihren Geist zu brauchen und werden Lüge und Dogma verdammen. Und die Arbeit ihres Geistes wird die Arbeit ihrer Hände vertreiben. Die Felder werden ein Vielfaches dessen tragen, was heute großer Segen ist, und die Menscheit wird ihr Tagwerk in vier Stunden verbringen.

Wieder wird es Überraschungen geben, denn ganz eigenartige Sachen werden sie ersinnen, um den Menschen zu helfen.

Auf der Straße wird es Wagen geben, die schneller als alles andere sind und doch keine Räder tragen.

Die Kleider werden sie aus Glas und Erde weben und diese werden halten ein ganzes Leben lang. (Durch den Gebrauch von Chemiefaser bereits eingetroffen!)

Die Nacht werden sie zum Tage machen, denn geschlungene Glasröhren werden taghelles Licht spenden. (Neon-Lichtröhren, das sogenannte künstliche Tageslicht.)

Doch die Menschen werden noch immer nicht zufrieden sein und da sie die Erde erobert haben, werden sie sich nach den Sternen sehnen. (Die Weltraumforschung)

Freveln werden sie wider Gott, denn selbst die Menschen werden sie künstlich erzeugen. Diese künstlichen Menschen sind aber arm an Geist, denn sie haben nur wenig Hirn, aber sie sind stark und widerstandsfähig, so daß eine neue Zeit der Sklaverei kommen wird."

Diese erstaunliche Voraussagung der Sybille aus Prag verdient ein weiteres Kommentar: Cloning ist bereits machbar. Und während die Wissenschaftler unter Hitler schon im sogenannten Dritten Reich versuchten den Übermensch zu erzeugen, so versuchten vor einiger Zeit amerikanischen Biologen unter Dr. W. S. Britton von der Universität Virginia in USA eine Kreuzung zwischen Affen und Menschen herbeizuführen, um auf diese Weise menschenähnliche Halbverstandeswesen zur Ausführung einfacher Arbeiten heranzuzüchten.
Ein Zeitungsbericht kam aus Odessa (Krim), aus dem hervorgeht, daß die Russen unter der Führung des russischen Biologen Professor Dr. Andrejew Bulganin die Idee des amerikanischen Forschers Dr. Britton noch zu übertrumpfen versuchen.

Dr. Britton wählte den Weg bei dem weibliche Schimpansen, Orang-Utangs und Gorillas die 'Leihmutter' ist; Bulganin aber ging einen Schritt weiter, indem er als "Donors" männliche Schimpansen, Orang-Utangs und Gorillas in Aktion treten läßt, die Objekte jedoch Frauen bleiben.

Die russischen Gelehrten suchten Freiwillige für dieses Projekt und schon bald hatten sich hundert Frauen gefunden, die solche Versuche über sich ergehen lassen wollten; denn es winkte eine Staatspension in Höhe von 24 000 Rubel auf Lebenszeit.

Dr. Lagustin hatte inzwischen die Herstellung seines Injektionsserums „Elastik" abgeschlossen. Es handelt sich um ein auf atomarem Wege gewonnenes, das Protoplasma beeinflussendes Mittel, das die menschliche Organe für die Aufnahme artfremder Befruchtung elastiziert. Bernowkopol auf der Krim wurde wissenschaftliches Sperrbezirk.

Die hundert russischen Frauen bezogen modern ausgestattete Vierzimmer-Wohnungen. Jeden Tag wurden fünf dieser Frauen unter Aufsicht Bulganins im Sinne seiner Theorie „behandelt".

Bis vor kurzer Zeit sind jedoch alle Wesen, die dieser Art auf die Welt kamen, sofort nach der Geburt gestorben. Dennoch ermöglichte die exakte Untersuchung dieser toten Affen-Menschen-Kinder aufschlußreiche Erkenntnisse. Darnach sind die Proportionen der neuen Wesen etwa um ein Zehntel größer als die eines normalen Säuglings. Der Kopf ähnelt täuschend dem Schädel des Neandertal-Menschen. Das voraussichtliche Sprachvermögen der "Bulganier", wie die Wesen nach Dr. Bulganin genannt werden, wird sich voraussichtlich auf einen Wortschatz von höchstens 1000 Vokabeln erstrecken.

Vergleichen wir also die Gesichte der Prager Seherin die künstlichen Menschen mit diesen unerhört wichtigen Meldungen, so muß man wieder einmal feststellen, daß die hochbegnadete Prophetin deutlich davon spricht, daß die

Menschen Gott übertrumpfen wollen.

Ihre weiteren Voraussagungen:
„Neue Religionen werden sie ersinnen, und dort, wo heute die Statue des heiligen Wenzel steht, wird ein hoher Turm einen neuen Tempel krönen. Prächtig wird dieser Tempel sein, aus Gold und Silber erbaut.- Noch dauert deine Herrschaft, mein geliebtes Prag, aber auch dir schlägt einst die letzte Stunde. Aus dem Osten wird ein Drachen kommen, schrecklich anzusehen, denn aus seinen neunmal neunundneunzig Augen werden tödliche Blitze sprühen, und seinem weit geöffneten Maule entströmt giftiger Odem." (Der Drachen ist das Wappentier der Chinesen und es kann darunter nur die „Gelbe Gefahr" gemeint sein.)

"Prag, mein liebes Prag, du wirst ein selten grausam Ende finden. Ein Hauch durcheilt deine Gassen, süß und warm; erstaunt werden ihn die Menschen fühlen. (Giftgas!) Mit grausig verzerrten Gesichtern legen sich Tausende zur Ruhe und frösteln trotz der Wärme."

"Es geht dem Ende zu. Zehn dumpfe Schläge der letzten Kirche dröhnen in der Luft. Langsam und trübe wälzen sich die Fluten der Moldau dahin, - ein fruchtbarer Orkan braust über das Land, über die Stadt. Gelbgraue Staubwolken und schwere, giftige Schwaden nehmen Mensch und Vieh den Atem. Der Hradschin steht in Flammen, in der Stadt bersten die Mauern, überall wütet das Feuer. Die Erde bebt, geschüttelt vom dumpfen Beben, tiefe Klüfte öffnen sich, verschlingen Totes und Lebendiges. Die Gräber öffnen sich wie von Geisterhänden durchwühlt, und die Skelette lächeln ein grausames Lachen. Alles versinkt in der unergründlich schwarzen Tiefe. Vom Vyschrad kommt ein ungeheurer Feuerball daher, Felsen fliegen durch die Luft und alles lodert das Feuermeer. Alles, was der Fleiß der Menschen geschaffen

hat, liegt in Schutt und Asche, man hört nur mehr das Brausen des Sturmes. Das Leben ist erloschen, ich sehe nur Trümmer und Leichen. Langsam verziehen sich die Wolken, nur dort, wo einst der stolze Dom stand, sehe ich einen blutigroten Feuerball.
Es ist vorbei! Prag, dein Schicksal hat sich erfüllt!
Wo sind deine Häuser, stolze Stadt? Warum spülen trübe Fluten die Gestade öder Heide?
Grausig Gewürm läßt Leib und Geist erschauen. Unkraut und Sumpf, voll giftigen Odems, beherrscht die Landschaft.
Ist das die Ernte der menschlichen Saat?"

Dieses letzte Kapitel der Sybille steht in seiner einmalig realistischen Schilderung der Apokalypse und Eschatologie der Bibel in keiner Weise nach, ja sie ergänzt sie mit Worten, die geradezu als neuzeitlich gelten können.
Der Gifthauch atomarer und nuklearer Derivate, vielleicht auch wirkliches Giftgas, würde sein Vernichtungswerk beginnen.

Abschließend soll auch hier nicht vergessen werden, daß alle Prophezeiungen als Warnungen von außer- oder überirdischer Seite aufzufassen sind, die nur göttlich inspirierten Personen „eingegeben" werden, um die Menschheit auf mögliche, gewiß bereits im Schicksalsbuch der Menschheit eingezeichnete, jedoch durch Selbstbesinnung und Besserung zu mildernde oder gar zu verhindernde Ereignisse aufmerksam zu machen.
Es ist kein Gemeinplatz, wenn man das Wort „Einkehr" als Ratschlag für die Menschen gebraucht, um sie auf den Wahnsinn aufmerksam zu machen, der sich ihrer bemächtigt hat. Dies gilt für den kleinsten Mann im Volk wie für den Politiker auf der höchsten Sprosse seines jeweiligen Staates.

Die Wismarer Prophezeiung

In Paul Friedls Buch 'Prophezeiungen aus dem bayerisch-böhmischen Raum', führt er eine prophetische Niederschrift auf, die schon seit über 200 Jahren im Böhmerwald und im Bayerischen Wald Beachtung gefunden hat. Sie stammt von den weitumhergereisten Glasfuhrleuten, die ihre Fracht in viele europäische Länder brachten und oft abgeschrieben worden war.

Seine Abschrift stammte aus dem Haus des Glasfuhrmannsfamilie Schopf in Flanitz und wurde seinerzeit von Studienrat Josef Schmidt in Zwiesel aufbewahrt.

Der Inhalt dieses Schriftstücks:

Beim Niederlegen einer Mauer im Kloster am Heiligen Geist in Wismar wurde in einer Bibel ein Pergament mit einer prophetischen Inschrift gefunden. Das Pergament befindet sich im Rathaus von Wismar unter Glas. Die im Jahre 1709 von einem Klostermönch verfaßte Schrift lautet:

Es wird ein großes Ringen stattfinden von Ost und West und viele Menschen vernichten, Wagen werden ohne Roß dahinjagen und feurige Drachen werden durch die Lüfte jagen und Schwefel und Feuer speien, und Städte und Dörfer werden vernichtet.

Fünf Jahre und drei Monate wird dieser Aufruhr dauern.

Hunger, Pest und Seuchen werden viele Menschen zum Opfer fallen.

Das Volk der sieben Gestirne wird in das Ringen mit eingreifen und dem bärtigen Volk in den Rücken fallen, der ganze Niederrhein wird erbeben, aber nicht unterliegen, sondern bestehen bis ans Ende der Zeit.

Die Zeit wird kommen, wo du weder kaufen noch verkaufen kannst und darfst.

Sterne werden sich färben vom Blute, Menschen werden auf dem Grund des Meeres wohnen und auf ihre Beute lauern. Das Land im Meer wird mit seinem König geschlagen und auf die tiefste Stufe des Elends kommen. Das bärtige Volk wird noch lange bestehen. Alle Völker werden in Mitleidenschaft gezogen, es findet ein Wogen aller Völker statt, der Sieger wird einen Kranz tragen, und zwischen vier Städten mit Türmen findet die Entscheidung statt. Dort steht ein Kreuz zwischen Lindenbäumen, da wird der Sieger niederknien, die Arme ausbreiten und seinem Gott danken. Alle Tänze der Gottlosigkeit wird der Krieg abschaffen und eine göttliche Ordnung dann in Reich, Stadt und Familie herstellen. Der Krieg wird beginnen, wenn sich die Ähren voll neigen, und wird einen Höhepunkt erreichen, wenn die Kirschen zum fünften mal blühen. Den Frieden aber wird der Fürst zur Christmette abschließen.

Fuhrmannl

Der böhmische Bauer Josef Naar, genannt 'Fuhrmannl', lebte in Robschitz, etwa 14 km südwestlich von Pilsen. Er starb im 73. Lebensjahr am 6. Dezember 1763 und wurde in Littitz bei Pilsen begraben.

Als Fuhrmann kam er weit herum und sprach ständig von einem großen Weltkrieg und meinte, wer diesen überlebe, der müsse einen eisernen Schädel haben. Neben den vielen schon in Erfüllung gegangenen Voraussagungen, werden hier seine folgenden Aussprüche in Erinnerung gebracht:

"Der Bauer wird sich wie der Bürger und der Bürger wie der Adelsherr kleiden. Auch die Weiber wollen dann alle Tage anders gekleidet sein, bald kurz, bald lang; selbst in Mannskleidern werden sie gehen und so verschiedene Farben haben, daß man sich wundern wird.
Die Weiber werden die Haare bald gestutzt, bald sonderbar geringelt haben, alle Jahre anders.
Was sie heute anziehen, werden sie morgen wegwerfen oder alle Tage umändern.
Sie werden ihren Körper nackt zur Schau tragen, um den Männern zu gefallen.
Die allerschlimmste Zeit kommt, wenn die Frauen Schuhe tragen, unter denen man durchsehen kann.
Es werden so viele verschiedene Steuern aufkommen, daß die Obrigkeiten nicht mehr wissen, was für Namen sie ihnen geben sollen.
Den großen Krieg werden nur wenige Menschen überleben. Die Umgebung von Pilsen wird eine große Rolle spielen. Wer nicht wenigstens zwei Meilen von diesem Ort entfernt ist, soll auf Händen und Füßen wegkriechen, weil alles weit und breit in Grund und Boden vernichtet wird." (Damals betrug eine

Meile etwa sieben Kilometer).

Vorzeichen des großen Weltkrieges sind: "Wenn auf dem Weg im Wald Schranken stehen und er mit hölzernen Schlössern gesperrt sein wird." (Mit dem 'Wald' war der Bayerwald und Böhmerwald gemeint. Die 'Schlösser', hölzerne Grenztürme zwischen Böhmen - jetzt in Tschechien, und Bayern.)
"Der christliche Glauben wird so klein werden, daß er sich unter einen Birnbaum wird stellen können, er wird aber wiederum siegen. Die Pfarrer werden zuerst den Glauben schwächen. Man wird mit dem Finger auf sie zeigen, so daß sie sich versteckt halten werden. Wo heute sieben Pfarrer sind, da wird nur mehr einer sein."

"Eiserne Straßen (Eisenbahnen) werden durch den Böhmerwald und herum gebaut, und die Menschen werden auf feurigen Wagen fahren. Die letzte 'fliegende' Straße wird durch den Kubani Berg, (1362 m hoch) gebaut werden. In den Häusern werden die Füchse und Hasen ein- und ausgehen und bei den Fenstern werden überall Brennesseln herauswachsen.
Die Stadt Prag wird zerstört werden. Das ganze Böhmerland wird menschenleer sein. Da werden von weit und breit Leute kommen, um das zu sehen."

Bernhard Rembold

Im Volksmund wurde er Spielbernd oder Spielbähn genannt. Er war Rheinländer und lebte von 1689 bis 1783 als Bote der Kloster-Abteien Siegburg und Heisterbach. Hier war er auch als Geigenspieler bekannt, was ihm den Spitznamen 'Spielbähn' einbrachte.

Seine Prophezeiung wurde angeblich 1756 erstmals aufgezeichnet, aber erst 1840 'wiedergefunden' und 1846 zum ersten Mal gedruckt.

Pater Norbert Backmund nennt ihn 'das rheinländische Gegenstück zum bayerischen Mühlhiasl' und wobei er in den Prophezeiungen des Mühlhiasl eine Weiterführung der Stormberger Aufzeichnungen sieht, so glaubt er in denen von Rembold eine Zusammenfassung und Weiterentwicklung der sogenannten 'Mainzer Prophetie' (siehe Seite 188), die angeblich 1670 von einer Sibylle verfaßt wurde, zu erkennen.

Spielbernd spricht von einer kommenden Zeit der Hoffart, der Wollust und der Kleiderpracht, von Luftschiffen, Dampfschiffen und Eisenbahnen.

"Also werden die Geistlichen stolze Kleider tragen und wollen nicht mehr zu Fuß gehen, wie doch ihr Herr und Meister also ihnen vorgetan...

Sie nannten sich Gottesdiener und waren Bauchdiener. Sie dienten der Wollust und machten eine Religion für ihre böse Fleischeslust... Derweil sie freieten und ein Weib nahmen. Und danach zwei Weiber. Sie sagen: Unserm Stand gebühren der Weiber drei...

Also sehe ich auch den Hohn der Gottesschänder... Und erkenne den Untergang der Ketzer mit derber Strafe... Die mit frevlendem Mut sich an Gott wagten, sie wollen ein neues Reich Christi gründen und aller Glaube soll verbannt werden. Es ist den Leuten einerlei, ob sie in die Kirche gehen oder nicht.

Und der Menschenwitz wird Wunder schaffen, weshalb sie Gott immer mehr vergessen werden. Sie werden Gott verspotten, weil sie allmächtig zu sein wähnen.
Von wegen der Wägen, so da durch alle Welt laufen, ohne von lebendigen Geschöpfen gezogen zu werden...
Die Menschen werden den Vögel nachahmen und in die Lüfte fliegen wollen. ...Also daß man die Wegstunden nach der Vögel Flug ausrechnet (Flugstunden).

Er prophezeit einen furchtbaren Krieg mit allen Ereignissen die sich durch Napoleon bewahrheiten: Abschaffung der alten Ordnung und der deutschen Kleinstaaterei, Aufhebung der Klöster, Beraubung der Kirche, Gefangenschaft des Papstes.

Dann schildert er viele lokale Ereignisse der Jahre 1820 bis 1840, und schließlich als Strafe für die Verstocktheit und die Sünden der Welt, - noch einen großen Krieg:

Es wird ein Mann aufstehen, der die Welt aus ihrem Schlaf erweckt.

Es wird Gift regnen auf die Felder, wodurch ein großer Hunger in das Land kommt.

Also daß viele Tausende über dem Gewässer eine bessere Heimat suchen.

Ein kleines Land wird den Krieg ins Land bringen, der nach dem Brückenbau in Mondorf (Niederkassel) beginnen soll. Alsdann sei es ratsam mit den ersten hinüberzugehen ans andere Ufer. Doch soll man nur solange verweilen bis man ein siebenpfündiges Brot aufgezehrt hat.

Beginn der Blutzeit:

"...Weil die Langmut des Himmels ein Ende nimmt. Die heilige Stadt Köln wird sodann eine fürchterliche Schlacht sehen.

Viel fremdes Volk wird hier gemordet und Männer und

Frauen kämpfen für ihren Glauben...
Man wird bis zu den Knöcheln im Blut waten.
Zuletzt aber wird ein fremder König kommen und den Sieg für die gerechte Sache erstreiten.

Der Rest der Feinde werden entfliehen bis zum Birkenbäumchen. Hier wird die letzte Schlacht gekämpft für die gute Sache...
    Die Fremden haben den schwarzen Tod mit ins Land gebracht...
Was das Schwert verschont, wird die Pest fressen...
Das Bergische Land wird menschenleer sein und die Äcker herrenlos...
Das Deutsche Reich wird sich einen Bauern zum König wählen. Der wird ein Jahr und einen Tag regieren.
Der nach ihm die Krone trägt, wird der Mann sein, auf den die Welt lange gehofft hat. Er wird römischer Kaiser heißen und der Menschheit Frieden geben.

    Um dieser Zeit werden in Deutschland keine Juden mehr sein und die Ketzer schlagen an die Brust. Und darnach wird eine gute und glückliche Zeit sein, und das Lob Gottes wird auf Erden wohnen. Die Klöster werden wiederhergestellt.''

Johann Peter Knopp, aus Ehrenberg

Er ist ein etwas jüngerer Zeitgenosse des Spielbernd aus dem rheinischen Seherkreis. Erst als Knecht, später als Pächter, lebte er von 1714 bis 1794.
Seine Prophezeiungen wurden 1859 erstmals gedruckt.
"Es werden Schiffe ohne Pferde den Rhein heraufkommen. Es werden Wagen ohne Pferde mit gellenden Tönen laufen, und hierauf traurige Ereignisse eintreten.
Dann wird es Krieg geben, wenn keiner es glaubt, man wird sich nicht fürchten, und es wird ruhig und jeder sorglos sein.
Wenn die Brücke zu Köln fertig ist, wird Kriegsvolk gleich darüber kommen.
Man wird eine Straße von Linz nach Asbach bauen, aber sie wird nicht fertig werden. Kriegsvolk wird den Rhein besetzen und alles Mannsvolk muß mit, was nur eine Mistgabel (Waffe) tragen kann. Und es wird ein Krieg sein, wie man ihn noch nicht erlebt hat, aber er wird nicht lange dauern. Die zuletzt noch aufgeboten werden, kommen, wenn schon alles vorüber ist. Es wird hart hergehen, besonders bei Coblenz.
Die Fremdlinge werden geschlagen. Frankreich wird zerrissen, Österreich wird siegen.
Nach diesen Tagen wird man eine Kuh an eine goldene Kette binden können, und wenn die Leute sich treffen, fragen sie sich: 'Freund, wo hast du dich erhalten?'
 Der Seher Knopp hatte einmal der Äbtissin des Damenstifts von St. Katharinen die bevorstehende Aufhebung der Klöster angekündigt, worauf er bei den frommen Damen in Ungnade fiel. Als ihm dann die Pförtnerin den Einlaß verweigerte, sagte er: "Genau so wie ihr mich jetzt fortschickt, wird man euch fortschicken."
 Nach dem großen Krieg werden auch nach Knopps Prophezeiungen die Klöster wieder hergestellt.

Alois Simon Maaß, der alte Fließer Pfarrer

Er wurde am 6. Mai 1758 in Strengen geboren. Später übersiedelte die Familie nach Kauns wo der Vater als Lehrer, Mesner und Organist arbeitete und auch noch ein Bauernanwesen erworben hat.
Nach seinen Gymnasialstudien trat der junge Alois ins Brixner Priesterseminar ein und wurde 1781 zum Priester geweiht.
Fast acht Jahre lang war er Hilfspriester an verschiedenen Ortendes Pustertales, bis er 1790 Expositur-Provisor der Dekanatspfarrei Flaurling in Inzing wurde.
Hier wurden ihm bereits außergewöhnliche und übernatürliche Fähigkeiten nachgesagt. 1805 wurde er Pfarrer in Fließ, wo er seine Fähigkeiten als tiefgründiger Prediger und als immer mehr gesuchter Beichtvater, der auch Hartverstockte zur Reue bewegen konnte, voll entfalten. Er bemühte sich aufrichtig um die Betreuung der Pfarrangehörigen, Freund der Kinder denen er Religionsunterricht erteilte, und er stand auch unter seinen Mitbrüdern in hohem Ansehen.
Im Freiheitskampf von 1809 spielte er wohl nur eine lokale, doch patriotisch bedeutende Rolle, indem er immer wieder Treue zur Heimat und ihrer Tradition verlangte.
Sein Glaube, seine Uneigennützigkeit und Freigebigkeit, werden heute noch besonders gepriesen. Er stand sogar im Rufe der Heiligkeit...
Alois Simon Maaß erkannte mit seiner hellseherischen Begabung bei vielen Menschen Krankheiten und half ihnen mit Rat und Tat. Durch das 'in die Seele schauen' konnte er gar manchem Beichtenden vergessene Sünden ins Gesicht sagen. 'Betrübte' (besessene) Personen fanden bei ihm durch den Exorzismus Hilfe.

Bis zu seinem Tode im Januar 1846 wirkte er äußerst segensreich.

In der Gegend seines Wirkens (südöstlich von Landeck), sind heute noch viele Aussprüche von ihm, die auf seine übernatürliche Fähigkeiten deuten, im Umlauf. Dabei auch einiges über die Zukunft der Welt ('Der alte Fließer Pfarrer', Stift Stams, 3. Auflage 1981).

Er sagte: "Wenn die Welt mit Draht und Eisen umsponnen sein wird, dann wird es kleine Leute geben."

(Kleine Leute - damit meinte er, so glauben manche Deuter, es seien Kinder, die dann sehr frühreif und in mancher Beziehung schlauer sein werden, wie früher Erwachsene. Andere wiederum sehen darin die geringe Größe menschlichen Geistes...

Telefon und drahtumwickelte Elektro-Motoren wurden erst 1866, zwanzig Jahre nach seinem Tod erfunden. Er sagte aber schon lange vor dieser Zeit voraus, daß die Welt einmal mit Drähten umspannt sein wird.)

"Wenn die Kinder wie Affen gekleidet sind, wird das Luthertum in Tirol einziehen." (Mit dem Luthertum wird der Seher wohl die religiöse Gleichgültigkeit und die Nichtbefolgung der katholischen Riten gemeint haben.)

"Wenn der Luxus so groß geworden ist, daß man Männer und Frauen an der Kleidung nicht mehr unterscheiden kann, und wenn unter jeder Stalltür eine Kellnerin steht (eine Stallmagd die so schmuck angezogen ist wie eine Kellnerin im Wirtshaus), dann paßt auf, dann kommen die letzten Zeiten."

"Wenn die Eitelkeit auf den Friedhof kommt, weicht das Christentum aus dem Haus."

"Wenn man ohne Pferd die ganze Erde umfahren kann, dann geht es dem Ende der Welt zu."

Der Seher-Pfarrer war der Anschauung, daß dem züchtigendem Weltgeschehen eine schreckliche Katastrophe vorausgehen wird.

Er unterhielt sich darüber öfters mit seinen Hilfsgeistlichen und ein diesen Gesprächen beigefügter Zusatz gibt einen gewissen Trost: 'Cum Tiroli mitius agetur propter Rosarium' (mit Tirol wird dabei wegen des Rosenkranzgebetes milder verfahren werden).

Das Volk überliefert noch andere Aussprüche von Pfarrer Maaß: ''Wenn der Inn durch den Berg hindurch an Landeck vorbeifließt, dann dauerts nicht mehr lang.''
Dieses vor über einhundertfünfzig Jahren prophezeite Ereignis konnte damals unmöglich auf natürliche, oder spekulative Weise vorausgesehen werden.
Durch den Bau des Elektrizitätswerk Prutz-Imsterau (bei Imst) ging diese Weissagung in Erfüllung. Der Inn kann nun durch den Berg fließen.

''Prutz verrinnt, Kauns verbrinnt (verbrennt) und Zams wird eine Ochsenalm.'' Durch den neuen Stausee im Kaumertal (1965) ist eine Überschwemmung von Prutz durch das vorhergesagte weltweite Erdbeben beim 'Dritten Weltgeschehen' durchaus möglich. Danach wird das obere Inntal so entvölkert sein, daß es zu einer Alm wird.

''Über den Reschenpaß (von Meran nach Landeck) wird man dreimal versuchen eine Eisenbahn zu bauen und jedesmal wird bei Baubeginn der Krieg ausbrechen und alles vereiteln.''
Zweimal, vor dem Ersten und dem Zweiten Weltkrieg, ist das bereits eingetroffen!

Katharina Leistnerin,
die 'Geißenkäthe'

Dieses umherziehende Bettelweib lebte im Schwarzwald und starb 1831 in Gutach. Über ihre Herkunft und Leben weiß man nichts Genaueres. Fest steht nur, daß sie mit dem zweiten Gesicht begabt war.

"Dereinst," so sagte sie, "wird ein eiserner Weg den Schwarzwald hinauf führen, auf dem feurige Wagen ohne Roß hin und her fahren.

Es wird Wagen ohne Rösser geben, und ein großer, silberner Vogel wird über die Berge fliegen in dem ungefährdet Leute sitzen.

Ein Krieg wird kommen, der die ganze Welt in Flammen setzt und der nicht eher endet, bis zu Köln Menschen im Blut waten.

Dann wird das Geld wie Fetzen auf der Straße herumliegen und die Kinder werden sich um die Apfelbutzen raufen.

Die allerschlimmste Zeit kommt, wenn die Frauen Schuhe tragen, unter denen man hindurchsehen kann.

Im Jahr 1940 wird ein neuer Krieg kommen, der Brand und Mord auch ins Gutachtal tragen wird. Dann wird der Bauer vom Pflug weglaufen, und die Herren, von denen Gott den Verstand genommen, erschlagen.

Man soll auf die Berge flüchten, einen Laib Brot, eine Speckseite und einen Krug Kirschwasser mitnehmen, und wenn das alles aufgezehrt ist, ist auch der Krieg zu ende.

Deutschland wird aber dann größer denn je, - unter einem Bauernkaiser.
(Möglicherweise ein Bundespräsident aus Bayern?)

Wessel Dietrich Eilert

Dieser westfälische Seher, vom Volk 'der alte Jasper' genannt, lebte von 1764 bis 1833 auf einem Gute des Grafen Plettenberg in der Nähe von Hukarde, ein Dorf bei Dortmund. Seine Weissagungen, von denen es zwei Fassungen gibt, wurden 1848 erstmals in Bonn gedruckt. Seine Prophezeiungen über die Eisenbahn berichteten Zeitungen schon 1846. Jasper sieht einen großen Krieg voraus, in dem ein kleiner Fürst im Norden Sieger bleibt. (1848 blieb der König von Dänemark in einem Krieg um Schleswig-Holstein Sieger.)

Hierauf kommt ein anderer Krieg, den alle Christusgläubigen gegen die Ungläubigen führen. Es wird aber kein Religionskrieg sein. Aus dem Osten wird dieser Krieg losbrechen. "Vor Osten bin ich bange... Am Abend wird noch Friede sein und am Morgen steht schon der Feind vor der Tür."

Vor diesem Krieg wird eine allgemeine Untreue eintreten, die Menschen werden Schlechtigkeit für Tugend und Ehre, Betrügerei für Politesse ausgeben.

Die Vorzeichen dieses Krieges: Lauheit im Glauben und Verderbnis der Sitten, das Laster wird man Tugend nennen und die Tugenden Laster. Die Gläubigen wird man für verrückt halten und die Ungläubigen für Erleuchtete.

In dem Jahr, wo der Krieg losbricht, wird ein so schönes Frühjahr sein, daß im April die Kühe schon im vollen Gras gehen. Das Korn wird man noch einscheuern können, aber nicht mehr den Hafer.

In Westfalen, zwischen Unna und Hamm wird eine bedeutende Schlacht geschlagen. Kampf, Sieg und Flucht werden so schnell aufeinander folgen, daß einer, der sich auf kurze Zeit versteckt, der Gefahr entrinnen kann.

Man verstecke und bringe daher schon zuvor alles Fuhrwerk

(Fahrzeug) in Sicherheit, sonst wird man nimmer entrinnen können. Bei Köln soll die letzte Schlacht stattfinden.

Die Ungläubigen aus dem Osten sind nach einer Fassung 'Türken', nach der anderen 'Russen'. Sie werden einen Augenblick unser Herr sein, werden aber dann niedergeschlagen und nur wenige von ihnen werden in ihr Vaterland zurückkehren, um die Niederlage zu verkünden.

Die Polen kommen anfangs unter. Sie werden aber gegen ihre Bedränger mitstreiten und endlich einen König erhalten.

Frankreich wird innerlich in drei Teile zerspalten sein.

Spanien wird nicht mitkriegen. Die Spanier werden aber nachkommen und die Kirchen in Besitz nehmen.

Österreich wird es gutgehen, wenn es nicht zu lange wartet.

Der römische Stuhl (Papsttum) wird eine Zeitlang ledig (leer) stehen...

(Zweite Fassung: Österreich wird durch bedeutende Siege im Süden und Osten zu neuer Macht gelangen, und der päpstliche Stuhl wird wieder besetzt werden.)

Es wird eine Religion werden. Am Rhein steht eine Kirche (Kölner Dom), da bauen alle Völker dran. Von dort wird nach dem Krieg ausgehen, was die Völker glauben sollen (Papst und Kaiser treffen sich dort). Alle Konfessionen werden sich vereinen, nur die Juden werden ihre alte Hartnäckigkeit zeigen.

In dieser Gegend werden die Geistlichen so rar werden, daß man nach dem Kriege sieben Stunden weit gehen muß, um einem Gottesdienst beizuwohnen.

Die Männer und Jünglinge werden nach dem Krieg so wenige sein, daß Weiber die Äcker bebauen, und sieben Weiber sich um eine Männerhose balgen werden.

Wer dann noch lebt in Europa, wird eitel Freude und Wonne genießen.

Deutschland bekommt einen König, und es folgen wieder glückliche Zeiten.

Ludovico Rocco OFM

Der Mönch aus dem Orden des heiligen Franziskus, besuchte in seinem Sterbejahr die heiligen Stätten in Palästina. Auf dieser Reise starb er auf dem Berg Sinai am 8. Dezember 1840 nach fünfwöchiger Krankheit. Während seines Siechtums erwachte er von Zeit zu Zeit aus dem Halbschlaf und weissagte die Zukunft. Er bat den Mönch Anton Fassinetti, seine Voraussagungen aufzuschreiben und der Öffentlichkeit bekannt zumachen. Seitdem gingen diese Prophezeiungen unter dem Titel 'Der Franziskaner vom Berg Sinai' um die Welt. Daß die von Ludovico Rocco geschauten Visionen nicht chronologisch aufeinander folgen, sondern die Ereignisse wie z.b. der Zweite und der Dritte Weltkrieg sich zu mischen scheinen, spricht eher für als gegen ihre Echtheit.

"Spanien und Portugal haben beide noch eine große Blutschuld zu tilgen, teils wegen der Unmenschlichkeit, mit der sie Amerika eroberten und auf grausame Weise so viele Tausende ermordeten, alles bloß des eitlen Goldes wegen, teils weil sie aus Afrika so viele unschuldige Menschen raubten und sie, die doch alle Gottes Ebenbild waren, wie das liebe Vieh als Sklaven verkauften.

Die Machthaber dieser beiden Throne werden umgebracht werden; dann werden beide Länder sich vereinigen. Alle Einwohner werden zum Frieden und zur Ordnung zurückkehren, aber ihre ausländischen Besitzungen werden sich von diesen beiden Ländern losreißen. Die katholische Religion wird wie zuerst blühen.

Frankreich wird in einen auswärtigen Krieg verflochten werden. Sobald dieser zu Ende ist, wird das Volk aufstehen und den Präsidenten ermorden, wobei ein entsetzliches Blutbad angerichtet wird. Mehr als die Hälfte der Stadt Paris wird in Asche verwandelt werden.

Die Besitzungen in Algier werden sich von der französischen Armee lostrennen, und dann wird ein Mann aus dem Stamme Leopards auf den Thron gehoben werden. In Afrika wird ein afrikanischer Prinz, welcher (vorher) in Frankreich ist, regieren und der Verbreiter der katholischen Religion werden.

Italien, du schönes Land! Über dich weine ich. Ein Teil deiner blühenden Städte wird verheert werden. Hier finden so viele Deutsche ihr Grab (vorausgesagt 1840!). Der König von Sardinien und Neapel wird verschwinden. Rom wird die Residenz des neuen Italiens werden... Italien wird frei sein und der Fels der katholischen Kirche bleiben.

Rußland wird der Schauplatz der größten Greueltaten werden. Hier wird es den mächtigsten Kampf kosten. Viele Städte, Dörfer und Schlösser werden verwüstet werden. Eine grausame Revolution wird die Hälfte der Menschen hinopfern. Die kaiserliche Familie, der ganze Adel und ein Teil der Geistlichkeit wird ermordet werden. In Petersburg und Moskau werden die Leichen wochenlang auf der Straße liegenbleiben, ohne begraben zu werden. Das russische Reich wird in verschiedene Reiche aufgeteilt werden.(!)

Polen aber wird selbständig und eine der ersten Großmächte Europas werden.

Österreich: Eine alte, ehrwürdige Monarchie wird nach vielen Kämpfen blutig in sich zerfallen. Aber der Genius des alten Herrscherhauses wird die Dynastie beschützen. Wien wird zweimal belagert und nachdem es sich endlich den Haß aller Nationen wird zugezogen haben, schwer heimgesucht werden. Wien wird veröden, und die großen Paläste werden leer dastehen. Am Stephansplatz wird Gras wachsen und aller Adel aufhören.

Die ungarische Nation wird verschwinden.

Die Slawen werden sich wieder vereinen und ein eigenes katholisch-slawisch-abendländisches großes Reich bilden, um die Türken aus Europa zu verjagen.

In Konstantinopel wird der Halbmond verschwinden und das Kreuz verehrt werden. Die christliche Religion wird sich von daher über alle Länder verbreiten. Die aus Europa vertriebenen Türken werden sich in Afrika festsetzen.

Jerusalem wird Königsstadt werden, und Heil und Segen wird diese Länder beglücken. Der König von Ägypten wird sterben, und diese Länder werden dann die Wohltaten von Jerusalem empfangen.

Die deutschen Länder Österreichs werden sich an Deutschland anschließen und fest zusammenhalten.

Keine Königreiche und Fürstentümer werden mehr bestehen, sondern nur ein Deutschland wird sein und ein Zweig des Kaiserstammes (des österreichischen) wird die Krone tragen. Dieser wird Deutschland befestigen, und unter seiner weisen Regierung wird wieder Eintracht und Wohlstand herrschen, und Deutschlands Macht wird über alle andern Reiche hervorleuchten, denn Gott ist mit diesem Regentenhaus.

Die Handelsstädte Belgiens, Holsteins, Schleswigs und auch der Schweiz werden sich an Deutschland anschließen.

Dänemark wird sich mit Schweden verbinden und somit Dänemark, Schweden und Norwegen ein großes und starkes Reich werden.

England, dieser Kaufmannsstaat, welcher aus Gewinnsucht alle Ungerechtigkeiten unterstützt, wird der Schauplatz der größten Grausamkeiten werden.

Irland vereint mit Schottland wird in England einbrechen und es verheeren. Die Königsfamilie wird verjagt und die Hälfte der Bevölkerung ermordet werden. Armut wird eintreten, und alle ausländischen Besitzungen werden sich freimachen...

Der Altöttinger Mönch

Auf Schloß Fraunburg hatte der Parapsychologie-Forscher Johann Wolfgang Bekh eine im Jahre 1914 gemachte Eintragung im Tagebuch einer Freifrau von Fraunburg entdeckt:

"...Ferner hat man im Altöttinger Kloster, (gemeint war das Redemptoristen Kloster St. Magdalena, - heute 'oberes' Kapuzinerkloster) auf Pergament geschrieben, aus dem Jahre 1841 eine Prophezeiung von einem Mönch aus Altötting gefunden, wie folgt:

Das Jahr 1914 wird sehr ereignisreich. Im Juni bereiten sich große Dinge vor. Ende Juni geschieht ein scheußlicher Menschenmord aus Politik, der Kriegsgreuel zur Folge hat. Anfangs August folgen acht Kriegserklärungen der Regierungen der europäischen Staaten.

Österreich und Deutschland gehen siegreich vor. Deutschland erringt fortwährende Erfolge. Österreich gewinnt ebenfalls erfolgreiche Schlachten. Die Monate September und Oktober fordern Millionen von Opfern.

(Zu Weihnachten) diktieren zwei Kaiser den Frieden für Österreich und Deutschland. Die Folge davon ist, daß (Belgien von der Landkarte verschwindet, Frankreich ein Kleinstaat wird) Rußlands regierende Familie unter entsetzlichen Greueln ermordet wird und England seine Macht zur See einbüßt.

Neben den beiden verbündeten Staaten entsteht unter der Führung eines Asiaten ein Slawenreich von ungeheurer Größe, das aber (in Jahrhunderten) von Germanen überflutet wird, und erst dieser neue Weltbrand wird alles Leid von den Nationen bannen."

Die Zeitangaben dieser Voraussage haben sich als irrig erwiesen. Das Ende des Ersten Weltkrieges wurde jedenfalls zu früh angesetzt.

Verblüffend genau jedoch wird der Mord am österreichischen Thronfolgerpaar in Sarajewo vorhergesagt, ebenso die Ermordung der Zarenfamilie.

Das Verschwinden Belgiens von der Landkarte deutet nur eine Möglichkeit an, die einmal bestanden hat - oder bestehen wird? (Als Zentralstaat der EG wird diese Möglichkeit heute - 1994 - tatsächlich erwogen.) Daß Frankreich nach dem Verlust seiner überseeischen Provinzen keine Weltmacht mehr ist, läßt sich wohl kaum bestreiten.

Die Verbindung Österreichs mit dem Deutschen Reich zu Hitlers 'Großdeutschland' ist mit dem Wort 'verbünden' selbst für die kurze Zeit des 'Anschlusses' etwas zu schwach beschrieben.

Das Slawenreich von ungeheurer Größe unter der Führung eines Asiaten (Sowjetunion unter Stalin) wird richtig vorausgesehen.

Die 'Überflutung von Germanen' als das Eindringen deutscher Truppen im Zweiten Weltkrieg stimmt mit genau einem Jahrhundert nach der in 1841 gemachten Prophezeiung, nicht jedoch mit Jahrhundert-(en).

Der Irrtum, diesen Krieg mit dem letzten gleichzusetzen, der 'alles Leid von den Nationen bannen wird', könnte etwas mit dem Irrtum der Jahrhunderte-Beschreibung zu tun haben.

Das Lied der Linde
von der kommenden Zeit

Conrad Adlmaier, der ehemalige Redakteur der Traunsteiner Nachrichten, erhielt 1947 von einer Passauer Familie die Handschrift einer alten Prophezeiung. Es handelte sich dabei um ein merkwürdiges Lied mit 23 Vierzeilern. Das Schriftstück war schon mehrere Generationen in dieser Familie, nachweisbar seit der Zeit vor 1900. Untersuchungen ergaben, daß die vorliegende Fassung um das Jahr 1850 entstanden sein mußte.

Es soll angeblich im Stamm einer uralten Linde, die an einem Hohlweg zum Friedhof der Stadt Staffelstein steht, gefunden worden sein. Der unbekannte Verfasser gehört zweifellos zu den beachtlichsten Hellsehern der vergangenen Jahrhunderte.

Als Adlmaier den Text 1950 erstmals veröffentlichte, stellte sich bald heraus, daß er verstümmelt war. Die Zuschrift einer Leserin aus Franken ermöglichte es jedenfalls, das Lied um zehn weitere Vierzeiler zu ergänzen. Die fränkische Leserin hatte in ihrem Begleitbrief geschrieben:

"Ich besitze diese Prophezeiung ebenfalls, und zwar seit dem Jahre 1926, wo sie mir von heute unbekannter Hand zuging, doch ist meine Fassung eine wesentlich vollkommenere. Das heißt in der Hauptsache hat sie den wortgetreuen Text, wie bei Ihnen auch, hat aber noch dazu einen sogenannten Vorgesang und geht am Schluß noch fünf Vierzeiler weiter, und hat auch einen richtigen Abschluß.

Der Titel meiner Prophetia lautet: 'Der alten Linde Sang von der kommenden Zeit'. Dabei ist die Linde gemeint, die am Hohlweg steht, der zum Staffelberg führt, genauer gesagt, am Friedhof der Stadt Staffelstein.

Ich habe diese Linde aufgesucht und alles genauest bestätigt gefunden, nur die Staffelsteiner Bevölkerung wußte wenig oder nichts darüber, wie das ja häufig der Fall."

Die Ergänzungen der fränkischen Leserin betreffen nur den Vorgesang und den Ausklang. Das Kernstück der Prophezeiung mit seinen verblüffenden Weissagungen ist zweifellos aus der Zeit vor 1900 überliefert. Eine Fälschung oder spätere Korrektur des Textes ist ausgeschlossen, da die Verse sorgfältig aufbewahrt worden sind.

Mit größter Wahrscheinlichkeit aber geht die Voraussage die in dem sagenhaften Lied der Linde enthalten ist, auf eine noch viel frühere Zeit zurück.

Und nun zum vollständigen Wortlaut:

Der alten Linde Sang

1 Alte Linde bei der heiligen Klamm,
Ehrfurchtsvoll betast' ich deinen Stamm,
Karl den Großen hast du schon gesehn,
Wenn der Größte kommt, wirst du noch stehn.

2 Dreißig Ellen mißt dein grauer Saum,
Aller deutschen Lande ält'ster Baum,
Kriege, Hunger schautest, Seuchennot,
Neues Leben wieder, neuen Tod.

3 Schon seit langer Zeit dein Stamm ist hohl,
Roß und Reiter bargest du einst wohl,
Bis die Kluft die sacht mit milder Hand
Breiten Reif um deine Stirne wand.

4 Bild und Buch nicht schildern deine Kron',
　 Alle Äste hast verloren schon
　 Bis zum letzten Paar, das mächtig zweigt,
　 Blätter freudig in die Lüfte steigt.

5 Alte Linde, die du alles weißt,
　 Teil uns gütig mit von deinem Geist,
　 Send ins Werden deinen Seherblick,
　 Künde Deutschlands und der Welt Geschick!

6 Großer Kaiser Karl, in Rom geweiht,
　 Eckstein sollst du bleiben deutscher Zeit,
　 Hundertsechzig, sieben Jahre Frist,
　 Deutschland bis ins Mark getroffen ist.

7 Fremden Völkern front dein Sohn als Knecht,
　 Tut und läßt, was ihren Sklaven recht,
　 Grausam hat zerrissen Feindeshand
　 Eines Blutes, einer Sprache Band.

8 Zehre, Magen, zehr vom deutschen Saft,
　 Bis mit einmal endet deine Kraft,
　 Krankt das Herz, siecht ganzer Körper hin,
　 Deutschlands Elend ist der Welt Ruin.

9 Ernten schwinden, doch die Kriege nicht,
　 Und der Bruder gegen Bruder ficht,
　 Mit der Sens' und Schaufel sich bewehrt,
　 Wenn verloren Flint und Schwert.

10 Arme werden reich des Geldes rasch,
　　Doch der rasche Reichtum wird zu Asch',

Ärmer alle mit dem größern Schatz.
Minder Menschen, enger noch der Platz.

11 Da die Herrscherthrone abgeschafft,
Wird das Herrschen Spiel und Leidenschaft,
Bis der Tag kommt, wo sich glaubt verdammt,
Wer berufen wird zu einem Amt.

12 Bauer heuert (keifert), bis zum Wendetag,
All sein Müh'n ins Wasser nur ein Schlag,
Mahnwort fällt auf Wüstensand,
Hörer findet nur der Unverstand.

13 Wer die meisten Sünden hat,
Fühlt als Richter sich und höchster Rat,
Raucht das Blut, wird wilder nur das Tier,
Raub zur Arbeit wird und Mord zur Gier.

14 Rom zerhaut wie Vieh die Priesterschar,
Schonet nicht den Greis im Silberhaar,
Über Leichen muß der Höchste fliehn
Und verfolgt von Ort zu Orte ziehn.

15 Gottverlassen scheint er, ist es nicht,
Felsenfest im Glauben, treu der Pflicht,
Leistet auch in Not er nicht Verzicht,
Bringt den Gottesstreit vors nah' Gericht.

16 Winter kommt, drei Tage Finsternis,
Blitz und Donner und der Erde Riß,
Bet' daheim, verlasse nicht das Haus!
Auch am Fenster schaue nicht den Graus!

17 Eine Kerze gibt die ganze Zeit allein,
   Wofern sie brennen will, dir Schein.
   Gift'ger Odem dringt aus Staubesnacht,
   Schwarze Seuche, schlimmste Menschenschlacht.

18 Gleiches allen Erdgebor'nen droht,
   Doch die Guten sterben sel'gen Tod.
   Viel Getreue bleiben wunderbar
   Frei von Atemkrampf und Pestgefahr.

19 Eine große Stadt der Schlamm verschlingt,
   Eine andre mit dem Feuer ringt,
   Alle Städte werden totenstill,
   Auf dem Wiener Stephansplatz wächst Dill.

20 Zählst du alle Menschen auf der Welt,
   Wirst du finden, daß ein Drittel fehlt,
   Was noch übrig, schau in jedes Land,
   Hat zur Hälft' verloren den Verstand.

21 Wie im Sturm ein steuerloses Schiff,
   Preisgegeben einem jeden Riff,
   Schwankt herum der Eintags-Herrscherschwarm,
   Macht die Bürger ärmer noch als arm.

22 Denn des Elends einz'ger Hoffnungsstern
   Eines bessern Tags ist endlos fern.
   "Heiland, sende den du senden mußt!"
   Tönt es angstvoll aus der Menschen Brust.

23 Nimmt die Erde plötzlich andern Lauf,
   Steigt ein neuer Hoffnungsstern herauf?

"Alles ist verloren!" hier's noch klingt,
"Alles ist gerettet", Wien schon singt.

24 Ja, von Osten kommt der starke Held,
Ordnung bringend der verwirrten Welt.
Weiße Blumen um das Herz des Herrn,
Seinem Rufe folgt der Wackre gern.

25 Alle Störer er zu Paaren treibt,
Deutschem Reiche deutsches Recht er schreibt,
Bunter Fremdling, unwillkommner Gast,
Flieh die Flur, die du gepflügt nicht hast.

26 Gottes Held, ein unzertrennlich Band
Schmiedest du um alles deutsche Land.
Den Verbannten führest du nach Rom,
Große Kaiserweihe schaut ein Dom.

27 Preis dem einundzwanzigsten Konzil,
Das den Völkern weist ihr höchstes Ziel,
Und durch strengen Lebenssatz verbürgt,
Daß nun reich und arm sich nicht mehr würgt.

28 Deutscher Nam', du littest schwer,
Wieder glänzt um dich die alte Ehr',
Wächst um den verschlung'nen Doppelast,
Dessen Schatten sucht gar mancher Gast.

29 Dantes und Cervantes welscher Laut
Schon dem deutschen Kinde ist vertraut,
Und am Tiber- wie am Ebrostrand
Liegt der braune Freund von Hermannsland.

30 Wenn der engelgleiche Völkerhirt'
    Wie Antonius zum Wandrer wird,
    Den Verirrten barfuß Predigt hält,
    Neuer Frühling lacht der ganzen Welt.

31 Alle Kirchen einig und vereint,
    Einer Herde einz'ger Hirt erscheint.
    Halbmond mählich weicht dem Kreuze ganz,
    Schwarzes Land erstrahlt im Glaubensglanz.

32 Reiche Ernten schau' ich jedes Jahr,
    Weiser Männer eine große Schar,
    Seuch' und Kriegen ist die Welt entrückt,
    Wer die Zeit erlebt, ist hochbeglückt.

33 Dieses kündet deutschem Mann und Kind
    Leidend mit dem Land die alte Lind',
    Daß der Hochmut mach' das Maß nicht voll,
    Der Gerechte nicht verzweifeln soll!

Der Versuch einer Deutung dieser prophetischen Verse, dessen Voraussagungen zum Teil schon in Erfüllung gegangen sind:

Die ersten fünf Verse dürften wirklich mehr eine Einleitung, als eine Vorhersagung sein. Der 'breite Reif um die Stirn des holen Baums' ist eine bildhafte Umschreibung einer naturpflegerischen Maßnahme zur Erhaltung des geborstenen Stammes.

Der 'Eckstein' - Karl der Große, starb im Januar 814, er erlebte also noch das ganze Jahr 813.

Im sechsten Vers, wenn man die beiden Zahlen, 160 und 7 multipliziert, erhält man 1120. Zählt man dazu die Jahreszahl

813, in der Kaiser Karl am Gipfel seiner Macht als 'Eckstein' Deutschlands stand, so ergibt sich die Zahl 1933. Das Jahr der Machtergreifung Hitlers, 'Deutschland bis ins Mark getroffen', wie dieser 6. Vers endet.
Im siebten Vers ist vom 'Zerreißen', vom Verlust deutscher Länder und der Trennung Deutschlands die Rede. Das Fronen (unbezahlten Dienst leisten) für fremde Völker, kann seit jener 'Zerreissung' verschiedentlich ausgelegt werden. Ähnlich verhält es sich mit dem achten Vers.
Die Voraussage eines Krieges zwischen Menschen deutscher Zunge ist eigentlich nicht eingetroffen. Es sei denn, man zählt dazu die deutschstämmigen Amerikaner, die im Zweiten Weltkrieg gegen das Land ihrer Vorfahren gekämpft haben; die vom Nazi-Regime verfolgten Widerstandskämpfer und deutschstämmigen Juden; und - die Feindseligkeiten der unter kommunistischen Herrschaft stehenden, ehemaligen DDR.
Mit Sense und Schaufel 'bewehrten' sich die Überlebenden des zweiten Weltkrieges, nachdem 'Flint und Schwert' verloren waren.

Im 10. Vers könnte die Währungsreform von 1948 gemeint sein, und der seitherige Verfall von Sitte und Moral...

Vers 11 schildert eindeutig die Schattenseiten republikanischer Staatsführung, 'das Spiel und die Leidenschaft' politischer Parteien. Erschaudern lassen könnte jeden Demokraten die Wendung wo es heißt, daß 'sich glaubt verdammt, wer berufen wird zu einem Amt.'

Der 12. Vers deutet auf die vergeblichen Mühen des einfachen Bauern, seine Schaffen nur ein nutzloser Schlag ins Wasser... (gegen die Importe aus Massenproduktionen?)

Mahnworte die auf unfruchtbaren Wüstensand fallen, (auch die Mahn- und Warnworte gegen die Umweltvernichtung fällt auf 'Wüstensand'). Nur Irrsinn, - 'Unverstand' findet in diesen Zeiten aufmerksame Hörer.

'Oh wie wahr!' - möchte man fast ausrufen beim Lesen des 13. Verses. Korrupte Parteienpolitik und Kriminalität als Beruf!

Vers 14 und 15 prophezeien Verfolgung der (nur?) katholischen Geistlichen, Flucht des Papstes... Religionsstreit vor weltlichem Gericht.

Dann - Vers 16 bis 22 - Die Katastrophe! Blitz, Donner, Erdbeben, drei Tage Finsternis durch Atomkrieg oder Reaktorexplosion?

Der Vers warnt davor das Haus zu verlassen oder das Grauen vom Fenster aus zu schauen. Nur Kerzenlicht gibt etwas Helle und tödliche Luft dringt aus staubiger Nacht, eine tödliche Seuche nach schlimmster Schlacht der Menschheit! Alle scheinen davon betroffen zu werden, nur wenige wie durch ein Wunder bleiben frei von Atom(?)-krampf und Verseuchung.

Städte versinken, brennen - auf dem Stephansdomplatz im leeren Wien wächst Unkraut...

Ein Drittel der Menschheit vernichtet, von den Überlebenden wird die Hälfte den Verstand verloren haben.

Welch' Greuel müssen sie schauen - erleben?

Eintags-Herrscher führen das Land, ein steuerloses Schiff, machen die Bürger noch ärmer als arm...

Absoluter Terror läßt die Menschen nach dem letzten Hoffnungsstern ausrufen: Den Messias mit seinem letzten Gericht!

Doch dann in Vers 23 heißt es: Nimmt die Erde plötzlich einen anderen Lauf, Hoffnung steigt empor! Während hier (in Deutschland) noch alles verloren erscheint, jubelt im Osten bereits das gerettete Wien.

Ja, aus dem Osten kommt der mächtige Retter, um wieder Ordnung zu bringen in eine verwirrte Welt. Er setzt neue Gesetze durch, vertreibt die unwillkommenen Eindringlinge. Er führt den verbannten Papst zurück nach Rom, wo einer (er, der Retter?) zum Kaiser geweiht wird.

Der einundzwanzigste Konzil gibt den Völkern neue Ziele, neue Leitsätze, daß reich und arm sich nicht mehr streiten mögen.

Der braune Freund aus Deutschland am Strand von Dantes Tiber und Cervantes Ebro...

Man möchte fast meinen, das prophetische Lied spricht im 29. Vers von bräunenden Urlaubern in Italien und Spanien.

Neuer Frühling lacht der Welt, alle Kirchen einig und vereint, der Halbmond (Islam?) weicht dem Kreuz und Afrika erstrahlt im Glaubenskranz.

Reiche Ernten, weise Männer, keine Seuchen und Kriege mehr. Wer die Zeit erlebt wird hochbeglückt sein!

Deshalb soll der Gerechte nicht verzweifeln...

Der einäugige Bauer aus Elsen

Heute ist der ehemalige Vorort Elsen ein Stadtteil des inzwischen zur Großstadt gewachsenem Paderborn (Westfalen) geworden, wo der 'Elsische Junge' um die Wende vom 18. zum 19. Jahrhundert gelebt hat.

Seine Aussagen beweisen eindeutig, daß er ohne Zweifel hellseherische Fähigkeiten besaß. Obwohl sie in der heutigen Fassung kaum noch in allen Teilen dem originalen Wortlaut entsprechen, so wurde seine Prophetie doch in einer Ausgabe von 1848 veröffentlicht:

"Wenn am 'Bocke' Gerste steht, dann wird der Feind im Lande sein und alles umbringen und verwüsten. Sieben Wegstunden lang wird man gehen müssen, um einen Bekannten zu finden.

Die Stadt (Paderborn) wird acht saure Tage haben, wo der Feind darin liegen wird. Am letzten Tag wird er die Stadt plündern wollen, aber fürchtet nichts! Tragt nur euer Bestes von unten nach oben, denn der Feind wird nicht Zeit haben, seine Schuhriemen zu binden, so nahe sind eure Helfer.

Auch wird man vom Liboriberg aus die Stadt in Brand schießen wollen, doch nur eine Kugel wird treffen und ein Haus in Brand setzen auf dem 'Kampe'; das Feuer wird aber gelöscht werden.

Die Franzosen werden kommen, nicht als Feinde, sondern als Freunde und Helfer. Solche mit blanker Brust werden zum Westtor hereinziehen und ihre Pferde auf dem Domhof an die Bäume binden.

Zum Gierstor herein werden Soldaten kommen in grauen Röcken mit hellblauen Aufschlägen. Sie werden aber nur hereinblicken in die Stadt und wieder zurückgehen.

Am 'Bocke' steht ein großes Heer mit doppelten Zeichen, (UN?) das die Gewehre zu Haufen gestellt hat.

Der Feind wird fliehen nach Salzkotten zu und nach der Heide hin. An beiden Stellen wird eine große Schlacht geschlagen werden...Die aus der Stadt ihn verfolgen, mögen sich hüten, über die Alme-Brücke zu gehen, denn keiner, der hinübergeht, wird lebend zurückkommen.
Der siegreiche Fürst wird in dem Schlosse zu Neuhaus, (Vorort von Paderborn) das wieder instandgesetzt wird, seinen Einzug halten, begleitet von vielem Volk mit grünen Zweigen an den Hüten.
Auf der Johannesbrücke vor Neuhaus wird ein solches Gedränge sein, das ein Kind erdrückt wird. Währenddes wird in der Stadt Paderborn auf dem Rathaus und vor demselben eine große Versammlung gehalten, und man wird einen Mann vom Rathaus herabgeschleppt bringen und davor an der Laterne aufhängen.
Wenn das alles wird geschehen sein, dann wird gute Zeit sein im Lande. Das Mönchskloster wird wieder hergestellt, und es wird besser sein, hier im Land Schweinehirt zu sein als dahinten im Preußenland Edelmann."

Die Schilderung von Reitern und blanker (metallener?) Brust in Ereignissen bei künftiger hochtechnischer Kriegsführung, kann darauf zurückzuführen sein, daß der Seher vor 300 Jahren in den Bruchstücken seiner Vision, die 'Reiter' in gepanzerten Fahrzeugen gesehen hat. Zudem schilderte er ja nur einen lokalen Ausschnitt der militärischen Ereignisse.

Das Ende Roms?

"Solange das Kolosseum steht, wird Rom stehen; wenn das Kolosseum fällt, dann fällt auch Rom; wenn Rom fallen wird, dann wird auch die Welt fallen."

So lautet die uralte Prophezeiung des englischen Mönchs Beda (673-735), welche das Geschick des Kolosseums mit dem Schicksal Roms und der ganzen Welt verbindet. Doch der Ursprung dieser Voraussagung liegt sogar noch weiter zurück. Nach den Prophezeiungen der Sibyllen, so behauptet Tertullian in seinem Apol. (32), sobald Rom nur mehr ein Trümmerhaufen sei, dann wäre auch das Ende von allem gekommen.

Diese und andere Prophezeiungen über das endgültige Ende Roms und seiner Verbindung mit dem sogenannten 'Ende', ist auch eng verknüpft mit dem Erscheinen des Antichrist.

Pater Innocent Rissaut zum Beispiel, ist überzeugt davon, daß der Antichrist nicht auftreten kann, bevor Rom nicht zerstört und das Papsttum durch die Ermordung des letzten Papstes (Petrus Romanus) nicht beseitigt ist. Aber Rom, die 'Ewige Stadt' wird bestehen, solange die Welt besteht.

Der heilige Ambrosius verkündete, daß der zweiten Ankunft Christi auf jeden Fall zwei wichtige Ereignisse vorausgehen werden:

1. die Zerstörung Roms
2. das Erscheinen des Antichrist auf Erden

Nostradamus spricht in vielen seiner prophetischen Centuries von Rom, von seiner Verbindung mit Italien und dem Papsttum.
Wir wollen hier aber nur die Passagen erwähnen, die mit dem 'Endzeitgeschehen' zu tun haben.

Zur Zeit Nostradamus mußte man mit seinen Äußerungen über Rom und die Kirche äußerst vorsichtig zu Werke gehen, um nicht der wahnsinnigen Wut der Inquisition zum Opfer zu fallen und im Kerker oder gar auf dem Scheiterhaufen zu enden. Im Gegensatz zu seinen Zeitgenossen hielt Nostradamus die Macht der Päpste nicht für ewig dauernd. In Cent.I,4 sagte er sogar ganz unmißverständlich das Ende des Papsttums voraus: 'Wenn das Fischerboot untergehen wird...'

Der türkische Mohr wird kommen und wie ein Stier brüllen, mit Eisen und Feuer wird er ein großes Blutbad anrichten.

Bald wird in die Stadt Rom, wo schon der Kaiser des Nordens (der deutsche Kaiser) eingedrungen war, auch der asiatische und mohammedanische Feind einrücken.

Vom italienischen Land um Rom wird vom Meer her eine grauenvolle Kirche kommen, welche die Künste einer Sirene beherrschen wird.

Die Kirche Gottes wird verfolgt und seine religiösen Stätten werden konfisziert werden. Die Verwüstungen werden die Römer erzittern lassen vor Angst, ihre Stadt wird dem Verderbnis anheimfallen, eine Republik wird sie ausrauben und ihre Kirchen entweihen...

O weites Rom, deine Zerstörung naht, doch nicht deiner Mauern, sondern deines Blutes und deines Wesens. Der hart Sprechende (?) wird schrecklich einfallen und das spitze Eisen allen bis zum Knauf in die Brust stoßen.

In Cent. II, 93 scheint Nostradamus auch die Zerstörung der Engelsburg und des Vatikans anzukündigen. Rom wird verwüstet und ausgeplündert, der Papst gefangengenommen und durch einen Gegenpapst ersetzt werden, den der 'alemanische' ausgesucht hat.

In Cent. I,9 und Cent. II,30 soll nach einigen Auslegungen der Zerstörer Roms aus Nordafrika (dem ehemaligen Carthago, Lybien?) kommen. Einer, der die höllischen Götter Hannibals wieder erstehen lassen wird, der Schrecken der Menschen, nie schlimmere Greuel noch Nachricht wird zu den Römern kommen, von Babylon geködert.

Aber die letzte Verwüstung Roms wird der Antichrist bringen.

Nostradamus nennt Rom 'Aurora' (Tochter der Morgenröte), und 'Zufluchtstätte des Bösen', da der Antichrist sicher in Rom vorübergehend wohnen wird.

In Cent. VIII,99 heißt es: 'Wegen der Macht von drei weltlichen Herrschern wird der Heilige Stuhl an einem anderen Ort aufgestellt werden, wo die Substanz des verkörperten Geistes wiederhergestellt, und als wahrer Heiliger Stuhl empfangen werden wird.'

In Cent. II,41: 'Der große Stern wird sechs Tage brennen, eine Wolke wird zwei Sonnen erscheinen lassen, der große Hund wird die ganze Nacht lang heulen, wenn der Große Pontifex in ein anderes Land ziehen wird.'

Cent. I,53: 'Weh, ein großes Volk wird man gepeinigt sehen - und das Heilige Gesetz völlig verfallen -
um anderer Gesetze willen in der ganzen Christenheit -
wenn man ein neues Gold- und Silberbergwerk finden wird.'

Eine neue 'wahre' Weltreligion, nach einer Nuklearexplosion? (Die zweite Sonne begleitet von einer radioaktiven Wolke?)

Jeder kann sich selber ein Urteil über den genaueren Sinn dieser drei vorhergegangenen prophetischen Aussagen machen.

Noch geheimnisvoller wird die Möglichkeit einer neuen Weltreligion und das Ende der Kirche Roms wenn man die nachfolgenden Vierzeiler liest:

In Cent. V,73 heißt es: 'Die Kirche Gottes wird verfolgt und die heiligen Tempel ausgeraubt werden - die Mutter wird dem nackten Sohn ein Hemd anziehen (wenn) die Polen und die Araber verbündet sein werden.' (Meinte Nostradamus damit etwa den aus Polen stammenden Papst Johannes Paul II. und seine Abkommen mit dem Islam?)

In Cent. VI,66: 'Bei der Geburt der neuen Sekte wird man die schlecht bestatteten Knochen des Großen Römers finden, das Marmorgrab wird offen zu sehen sein; die Erde wird im April beben.'

In Cent. VIII,98 spricht der Seher noch mehr vom kommenden Elend der Kirche: 'Das Blut der Kirchenleute wird so reichlich vergossen werden wie Wasser, und es wird lange nicht getrocknet werden; hier kommt dem Pfaffen Elend und Bedrängnis!'

In Cent.II,97 warnt Nostradamus den Papst: 'Römischer Pontifex, hüte dich davor, dich der Stadt zu nähern, die zwei Flüsse benetzen, in ihrer Nähe wirst du dein Blut speien, du und die deinen, wenn die Rose blühen wird:'

Nostradamus sagt auch, daß der letzte Papst ermordet wird und eine Erneuerung der Kirche - oder neue Weltreligion wird kommen.

Cent. V,79: 'Der Heilige Prunk wird seine Flügel sinken lassen bei der Ankunft des Großen Gesetzgebers, er wird den Demütigen erheben, die Rebellen verfolgen, auf Erde wird kein solcher mehr geboren werden.'

Aus dem Orient (= Osten) soll der Große Eingeweihte kommen.

Cent.X,75: 'So erwartet wird keiner je nach Europa kehren, in Asien wird erscheinen einer der Liga, ausgegangen vom Großen Hermes und über alle Könige des Orients wird er hinauswachsen.'

Aber Rom wird nicht von Menschenhand zerstört werden. Die Natur wird sich mit der Wucht ihrer Elemente erheben.

Wenn das Ende der Zeiten nah ist, werden in einem ungeheuren Kataklysmus die Meeresfluten steigen und den ganzen unteren Teil der Halbinsel bedecken, von Sizilien bis zum römischen Theater in Fiesole.
'Eine so große und plötzliche Sintflut, daß es weder einen Ort noch ein Stück Land geben wird, an dem man sich festhalten kann.'
In Cent. VIII,16 heißt es: So wird das uralte Land, einst 'die Rose der Welt', in den Wellen versinken.

Andere Seher haben aber auch düstere Zeiten für das Papsttum und des christlichen Roms vorausgesagt.
Hier nur einige Auszüge:
Bartolomäus von Saluzzo (gest. 1605) nennt die Tage die nach einem 13. Juni folgen werden, als Anfang des 'großen Wehklagens' um die Stadt Rom. Eine Jahreszahl nennt er dabei jedoch nicht.

Helen Walraff, (1790) 'Ein Papst wird fliehen müssen und wird von nur vier Kardinälen gefolgt in Köln Zuflucht suchen.'

Katharina Emmerich, (1822) 'Die Kirche wird wie der Engel purpurrot werden von Blut. Sie wird vom Blut gewaschen werden.' Diese westfälische Seherin vom Augustiner Orden erhielt außer der Gabe der Weissagung auch das Stigma Christi. Ihre Visionen versetzten sogar Gelehrte aus allen Ländern in Staunen. Eine ihrer ersten Weissagungen aus dem Jahr 1804 betrifft sicherlich den Zweiten Weltkrieg:
"Das Herz Europas (Deutschland) wird vorerst sehr groß, und die Stadt des Lichtes (Paris?) wird verdunkelt. Doch dann wird die Stadt des Lichtes wieder über ganz Europa erstrahlen, aber Deutschland wird eine tödliche Wunde erhalten, vom Osten und vom Westen..."

Auch Luftschutzräume sah Katharina haargenau: "Ich sehe eine große Stadt, unter deren Häuser sich viele Katakomben befinden, aber nicht die von Rom, sondern voller Gänge und Höhlen, nüchtern und leer, mit oft vielen Menschen darin." Sie sah (in einem Gesicht 1822) zwischen Norden und Osten einen mit spitzer Kopfbekleidung und mit Bändern und einem Schwert angetanen Mann, der im Flug über der Erde schwebte. Er warf auf schlafende Städte Bänder ab, eines legte er wie eine rote Schlinge um Berlin (russische Zone?). Blut tropfte auf Europa, bis Italien und Iberien...
"In der Zeit 50 oder 60 Jahre vor dem Jahre 2000 wird Luzifer befreit sein und ein großer Krieg wird sein. Die große Stadt wird in die Katakomben stürzen. Der Sieg wird durch den 'Prince blanc' Frankreich zugehören. Deutschland zerfällt in viele Kleinstaaten und wird für die Sünden seiner Großen viel büßen müssen."

1909, während einer feierlichen Audienz, sahen die Anwesenden wie dem Papst plötzlich der Kopf auf die Brust sank. Für einige Minuten während denen sich kaum jemand rührte, war er wie im tiefen Schlaf. Als er seine Augen wieder öffnete, sahen seine Mitarbeiter darin Erschütterung und Schrecken. Papst Pius X. erhob sich von seinem Sitz und rief mit angstvoller Stimme:"'Was ich gesehen habe, ist fürchterlich! Werde ich das sein oder einer meiner Nachfolger? Ich weiß es nicht. Mit Sicherheit kann ich nur sagen: Ich habe den Papst aus dem Vatikan fliehen sehen und dabei trat er auf die Leichen seiner Priester. Sagt es niemanden, solange ich lebe.''
Die Anwesenden waren betroffen von der Wucht, mit der der Papst diese Worte hinausgeschrieen hatte. Kurz vor seinem Tod soll er noch gesagt haben: ''...ich sehe die Russen in Genua.''

Das Orakel der Sibyllen

Es gibt eine Überlieferung, nach der zu König Tarquinius Priscus um 500 v.Chr. eine seltsam gekleidete Frau kam und ihm in neun Büchern, die Orakel von Rom zum Kauf anbot. Sie forderte einen Preis von 300 Goldmünzen. Der König lehnte ab, weil er den Preis als zu hoch empfand.

Die Frau verbrannte daraufhin drei der Bücher und verlangte für die übrigen denselben Preis. Nachdem sie als 'Verrückte' weggejagt worden war, verbrannte sie drei weitere Bücher. Für die restlichen drei verlangte sie immer noch denselben Preis und sagte dem König, daß sie ihm einige Tage Bedenkzeit gebe.

Tarquinius war von der Beharrlichkeit beeindruckt und wollte die Auguren, seine priesterlichen Ratgeber, befragen. Die Antwort lautete, er soll die Bücher um jeden Preis erwerben, da der Kauf dieser Orakel Glück bringen werde.

Die drei Sibyllinischen Bücher wurden fortan sorgsam gehütet und in einer eigenen Steinurne in den unterirdischen Gewölben des Kapitols verehrt. Sie waren der Aufsicht eines besonderen Priesterkollegiums übergeben worden, der diese Bücher nur auf Anweisung des römischen Senats konsultieren durfte.

Dieses Kollegium, hieß erst Duumviri, dann Decemviri und schließlich die Quindecimviri sacris faciundis. (Die Mitgliedzahl wurde von Cäsar auf 16 erhöht.)

Im Laufe der Zeiten gab es drei Sammlungen der Sibyllischen Orakel. Die erste war diejenige, die an Tarquinius verkauft worden war und beim Brand des Kapitols im Jahre 83 vor Christi Geburt zerstört wurde.

Auf Anordnung des Senats wurde eine neue Sammlung erstellt. Man schickte eine Gesandtschaft in alle Divinitationsstätten des Orients, um die Orakelsprüche zu sammeln. Doch die daraus entstandene Sammlung unterschied sich stark von der ursprünglichen, eigens für Rom gemachte. Die letzte Konsultation dieser heiligen Weissagungen fand im Jahre 363 statt.

Den einzelnen Texten aus den Sibyllischen Büchern, die heute noch im Umlauf sind, kann man nur begrenzt Glauben schenken. Es wurden unter anderem auch Abänderungen angebracht, um messianische Voraussagungen glaubwürdiger zu machen.

So geschah es, daß zwar die Zukunftsdeuter von den Christen als Werkzeuge des Satans angesehen wurden, aber den Sibyllen eine Ausnahmestellung einräumte.

Die kirchliche Überlieferung ließ die Sibyllischen Orakel als wahr zu, und selbst Michelangelo malt die Sibyllen neben den Propheten, wie sie die katholische Liturgie in Beziehung zueinander gesetzt hatte.

Bei den Römern ist der etruskische Ursprung der Sibyllen offensichtlich, während bei den Christen die Herkunft aus dem jüdischen Prophetentum klar ist. Besonders über das Ende der Zeiten des heidnischen Roms.

Die Prophezeiungen Don Boscos

Vom heiligen Giovanni Bosco wird berichtet, daß er schon in seiner Kindheit außerordentliche Fähigkeiten, die Gabe des zweiten Gesichts hatte. In einer seiner Aussagungen beschreibt er eine tragische Situation in Rom: ''Die Pferde der Kosaken werden aus den Brunnen Sankt Peters trinken.'' Am Vorabend der Epiphanie im selben Jahr hatte Don Bosco im Traum eine Vision. Die folgenden Prophezeiungen, die sich auf Rom und Italien beziehen, sind aus der äußerst seltenen ersten Ausgabe 'Memorie biografiche di Don Bosco' (G.B. Lemojne) und wurden 1870 für Papst Pius IX. geschrieben und an ihn geschickt.

''...Und du Italien, gebenedeites Land, wer hat dich in die Verzweiflung gestürzt? ...Sag nicht, deine Feinde, nein deine Freunde waren es. Haßt du es nicht, daß deine Söhne das Brot des Glaubens verlangen und niemanden finden, der es ihnen bricht? Was werde ich tun? Ich werde die Hirten schlagen und die Herde zerstreuen, bis die, die auf dem Thron des Moses sitzen, gute Weideplätze suchen, und die Herde ihnen willig zuhört und weidet. Aber über der Herde und über den Hirten wird meine Hand lasten; Hungersnot, Pestilenz und Krieg werden bewirken, daß die Mütter das Blut ihrer Söhne und Männer, die im Feindesland gestorben sind, beweinen müssen. O Rom, was wird aus dir werden? Undankbares Rom, verweichlichtes Rom, hochmütiges Rom! So tief bist du gesunken, daß du bei deinem Herrn nichts anderes suchst und nichts anderes bewunderst als den Luxus und vergißt, daß deine und seine Glorie auf Golgatha steht. Nun ist er alt, hinfällig, wehrlos, nackt; dennoch läßt er mit dem Sklavenwort die Welt erzittern. Roma! ...Viermal werde ich über dich kommen!

Das erste Mal werde ich dein Land und die auf ihm wohnen erschüttern. Das zweite Mal werde ich Gemetzel und

Blutbad bis an deine Mauern herankommen lassen. Machst du die Augen noch nicht auf? Es wird das dritte Mal kommen, und ich werde Wehr und Verteidiger niederschlagen und statt dem Befehl des Vaters wird eine Herrschaft des Schreckens, der Angst und der Verzweiflung über dir sein. Aber meine Weisen werden fliehen, mein Gesetz wird immer noch mit Füßen getreten, daher mein vierter Besuch.

Wehe die, wenn mein Gesetz nur leerer Schall für dich ist! Unterschleif wird vorkommen bei Gebildeten und Ungebildeten. Dein Blut und das Blut deiner Kinder werden die Flecken reinwaschen, die du dem Gesetz deines Gottes machst.

Krieg, Pest und Hunger sind die Geißeln, mit denen der Hochmut und die Bosheit der Menschen geschlagen werden.

Ihr Reichen, wo ist eure Pracht, wo eure Villen, eure Paläste? Zu Müll auf Plätzen und Straßen sind sie geworden!

Aber ihr, o Priester, warum weint ihr nicht zwischen Vestibül und Altar und fleht, daß die Geißel ein Ende nehmen möge. Warum ergreift ihr nicht den Schild des Glaubens und steigt auf die Dächer, geht in die Häuser, auf die Straßen und Plätze, an alle Orte, auch wenn sie unerreichbar scheinen, um den Samen meines Wortes zu säen? Wißt ihr denn nicht, daß dieses furchtbare zweischneidige Schwert meine Feinde niederschlägt und den Zorn Gottes und der Menschen bricht? Diese Dinge werden kommen müssen unerbittlich eins nach dem anderen. Die Dinge folgen zu langsam aufeinander.

Aber die here Himmelskönigin ist gegenwärtig. Die Macht des Herrn ruht in ihren Händen; sie zerstreut ihre Feinde wie Nebel. Der ehrwürdige Alte hat sich all seine alten Gewänder angelegt.

Es wird noch ein heftiger Orkan kommen.

Die Schändlichkeit ist zu Ende, die Sünde ist erschöpft, und, bevor zwei Vollmonde des Blumenmonats verstrichen sind, wird der Regenbogen des Friedens auf Erden erscheinen.

Der große Diener wird die Braut seines Königs im Festgewand erblicken. Auf der ganzen Welt wird eine so helle Sonne scheinen, wie sie seit den Flammen des Abendmahlsaales bis heute nie mehr geschienen hat und nie mehr gesehen werden wird - bis zum letzten aller Tage.''

Zweite Prophezeiung Don Boscos (1874), die sich speziell auf unsere Zeit (finstere Nacht) und die Zukunft beziehen.

"Es war finstere Nacht, die Menschen konnten nicht mehr erkennen, welchen Weg sie einschlagen sollten, um zurückzukehren, als am Himmel plötzlich ein strahlendes Licht erschien, das die Schritte der Wanderer erhellte, als wäre es Mittag. In diesem Augenblick war eine große Menge von Männern, Frauen, Alten, Kindern, Mönchen, Nonnen und Priestern zu sehen, die mit dem Papst an der Spitze den Vatikan verließen und sich dabei zu einer Prozession aufstellten.

Aber da kam plötzlich ein wütendes Gewitter; das Licht verdunkelte sich zusehends und es schien sich ein Kampf zwischen Licht und Finsternis zu entfachen. Inzwischen waren sie auf einem kleinen Platz angelangt, der mit Toten und Verwundeten bedeckt war, von denen viele mit lauter Stimme um Hilfe flehten.

Die Reihen der Prozession lichtete sich immer mehr. Nachdem sie einen Weg zurückgelegt hatten, merkte einer, daß sie nicht mehr in Rom waren. Fassungslosigkeit bemächtigte sich ihrer und alle scharten sich um den Papst, um seine Person zu schützen und ihm beizustehen.

Von dem Augenblick an waren zwei Engel zu sehen, die eine Standarte trugen und sie dem Papst mit folgenden Worten überreichten: 'Empfange das Banner Derjenigen, die gegen die stärksten Völker der Erde kämpft und sie zerstreut. Deine Feinde sind verschwunden, deine Kinder beschwören mit Tränen und Seufzern deine Rückkehr.'

Wenn man den Blick zum Banner erhob, sah man auf der einen Seite geschrieben: 'Regina sine labe concepta' und auf der anderen: 'Auxilium christianorum'.

Der Papst ergriff freudig das Banner, aber als er die geringe Zahl derer sah, die bei ihm geblieben waren, wurde er betrübt. Die beiden Engel fügten hinzu: 'Geh schnell und tröste deine Kinder. Schreibe deinen Brüdern, die in alle Teile der Welt zerstreut sind, daß eine Reform in den Sitten und in den Menschen notwendig ist. Und die kann man nur verwirklichen, wenn man den Völkern das Brot des Göttlichen Wortes bricht. Unterrichtet die Kinder im Glauben, predigt Entsagung von den irdischen Dingen. Die Zeit ist gekommen,' so schlossen die beiden Engel, 'in der die Völker den Völkern das Evangelium bringen. Die Leviten sind bei Hacke, Spaten und Hammer zu suchen, damit sich die Worte Davids erfüllen: Gott hat das Volk vom Erdboden erhoben, um es auf den Thron der Fürsten seines Volkes zu setzen.'

Nachdem der Papst das gehört hatte, setzte er sich in Bewegung, und die Reihen der Prozession begannen dichter zu werden. Als er dann die Heilige Stadt betrat, weinte er, als er die Verzweiflung der Bürger sah, von denen viele nicht mehr lebten. Als er schließlich den Petersdom betrat, stimmte er das 'Te Deum' an, dem ein Engelschor antwortete: 'Gloria in excelsis deo...' Nachdem der Gesang verklungen war, verschwand die Dunkelheit, und es zeigte sich eine strahlende Sonne.

In den Städten, den Dörfern und auf dem Land gab es nur mehr ganz wenig Leute; die Erde war zertreten wie von einem Orkan, einer Wasserflut oder einem Hagelschlag, und die Leute gingen bewegt aufeinander zu und sagten: 'Est Deus in Israel.' Vom Anfang des Exils bis zum 'Te Deum' war die Sonne zweihundert mal aufgegangen. Die ganze Zeit, die verging, bis sich all das vollzogen hatte, belief sich auf vierhundert Sonnenaufgänge.''

Sepp Wudy, der Bauernknecht
Nach einer Überlieferung von Hans Watzlik

Der Bauer im Frischwinkel hatte vor dem ersten Weltkrieg einen Knecht namens Sepp Wudy, und dieser hatte das zweite Gesicht. Er sah nicht nur in nächster Zeit eintreffende Ereignisse voraus, sondern machte auch seltsame Andeutungen für die weitere Zukunft, die der Bauer in seinen Kalender schrieb. Der Sepp redete nicht viel, und darum erfuhr der Bauer nur in Frage und Wechselrede einiges von dem, was der Knecht sah. Und so steht es im Kalender:

Wie der Sepp hat einrücken müssen, hat er gesagt, er kommt nicht wieder, weil er in Eis und Schnee sterben muß. Er fiel im (Ersten) Weltkrieg in den Dolomiten.

Das ist nicht der letzte Krieg, hat er gesagt, denn dann wird bald wieder einer sein, und dann erst kommt der letzte. Einer wird schrecklicher als der andere.

Wenn du es erleben tätest, könntest deinen Vetter in Wien von deiner Stube aus sprechen, und wenn du ihn schnell brauchtest, könnte er in einer Stunde da sein. (Telephon und Flugzeug)

Der Böhmerwald wird einmal versengt werden wie ein Strohschübel.

Rennt nicht davon, wenn die grauen Vögel (Flugzeuge) fliegen, woanders wird es noch schlechter sein.

Es geht dem Ende zu, und das hat schon angefangen. Es wird dann wieder sein wie vor hundert Jahren. So wird es die Leute zurückwerfen, und so werden sie für ihren Übermut bestraft.

Du hast das Essen vor dir und darfst es nicht essen, weil es dein Tod ist, und hast das Wasser im Grandl und darfst es nicht trinken, weil es auch dein Tod ist. (Radioaktivität!) Aus dem Osser (Berg an der bayerisch-böhmischen Grenze) kommt noch eine Quelle, da kannst du trinken.

Die Luft frißt sich in die Haut wie Gift. Leg alles an, was du an Gewand hast, und laß nicht das Nasenspitzl herausschauen.

Setz dich in ein Loch und wart, bis alles vorbei ist, lang dauert's nicht, oder such die eine Höhle am Berg.

Wenn dir die Haare ausfallen, hat es dich erwischt.

Nimm ein Kronwittbirl in den Mund, das hilft, und sauf keine Milch, acht Wochen lang.

Es wird schlimm, und die Nachgeborenen müssen erst wieder schreiben und lesen lernen.

Der Anlaß wird sein, daß die Leut den Teufel nimmer erkennen, weil er schön gekleidet ist und ihnen alles verspricht.

Wenn kein Uhmanndl mehr schreit und die Hasen zum Hause kommen und umfallen, dann geh weg vom Wasser und mähe kein Gras.

Dann gibt es keine Grenze mehr gegen Bayern, aber wo du dann bist, kann ich nicht sagen.

Aber was sag ich? Dich geht es ja nichts mehr an, aber sag es deinen Kindern und Kindskindern. Die haben damit zu tun und erleben am End die ganze Geschichte.

Ich verstehe auch die Leut nicht, daß sie gar kein Herein (Genügsamkeit) haben, und sie werden alleweil schlimmer und gottloser, so daß es kommen muß, und, wie gesagt, es wird wieder sein wie vor hundert Jahren.

Mit dem Glauben geht es bergab, und alles wird verdreht.

Kennt sich niemand mehr aus. Die Oberen glauben schon gar nichts mehr, die kleinen Leut werden irre gemacht.

In der Kirche spielen sie Tanzmusik, und der Pfarrer singt mit. (Die moderne christliche Kirche) Dann tanzen sie auch noch, aber draußen wird ein Himmelszeichen stehen, das den Anfang vom großen Unheil ankündigt.

Es steht gegen Norden ein Schein, wie ihn noch niemand gesehen hat, und dann wird ringsrum das Feuer aufgehen.

Geh nach Bayern, dort hält die Muttergottes ihren Mantel über die Leut, aber auch dort wird alles drunter und drüber gehen.

Es wird alles kommen, wie es der Stormberger gesagt hat, aber er hat nicht alles gesagt, oder sie haben ihn nicht verstanden. Denn es kommt viel schlimmer.

Bauer sag es deinen Kindern, sie sollen dem Berg zu rennen, wenn es kracht.

Sehen tät ich noch mehr, aber ich kann es nicht begreifen und nicht sagen.

Ich bin nur ein Knecht und ich weiß nicht, ob es ein guter oder ein böser Geist ist, der mir diese Sachen vormacht. Aber ich weiß, daß es einmal wahr werden wird.

Der Kriegsgefangene
und der Feldpostbriefschreiber (Andreas Rill)

Eines der erstaunlichsten Dokumente für Bestätigung der oft so bezweifelte Zukunft-Hellseherei, sind zwei Feldpostbriefe, die ein oberbayerischer Schreinermeister während dem ersten Weltkrieg am 24. und 30. August 1914 seinen Angehörigen in die Heimat geschrieben hatte.

Die bayerische Kompanie, bei der dieser Schreinermeister an der Vogesenfront Dienst tat, war in einem Dorf südlich von Metz in Ruhestellung gegangen, und so hatte er Zeit einen bzw. zwei ausführliche Briefe zu schreiben.

Er berichtete seinen Angehörigen von einem französischen Zivilisten, der zu flüchten versucht hatte und vom Leutnant festgehalten worden war. Dieser Mann sprach nach Angaben des Briefschreibers außer französisch und deutsch mehrere andere Sprachen.

Der bayerische Soldat berichtete in den Briefen an seine Angehörigen, was er und seine Kameraden staunend von dem Festgenommenen erfahren hatten.

Diese Briefe sind noch erhalten. Der erste Herausgeber der den Inhalt dieser Briefe veröffentlicht hatte, Pater Frumentius Renner OSB (Missionsblätter Münsterschwarzbach Jhg. 48, 1953, Heft 7/8 S. 114/117 und 9/10, S. 152/155) bemerkte damals, daß der ihm bekannte Schreiber sein Inkognito wahren möchte. Dieser könnte sich sonst vor Zuschriften nicht mehr retten. Später wurde doch bekannt, daß es sich bei dem Feldpostbriefschreiber um den oberbayerischen Schreinermeister Andreas Rill handelte.

Hier nun der Inhalt dieser beiden Feldpostbriefe:

Geschrieben dem 24. 8. '14

Meine Lieben!

    Habe Deine Karte erhalten. Bin noch gesund, was ich auch von Euch allen hoffe. Sonst geht der Krieg weiter und vorwärts. Wir sind heute in Ruh, und da will ich euch von dem Komplizen schreiben, den ich im letzten Brief erwähnt habe. Ein sonderbarer Heiliger, denn es ist nicht zum glauben, was der alles gesagt hat.

    Wenn wir wüßten was uns noch alles bevorsteht, würden wir heute noch die Gewehre wegwerfen, und wir dürften ja nicht glauben, daß wir von der Welt was wüßten. Der Krieg sei für Deutschland verloren, er wird ins fünfte Jahr gehen, dann kommt eine Revolution, aber sie kommt nicht recht zum Ausbruch, der eine geht und der andere kommt, und reich wird man, alles Millionär.

Soviel Geld gibts, daß mans beim Fenster hinauswirft und niemand klaubts mehr auf. Lächerlich!

Der Krieg geht unter der Fuchtel weiter und es geht den Leuten nicht schlecht, aber sie sind nicht zufrieden.

In dieser Zeit sagte er, wird der Antichrist geboren im äußersten Rußland, von einer Jüdin, er tritt aber erst in den fünfziger Jahren auf. Dann sagte er, an dem Tage, wo Markustag auf Ostern fällt. Wann das sein soll, weiß ich nicht.

    Vor dem kommt ein Mann aus der niederen Stufe, und der macht alles gleich in Deutschland, und die Leute haben nichts mehr zu reden, und zwar mit einer Strenge, daß es uns das Wasser bei den Fugen raustreibt. Denn der nimmt den Leuten mehr, als er gibt, und straft die Leute entsetzlich, denn um diese Zeit verliert das Recht sein Recht, und es gibt viel Maulhelden und Betrüger. Die Leute werden wieder ärmer, ohne daß sie es merken. Jeden Tag gibts neue Gesetze, und viele werden dadurch manches erleben oder gar sterben.

Die Zeit beginnt zirka '32 (1932) und dauert neun Jahre, alles geht auf eines Mannes Diktat - sagt er - dann kommt die Zahl '38, dann werden die Nachbarn überfallen.

Der Krieg selbst dauert nicht ganz drei Jahre und endet schlecht für diesen Mann und seinen Anhang. Das Volk steht auf mit den Soldaten. Dann kommt die ganze Lumperei auf und es geht wild zu in den Städten. Er sagte, man solle in dieser Zeit kein Amt oder dergleichen annehmen, alles komme an den Galgen oder wird unter der Haustüre aufgehängt, wenn nicht an Fensterblöcke hingenagelt, denn die Wut unter den Leuten ist entsetzlich, denn da kommen Sachen auf, unmenschlich. Die Leute werden sehr arm, die Kleiderpracht hat ihr höchstes erreicht und die Leute sind froh, wenn sie sich noch in Sandsäcke kleiden können.

Vom Krieg selbst sagte er, daß keiner was bekommt vom anderen, und wenn sich die Schweiz an Deutschland anschließt, dann dauert es nicht mehr lange, und der Krieg ist aus. Deutschland wird zerrissen, und ein neuer Mann tritt zutage, der das neue Deutschland leitet und aufrichtet. Wer dann das fleißigste Volk besitzt, erhält die Weltherrschaft. England wird dann der ärmste Staat in Europa, denn Deutschland ist das fleißigste Volk der Welt. Am Schluß kommt noch Rußland und fällt über Deutschland her, wird aber zurückgeschlagen, weil die Natur eingreift, und da wird Süddeutschland ein Platz sein, wo das Ereignis sein sollte, wo die Leute von der ganzen Welt hinreisen, um zu schauen.

Dann sagte er, daß der regierende Papst dabei sein wird beim Friedensschluß, er muß aber zuvor aus Italien fliehen, weil er als Verräter hingestellt wird. Er kommt nach Köln, wo er nur einen Trümmerhaufen findet, alles ist kaputt.

Und im Jahre '43 (oder '48, diese Stelle ist im Brief nicht deutlich zu erkennen.) kommt erst der Aufstieg. Dann kommen gute Zeiten.

Auch von Italien sagte er, daß es gegen uns geht und in einem Jahr den Krieg erklärt, und beim zweiten Krieg mit uns geht. Italien wird furchtbar zugerichtet und viele deutsche Soldaten finden dort ihr Grab.
Wir sagten, der hats doch nicht recht, oder der spinnt.
Ihr werdet darüber lachen, denn das ist doch nicht zum glauben. Der Mann sprach mehrere Sprachen, wir haben ihn ausgelacht, aber der Leutnant sprach mit ihm die ganze Nacht, und was der noch alles gesagt hat, könnt ihr euch nicht denken. Jetzt hab ich genug am schreiben und ihr braucht da nichts zu glauben. Ich schreibe nur, damit ihr seht, was's für Menschen gibt. Sonst weiß ich heute wenig, bin gesund, und morgen geht's wieder weiter, man ist halt im fremden Land. Hoffentlich geht der Krieg bald zu Ende und nicht wie der sagte."
(Der Rest des Briefes hat mit der Sache nichts zu tun.)

Der zweite Brief ist datiert vom 30. August 1914.

Liebe Anna und Kinder!

Habe endlich Euren Brief vom 17. mit Dank erhalten, und nun wirds schnell Zeit, einige Zeilen zu schreiben. Hoffentlich habt ihr meinen Brief schon in Händen. Sonst gibt es nichts Neues bei uns. Man sagt, der Krieg ist bis Weihnachten zu Ende. Hoffentlich geht es Euch gut.
Den Brief vom prophetischen Franzosen werdet ihr auch schon haben. Da werde ich nicht fertig, was der alles gesagt hat. Denke immer an ihn. Es scheint aber fast unglaublich, und ich will euch noch einiges mitteilen. Denn ob das wirklich kommen soll, ist wie ein Hirngespinst.
Da hat er immer wieder betont von den dunklen Männern,

die dieses Unheil bringen sollten, und die sind in der ganzen Welt verteilt, an der Zahl sieben. Und die Zahl sieben hat eine große Bedeutung, und der Stuhl 12, den dieser Mann zur Zeit bekleidet, ist voll Schrecken und Morden. Er spricht und mahnt die Völker zur Rückkehr, aber alles umsonst. Die Menschen werden immer weiter ins Unglück getrieben und schlechter, und alles will nur Ware und Besitz haben.

Steht an der Jahreszahl vier und fünf, dann wird Deutschland von allen Seiten zusammengedrückt, und das zweite Weltgeschehen ist zu Ende. Und der Mann verschwindet, und das Volk steht da und wird vollständig ausgeraubt und vernichtet bis ins unendliche... aber die Feinde stehen auch nicht gut miteinander... die Dunklen werden es leiten und bestrebt sein, die Völker mit großen Versprechungen zu beruhigen, und die Sieger kommen in das gleiche Ziel wie die Besiegten.

In Deutschland kommen dann Regierungen, aber sie können ihr Ziel nicht ausführen, da ihr Vorhaben immer wieder vereitelt wird.

Der Mann und das Zeichen verschwinden, und es weiß niemand wohin, aber der Fluch im Innern bleibt bestehen, und die Leute sinken immer tiefer in der Moral und werden schlechter.

Die Not wird noch viel größer und fordert viele Opfer. Die Leute bedienen sich sogar aller möglichen Ausflüchte und Religionen, um die Schuld an dem teuflischen Verbrechen abzuwälzen. Aber es ist den Leuten alles gleich, denn der gute Mensch kann fast nicht mehr bestehen während dieser Zeit und wird verdrängt und verachtet. Dann erheben sich die Leute selbst gegeneinander, denn der Haß und der Neid wachsen wie das Gras, und die Leute kommen noch immer weiter in den Abgrund.

Die Besatzungen lösen sich voneinander und ziehen ab

mit der Beute der Geraubten, was ihnen auch sehr viel Unheil bringt, und das Unheil des dritten Weltgeschehens bricht herein. Rußland überfällt den Süden Deutschlands, aber kurze Zeit, und den verfluchten Menschen wird gezeigt, das ein Gott besteht, der diesem Geschehen ein Ende macht. Um diese Zeit soll es furchtbar zugehen, und es soll den Leuten nichts mehr helfen, denn sie sind zu weit gekommen und können nicht mehr zurück, da sie die Ermahnungen nicht gehört haben. Dann werden die Leute, die noch da sind, ruhig, und Angst und Schrecken wird unter ihnen weilen. Denn jetzt haben sie dann Zeit, nachzudenken und gute Lehren zu ziehen, was sie zuvor nicht gewollt haben.

Am Schluß dieser Teufelszeit werden dann die geglaubten Sieger an die Besiegten kommen um Rat und Hilfe, denn auch ihr Los ist schrecklich, denn es liegt alles am Boden wie ein Ungeheuer.

Er sagte, das soll im Jahre 1949 sein. 47 und 48 sollen die Jahre dieser milden Einkehr sein. Wer weiß, ob wir bis dort noch leben; und es ist ja nicht zum glauben, und ich schreib es nur damit ihr seht was der alles gesagt hat, und von den Kindern erlebt die Zeit doch eines.

Beim dritten Geschehen soll Rußland in Deutschland einfallen und zwar im Süden bis Chiemgau, und die Berge sollen von da Feuer speien, und der Russe soll alles zurücklassen an Kriegsgerät. Bis zur Donau und Inn wird alles dem Erdboden gleichgemacht und vernichtet. Die Flüsse sind alle so seicht, daß man keine Brücke mehr braucht zum Hinübergehen. Von der Isar an wird den Leuten kein Leid mehr geschehen, und es wird nur Not und Elend hausen. Die schlechten Menschen werden zugrunde gehen als wie wenns im Winter schneit, und auch die Religion wird ausgeputzt und gereinigt.

In Rußland werden alle Machthaber vernichtet. Die Leichen werden dort nicht begraben und bleiben liegen. Hunger und Vernichtung ist in diesem Lande zur Strafe für ihre Verbrechen. - Da muß man doch lachen über diese Reden, und wir lachten. Aber er sagte, von uns erlebts nur einer, und der wird an mich denken. Nun, was soll das werden? Es ist fast nicht glaubhaft.

Im Jahre 48 geht die Strafe Gottes zu Ende, und die Menschen werden sein wie die Lämmer und zufrieden wie noch nie. Und von Siegesträumen hört es auf, und es ist ausgestorben in den Ländern. Ich glaub, bis dahin leb ich nicht mehr. Macht euch aber keine Gedanken darüber!

Was gibt es bei euch Neues? Wie geht es meiner Schwester A....(?). Die Buben werden lachen über den Schwefel von dem Mann.

Mit vielen Grüßen, Euer Vater."

Nach dem ersten Weltkrieg kehrt der Schreiber dieser Zeilen wieder heim und erzählte davon. Er wurde darüber nicht nur verlacht, sondern sogar auch angefeindet. Noch gleich danach und vor allem während des Dritten Reiches.
Es war schon vor der ersten Machtübernahme bekannt geworden, daß der Schreiber des Briefes geäußert habe, die Braunen würden später alle an den Galgen kommen. Die Polizei besuchte ihn deshalb. Doch er versteckte die Briefe und sprach dann nicht mehr davon.

Die Briefe tragen ohne Zweifel den Stempel der Echtheit. So schreibt ein einfacher ungebildeter Mann der damaligen Zeit, wenn er etwas in dem ihm ungewohnten Hochdeutsch wiedergeben wollte. Voller Fehler, Wiederholungen und gelegentlichen Widersprüchen.

Auch die offensichtlichen Irrtümer und Verwechslungen sprechen für die Echtheit. Wären die Briefe erst nach den Ereignissen mit Absicht fabriziert worden, so wären sie sicher anders ausgefallen. Der Schreiber hatte das Gehörte, das ihn anfangs garnicht interessierte, aus dem Gedächtnis geschrieben. Er konnte sich trotz der gespielten Spötteleien nicht der Erkenntnis verwehren, daß der französische Gefangenen ein Hellseher war.

In späteren Berichten sagte der Feldpostbriefschreiber, daß alle zuhörenden Soldaten den Franzosen ausgelacht hatten. Da hatte dieser ihnen im ernsten Ton gesagt, daß nur einer den Krieg überleben werde.

In dem Buch 'Am Vorabend der Finsternis' berichtet der Verfasser Wolfgang Johannes Bekh von einem Brief einer Leserin aus Babenhausen:

"Über den Seher aus dem Elsaß weiß ich von einem Bauern (namens Ritter) aus dem Nachbarort, der selbst einmal den Schreiner (Rill) aufsuchte. Der Schreiner erzählte ihm noch vieles andere über diesen Seher.
(Da der Gefangene in sieben Sprachen reden konnte, glaubte das deutsche Militär einen Spion gefunden zu haben. Er mußte dort schlafen, wo auch die ihn bewachenden Soldaten schliefen)
Er erzählte ihnen vom Ende des Ersten Weltkriegs und auch vom Zweiten. Auf diesen folge noch ein Dritter Weltkrieg. 'Da erfinden sie Waffen, daß die Welt nicht mehr lebensfähig ist, und da muß Gott eingreifen.'
Einer der Soldaten sagte zu dem Seher, - wenn er jetzt nicht aufhöre, verprügele er ihn noch.
Der Seher schaute ihn lange an, dann sagte er zu diesem Soldaten. 'Weil Sie so gemein sind, will ich Ihnen etwas sagen. Ich hätte es Ihnen nicht gesagt. In vierzehn Tagen werden Sie eine Leiche sein, und die Raben werden Ihre

Augen auskratzen!'
Immer noch glaubten die Soldaten nicht, was dieser Mann ihnen voraussagte, bis sie nach vierzehn Tagen den Kameraden tot in einer Kiesgrube fanden, als Raben gerade dabei waren, ihm die Augen auszukratzen. Da erst ging den Soldaten ein Licht auf..."

Ob sich der Seher oder der Schreiber in der Reihenfolge der Ereignisse bzw. 'Weltgeschehen' und den Daten geirrt hatte, ist nicht mehr nachziehbar. Der Verlauf des ersten Krieges, die Verhältnisse danach und das Dritte Reich und dessen Nachzeit, sind von einigen Irrtümern und Verwechslungen abgesehen, ziemlich anschaulich vorausgesagt.

Der zweite Brief ist eine Ergänzung zum ersten. Manche Einzelheiten erscheinen uns recht unwahrscheinlich, wie der Anschluß der Schweiz an Deutschland. Oder verwechselte da jemand (Seher oder der Briefschreiber) die Schweiz mit - Österreich? Ebenfalls, daß es dann nicht mehr lange dauert bis der Krieg 'aus' ist, sondern nicht mehr lange dauert bevor er (der 2. Weltkrieg) 'beginnt'?

Aber laßt uns nicht über die Verwechslungen des Sehers oder des Schreibers und seine Erinnerungsschwächen spekulieren, sondern die Punkte hervorheben, die erstaunlich genau vorausgesagt worden sind.

Im Sommer 1914, also vier Jahre vor seinem Ende, prophezeite der Gefangene bereits, daß Deutschland den Krieg verlieren werde.

Danach, Revolution! Doch nicht eine so vollständig totale, wie in Rußland.

Alle werden Millionäre! Und das sind, während der Inflation 1923, neun Jahre nach dieser Prophezeiung, tatsächlich alle in Deutschland geworden.
Tausender und schließlich sogar Zehntausendmarkscheine

wurden buchstäblich aus dem Fenster geschmissen. Das Mitnehmen zum Einkauf lohnte nicht mehr, wenn ein Brot schon über 100 Milliarden Mark kostete.

Als der 'aus niederer Stufe' kommende Hitler die Macht übernahm, hatte wirklich niemand mehr etwas zu reden und seine Strenge strafte Unzählige mit entsetzlicher Härte. Das Recht verlor sein Recht. Maulhelden, die mit großen Reden das Volk betrogen. Neue Gesetze, durch die viele starben...

'Die Zeit beginnt zirka 32' (1932), Hitlers Machtübernahme war - 1933.

'Alles geht auf dieses Mannes Diktat', - er war wie bekannt, absoluter Diktator.

'38 (1938) werden Nachbarn überfallen.' Stimmt wiederum fast ganz genau. In beiden Fallen war der Seher nur um ein Jahr zu früh mit seinen Voraussagungen.

Die Dauer der Kriegszeit wird zwar mit nur drei Jahren angegeben, doch Fehler in der Zeitangabe selbst bei den zuverlässigsten Prophezeiungen sind nichts Ungewöhnliches. Außerdem konnte sich auch Rill in der Wiedergabe der Zeit geirrt haben.

Der Krieg endete, wie vorausgesagt, mit schlechten Folgen für diesen Mann (Hitler) und seinem Anhang.

'Man soll in der Zeit kein Amt oder dergleichen annehmen, da kommen Sachen auf - unmenschlich...'
Viele 'Amtsträger' des Dritten Reiches kamen an den Galgen oder wurden vom wütenden Volk gehängt.
Die unmenschlichen Dinge die dann aufkamen: Konzentrationslager, Folter und Gaskammern...

'Deutschland wird zerrissen': Das geteilte Deutschland, vier Zonen, dann die trennende Mauer zwischen Ost und West...

Doch der Fleiß der Deutschen vollbringt den Wieder-

aufbau und das Wirtschaftswunder...
Der unbekannte Kriegsgefangene hatte prophezeit: ...im Jahre -43 (oder 48, ist im Brief unleserlich) wird ein 'Aufstieg' sein. Es kann sich folglich nur um den sogenannten 'Wirtschaftsaufstieg' nach der Währungsreform gehandelt haben.

Nun folgen Prophezeiungen die noch in der Zukunft zu liegen scheinen. Verblüffend ist jedoch die Ähnlichkeit mit den Sehern Johansson und Irlmaier, auf die wir noch zu sprechen kommen werden.

Dann springt der Schreiber wieder in die damalige Gegenwart von 1914: 'Italien erkläre uns in einem Jahr den Krieg, werde aber im nächsten Krieg, den zweiten Weltkrieg mit Deutschland gehen,' - was in der Tat genau zutraf.

1915 erklärte Italien Deutschland den Krieg und - es war im Zweiten Weltkrieg ein Verbündeter Deutschlands. Viele deutsche Soldaten fanden dort in Italien ihr Grab.

Steht die Jahreszahl vier und fünf (45), dann wird Deutschland von allen Seiten zusammengedrückt und das zweite Weltgeschehen ist zu Ende. Das Ende des Krieges 1945...

Der Mann (Hitler) und sein Zeichen (Hakenkreuz) verschwindet, das Volk ausgeraubt und vernichtet bis ins unendliche: Die Vertreibung der vielen Millionen Volksdeutschen, der Raub unserer Kunstschätze und Erfindungen.

...aber die Feinde stehen auch nicht gut miteinander:
Der Kalte Krieg.
Auch der erwähnte sittliche Verfall kann nicht geleugnet werden.

Die Besatzungen lösen sich voneinander und ziehen ab mit der Beute des Geraubten...
1994, fast 50 Jahre nach dem Ende des zweiten Weltkrieges,

beginnen die Besatzungstruppen endlich sich von Deutschland loszulösen und kehren in ihre Heimatländer zurück.

Es erscheint heute unwahrscheinlicher als in all den Jahren seit 1940, daß Rußland Deutschland überfallen wird. Doch noch vor wenigen Jahren erschien der Fall des Kommunismus in Rußland, sogar noch viel unwahrscheinlicher.

Sollte dies tatsächlich einmal eintreffen, dann werden die feuerspeienden Berge mit Raketen und ähnlichen Kriegswaffen eine schreckliche Erfüllung dieser Prophezeiung sein.

'Wenn Markustag auf Ostern fällt...' Ostern war am Markustag, dem 25. April in 1943, das nächste Mal wird es 1998 der Fall sein.

Anmerkung zur folgenden originalgetreuen Wiedergabe der Feldpostbrieftexte:

Unleserliche oder orthographisch fehlerhafte Wörter und Punktationen sind in Klammern eingesetzt worden, da sie zu Mißdeutung Anlaß gaben. Diese Schreibfehler sind zum Teil so gravierend, daß sie nicht ausnahmslos in die Abschrift mit übernommen werden konnten, um den Leser nicht vom eigentlichen Inhalt der Mitteilungen abzulenken.
Doch gerade diese Flut von Fehlern, neben den stilistischen Merkmalen, bieten eine zusätzliche Gewähr für die Echtheit der Niederschrift.
Einige dieser immer wiederkehrenden Fehler:
Ich hofe (hoffe), wil (will), wider (wieder), Komplitze (Komplize), Mulionär (Millionär), überfaln (überfallen), Kleiderbracht (Kleiderpracht), hinreißen (hinreisen), kabut (kaputt), furchbar (furchtbar), mir sagten (wir sagten), mir haben ihn ausgelacht (wir haben ihn ausgelacht), damit ihr sät (damit ihr seht).

Der erste Brief endet - mit originalgetreuer Schreibweise und Interpunktion: "Was gibts Neues zu Hause u sind schon wider ein fort kommen. Sonst hab ich noch keinen getrofen. Ich hofe der Brief wird Euch Alle Gesund anträfen u gebt mir Bald wider Antwort die Adresse ist noch die Gleiche. Haben die Leute schon Bald alles zu Hause vom feld da die Leute doch fehlen. Jetzt mit dem Krieg. Komt der Vater auch hie und da rauf von Weil. So nun muß ich schließen und sende Euch Allen die herzlichsten Grüße
aus Weiter Ferne
Viele Grüße Eigens an Buben u Kathi was sagens Alles von mir seitdem ich fort bin u macht Euch keine Sorgen Es wird schon durchgehen. Viele Grüße an Alle Mühlhauser die werden sich den Krieg ganz Leicht Vorsteln. Aber da haben die Leute keine Ahnung Vorgestern Hauptmann Bauchschuß u viele Verwunde.
Nochmals Viele (dann am rechten Rand des Briefes weiter) Grüße euer Vater - Bald schreiben"

Über die Echtheit dieser Briefe gibt es keinen Zweifel. Sie wurden nicht nur auf Schriftart untersucht, sondern auch nach Papier und anderen Maßstäben.

Der Schreiber der beiden Feldpostbriefe Andreas Rill von Untermühlhausen, wurde später über den Kriegsgefangenen befragt und hatte noch einiges dazu zu sagen.
Bei einer Unterhaltung mit dem aus seinem Heimatdorf stammenden Pater Balthasar Gehr, erzählte Rill über die Zukunftsaussagen des französischen Kriegsgefangenen: "Die kriegführenden Staaten seien Rußland, Türkei, Deutschland, Polen und Frankreich. England und Amerika seien mit sich selber beschäftigt.
Der dritte Krieg würde 28 oder 58 Tage dauern. Ich habe

es nicht mehr in der Erinnerung. Er sagte, als wir ihn bedrängten, immer nur wieder: 'Wenn ihr wüßtet, was ihr vor euch habt, würdet ihr große Augen machen!' "

Der Historiker Pater Frumentius Renner OSB vom Kloster Sankt Ottilien, hatte die Briefe 1941 von Dr. Philipp Arnold, Hausarzt der Rill Familie in Schwabhausen erhalten und machte damals eine Abschrift davon. Professor Bender aus Freiburg, erhielt den ersten der beiden Briefe im Jahre 1945, verglich sie mit der Abschrift des Paters und fand sie korrekt in jeder Beziehung. Auch die Schrift wurde verglichen mit Postkarten, die der Feldpostbriefschreiber während dem 1. Weltkrieg geschrieben hatte.

Pater Frumentius hatte zudem noch beide Briefe fotografiert und dem Professor zur Verfügung gestellt. Er kommentierte dazu, was er zusätzlich noch von Rills Witwe und seinem Sohn hatte erfahren können. Zum Beispiel, wie Andreas Rill die Briefe während dem Dritten Reich verstecken mußte, und - was damals noch gesagt wurde, als der Gefangene die Voraussagungen gemacht hatte:

"Nun -, es war Mitte August, schon in der Dämmerung, die Kompanie war in einem evakuierten Dorf, das die Franzosen verlassen hatten, untergebracht, als in einem Garten ein Mann gesehen wurde, der sich davon machen wollte. Nachdem er gefaßt worden war, wurde er zum Leutnant gebracht und verhört.

Die Soldaten, darunter auch der Briefschreiber Rill, waren beim Kartenspielen und hatten zunächst kein Interesse an dem was neben ihnen geschah. Sie hatten eher noch gelacht über das was der Gefangene m Leutnant gesagt hat. So ist es nicht verwunderlich wenn der Soldat Rill beim Schreiben die Geschehnisse nicht im chronologischen Ablauf wiederholt hatte.

Auf die Verspottung durch einen Unteroffizier wandte sich der Gefangene zu ihm und sagte: 'Sie sind ein abgrundschlechter Mensch. Sie sind es nicht einmal wert begraben zu werden. Ihr Fleisch werden die Raben zerhacken.' Auch das ist dann später in Erfüllung gegangen in Verdun. Der Unteroffizier kam ums Leben und lag direkt in der Feuerlinie - wochenlang. Es traf ein, daß die Raben tatsächlich sein Fleisch von den Knochen gehackt haben. Man konnte seine Gebeine nur noch mit Hilfe der Erkennungsmarke identifizieren. Das machte natürlich auf die Soldaten einen ungeheuren Eindruck."

Professor Bender teilte vor einigen Jahren einem geachteten Forscher auf diesem Gebiet, Wolfgang Johannes Bekh in einem Brief mit:

"...Zusammen mit meinem Mitarbeiter, Dipl.-Psych. Eberhard Bauer, bin ich der Sache mit den Feldpostbriefen nachgegangen. Es ist in der Tat so 'sensationell', wie es klingt. Zur Zeit (1976) betreibe ich im Elsaß Recherchen, um den 'unbekannten Franzosen' vielleicht zu ermitteln. Von der Familie erhielten wir die Auskunft, daß der Visionär gesagt habe, er sei Freimaurer und gehöre einer Loge in Colmar an. Das ist ein Anhaltspunkt. Mit den politischen Prophezeiungen ist diese Sache ein Unikum; nirgends finden sich sonst so genaue Zeitangaben."

Diese Verbindung zur Freimaurerei könnte vielleicht auch die immer wieder geäußerte Betonung des Gefangenen erklären, von '...dunklen Männern die Unheil bringen und in der ganzen Welt verteilt sind, ihre Zahl - sieben.'

Der Eismeerfischer - Anton Johansson

Als älteste von sieben Geschwistern wurde er am 24. Mai 1858 in der schwedischen Provinz Västerbotten, in Mosjöen, evangelische Pfarrei Tärna, geboren. Durch Mißernten verarmt, wanderte die Familie 1874 nach Norwegen aus und Anton Johansson lebte dort im Land der Mitternachtssonne am Nordkap, in Lebesby, Provinz Finnmarken, als Ackerbauer und Fischer. Er half aber auch in der Gemeinde mit als Hilfspolizist und war auch einige Jahre lang Assistent der norwegischen Landesvermessungskommission.

Schon seit frühester Jugend hatte Anton Visionen und eine innere Stimme hatte ihm gesagt, er sei berufen, die Menschen vor Unheil zu warnen. Möglicherweise blieb er deshalb unverheiratet bis er am 10. Januar 1929 in seinem Häuschen in den Bergen beim Laxefjord am Nordkap starb.

Durch die hellseherischen Fähigkeiten, die sich schon seit seiner Jugendzeit bemerkbar gemacht hatten, sah er nicht nur kommende Unglücksfälle aus seiner Umgebung voraus, sondern auch die Erträge des Fischfangs und der Landwirtschaft. Er sah mit seinem zweiten Gesicht Pfarrer, Lehrer und Beamte die später in den Ort kamen, manchmal schon jahrelang vorher und erkannte sie sofort wieder wenn sie tatsächlich ins Dorf kamen.

Er betätigte sich auch als Gesundbeter und sah mitunter an Mördern das Kainszeichen, wie einen breiten schwarzen Streifen im Gesicht.

Den großen Vulkanausbruch von St. Pierre in 1902, die verheerenden Erdbeben von San Francisco in 1906 und Messina in 1907 sah er voraus und entnahm dann immer aus der Zeitung, daß ihn sein zweites Gesicht nicht getäuscht hatte.

Am 14. November 1907 hatte Johansson eine 'Mega-Vision': Die gesamte Geschichte des kommenden Jahrhunderts rollte vor seinem inneren Auge ab - wie ein Film. Der Seher war ein Mann von einfacher Schulbildung und zudem tief religiös. Es war ihm, als wäre ihm Jesus selbst erschienen und ihn angehalten mit diesem Wissen von der schrecklichen Zukunft, die Mächtigen dieser Erde zu warnen und sie zur Umkehr von ihrem sündhaften Treiben zu mahnen. Er war aber nicht in der Lage das Gesehene mit all seiner Vielfalt schriftlich festzuhalten. Er teilte sie dem Stockholmer Ingenieur Gustafsson mit, der diese Visionen ausführlich in einem Buch zusammenfaßte, das 1919 in schwedischer Sprache herausgegeben wurde.

Kritiker bemängeln die Unordnung und oftmalige Wiederholung in der schriftlichen Wiedergabe dieser Visionen. Aber gerade das spricht für ihre Authentität. Die Erklärungen eines einfachen Mannes über das Erschütternde das er gesehen hatte.

Johanssons Bestrebungen; die ihm zuteil gewordene Nachricht und Mahnung an die Mächtigen der Welt zu überbringen finden einige Kritiker rührend, andere wiederum lächerlich. Doch man vergleiche hierzu die Mitteilungen in La Salette und Fatima, und selbst die fruchtlosen Bestrebungen von Bartholomäus Holzhauser.

Mit seinem 'Auftrag' reiste der Eismeerfischer wiederholt nach Oslo und Stockholm, er sandte Botschaften an Regierungen und wissend, was bevorstand, versuchte er im Dezember 1913 sogar den deutschen Kaiser zu warnen vor dem nahenden Krieg. Nach dem Krieg (dem I. Weltkrieg) reiste Johansson tatsächlich nach Deutschland.

Selbst seine schärfsten Kritiker bezweifeln nicht, daß Johanssons Vision die Folge einer naturgegebenen seherischen Fähigkeit war. Bezweifelt werden lediglich die übereifrigen, religiösen Darstellung der Gesichte in Gustafssons Buch: "Der Herr sprach zu mir... Jesus ließ mich sehen...usw."

Ob die Voraussehungen von einem kindlich frommen Gemüt in eine religiöse Sphäre gehoben worden sind oder ob es sich tatsächlich um religiöse Offenbarungen handelte, möge der Leser selbst beurteilen.

Anton Johansson berichtet, daß ihm in der Nacht vom 14. November 1907 Christus erschienen sei, der ihm die Zukunft offenbarte und ihn dann anwies, die Mächtigen der Erde vor dem kommenden Unheil zu warnen und sie zu ermahnen, das fürchterliche Geschehen durch Umkehr und Buße von den Völkern abzuwenden.

Die Zukunftsvision selbst offenbarte auf verschiedene Art Kriege und Katastrophen. Eine lange Reihe von Jahreszahlen begleiteten die Bilder bis in die ferne Zukunft.

Der Seher hatte Mühe die enorme Fülle der Eindrücke aufzunehmen und zu behalten. Am zuverlässigsten merkte er sich das, was ihn am meisten interessierte: Die zukünftige Umgebung seiner Familie und das Schicksal Skandinaviens.

Zunächst schaute er den Balkankrieg (1911-1913), dann den Untergang der Titanic 1912 und dann den Weltkrieg 1914-1918.

Er sah die Landschaft, in der er beim Ausbruch dieses Krieges beschäftigt sein sollte, sah die Offiziere, denen er als Assistent zugeteilt werden würde. Aus dem Stand der Sonne konnte er auch erschließen, um welche Jahreszeit es geschehen würde.

Dann überblickte er, aus enormer Höhe schauend, den gesamten Erdteil, das Geschehen des Krieges, die russische Revolution und den unglücklichen Ausgang des Krieges für Deutschland.

Er sah auch noch andere Ereignisse, Katastrophen und Kriege, die sich von 1918 bis heute erfüllt haben und noch

in Erfüllung gehen werden.
Ähnlich wie bei dem niederbayerischen Seher Irlmaier, (siehe S.245) zeichnet sich auch bei Johansson der dritte Weltkrieg ganz deutlich ab. Nur sieht er das Ganze über den gesamten Erdteil, während Irlmaiers Vision vom III. Weltkrieg sich hauptsächlich auf Bayern und Deutschland beschränkte.

Anton konnte sich die Zusammenhänge mitunter nicht merken und brachte die Reihenfolge durcheinander.

Gustafsson, der Verfasser des Buches über Johanssons Zukunftsvisionen, hat nach eigenem Geständnis in der ersten Auflage (1919) vieles durcheinander gebracht und verwechselt.

In der letzten Auflage von 1953 machte er es nicht viel besser und die Zukunftsschilderungen in den Seiten 16 bis 19, sind ein arges Durcheinander. Man kann davon nur wenig auf den Zweiten Weltkrieg beziehen.

Etwa, daß Rußland ''sozialistisch'' und größtenteils von Deutschen besetzt ist, und daß auch Norwegen von Deutschen besetzt ist, die aber nur gekommen sind, - ''um England daran zu hindern, mit den Russen gemeinsame Sache zu machen''.

Man weiß nicht, ob Antons Naivität oder Gustafssons Einstellung dafür verantwortlich sind, daß der Herr in seinen Äußerungen gar so sehr für Deutschland Partei ergreift, und sogar antisemitische Töne anklingen läßt.

Deutschland wird in beiden Kriegen als daran unschuldig hingestellt. Aber es kommt sogar noch mehr. Nachdem Gustafsson die Verruchtheit Baruchs und Morgenthaus, und ihre Zusammenarbeit mit den Kommunisten dargetan hat, nennt er auf Seite 184 ''Deutschland als Zuchtrute Gottes...''

Gustafsson schreibt: ''Aus den Gesichtern Johanssons geht klar hervor, daß der deutsche Idealismus seine Wurzel im Willen Gottes hatte..., daß alle, die Deutschlands Verderben suchten, schwer dafür bestraft werden ...die Amerikaner werden es noch tief bereuen, daß sie unbewußt dem Judasgeist ihr Mitwirken zum Verderben Deutschlands geliehen haben..."

Aber es kommt noch besser (auf Seite 177): "Der zweite Weltkrieg begann, als Churchill und seine Auftraggeber, Deutschland 1939 den Krieg erklärten. Dieses hatte nur einen Korridor durch Westpreußen verlangt. Churchill verweigerte dies und gab dadurch die Veranlassung zum Weltkrieg..."

P. Dr. Norbert Backmund in seinem Buch 'Hellseher schauen in die Zukunft' Verlag Morsak - Grafenau, führt noch mehrere solche Hetztiraden des schwedischen Verfassers Gustafsson auf, und meint schließlich: "...Ich meine, das geht zu weit. Mit solch frommen Worten hätte selbst ein Göbbels das Nazisystem nicht zu verteidigen gewagt!"

Schließlich endet er diese Beurteilung von Gustafssons einseitigen Interpretationen mit: "Doch kehren wir zurück zu Antons Gesichten..." Und daran wollen auch wir festhalten.

Für den Dritten Weltkrieg sieht Johansson voraus, daß Persien (Iran) und die Türkei von - vermutlich russischen(?) Truppen erobert werden, und ihre Ölquellen und Reichtum verlieren.

Indien wird durch die Chinesen erobert.

Die Engländer verlieren ihre Machtstellung in Indien für alle Zeiten. (Hier konnte sich Anton nicht mehr genau erinnern. Die Engländer verließen Indien bereits 1948. Jedoch diese Voraussage, 40 Jahre bevor sie geschah, ist trotzdem sehr beachtlich.)

Ein 'Bakterienkrieg' verursacht den Tod von etwa 25 Millionen Menschen.

(Die Auswirkungen eines Atomkrieges bezeichnet Gustafsson stets als 'Bakterienkrieg'. Beide Begriffe waren Anton

Johansson sicher unbekannt. Er sprach nur von 'Krankheiten und Waffen, die jetzt noch unbekannt sind.)

Der Balkan wird von den Russen erobert. Es wird ihm sehr schlecht gehen.

In Italien sind große Zerstörungen, dadurch viele Obdachlose.

Durch Ungarn, Österreich, Norditalien und die Schweiz wird die rote Sturmflut gegen Frankreich anrollen. Dieses wird von innen und außen erobert.

Die dortigen amerikanischen Waffenlager fallen in die Hände des Ostens. Der Bolschewismus wird eine Zeitlang der Herr Frankreichs sein, und von dort aus Krieg gegen England, Spanien und Skandinavien führen.

Der Krieg wird 'furchtbar' für die Welt und vor allem für Frankreich sein.

Bisher unbekannte Krankheiten werden bei Massen von Menschen, vor allem bei der Jugend Frankreichs, Blindheit, Wahnsinn und völlige Zerstörung des menschlichen Körpers hervorrufen. (Aids, Rinderwahn..?)

Deutschland wird vom Osten her angegriffen. Es entsteht dort Bürgerkrieg, Deutsche werden gegen Deutsche kämpfen. Es wird jedoch, wie Polen und andere Länder im Osten, wieder frei.

Finnland wird überfallen und unterdrückt. Die Russen, und auf ihr Geheiß die Franzosen, fallen in Schweden und Norwegen ein. Göteborg wird von den Franzosen erobert. Die beiden Königreiche verlieren den Krieg und müssen ihre Nordprovinzen an die Russen abtreten.

England und alle Länder um die Ostsee werden von einer entsetzlichen Sturmflut zerstört, ein Teil von Schottland wird ins Meer versinken, Städte werden untergehen.

Englands Währung wird sinken, es wird den größten Teil seiner Kolonien verlieren, der Ostblock wird in England eine

Revolution (Anton spricht eigentlich von einer Explosion) verursachen, deren Blutigkeit bei weitem den deutschen Bürgerkrieg übertreffen wird.

Es kommt zu einem blutigen Krieg in Irland, zu Aufständen und Blutvergießen in Südwales. Englands Großmachtstellung wird für alle Zeiten vernichtet sein.

Anton hörte viel über Amerika, bemühte sich aber wenig, alles zu behalten.
Den Vereinigten Staaten drohen nach 1907 fünf Kriege. (Sind vier bereits vorbei? Erster - (1917/18) und Zweiter Weltkrieg (1941/45), der Korea- und der Vietnamkrieg, der nächste - ?)

Einer dieser Kriege soll durch Verwicklungen mit Kanada entstehen. Rußland wird einen Massenangriff gegen dieses Land richten, wodurch ein Großteil der amerikanischen Truppen gehindert wird, dem bedrängten Europa zu Hilfe zu eilen.

Infolge neuer Waffen kommt es in USA zu fürchterlichen Orkanen und Brandkatastrophen, die größten Städte werden zerstört.
Ein solcher Orkan, der alles verwüstet, zieht in nördlicher, dann nordöstlicher Richtung über die Vereinigten Staaten nach Europa, wo er vor allem die Mittelmeerstaaten verheert und sich dann im Osten verliert. Ein Viertel der gesamten Menschheit fällt diesem Krieg zum Opfer.
Zuletzt brechen in den USA zwei Bürgerkriege aus, die zur Zersprengung des Landes in vier oder fünf Teile führen.

Neben diesem großen Geschehen sieht Anton auch viele andere Einzelheiten, so den Währungsverfall und die Preissteigerung auf der ganzen Welt, die Rückkehr vieler Juden nach Israel, den Verlust der holländischen Kolonien

in Asien, und vieles mehr.
(Hier bezeichnet sich Gustafsson in seinem Buch S. 176, als Hüter großer Geheimnisse: "... noch viele andere Dinge über die Zukunft der Menschen bekam Anton zu sehen, die nie veröffentlicht werden. Sie befinden sich nur in den Aufzeichnungen des Verlegers, sowie in dessen Gedächtnis als zukünftige Wegleitung.")
In England und Deutschland gibt es Massen von Christen, während Rußland und Frankreich leicht sind auf Gottes Waagschale...

Die von einem Schweizer Gelehrten, Prof. S. Müller-Markus gemachte Zusammenstellung der Johansson Prophezeiungen und ihre kritische Durchleuchtung:
E - was sich von den Prophezeiungen Johanssons bereits erfüllt hat,
N - was sich noch nicht erfüllt hat,
W - Dinge, deren Erfüllung wahrscheinlich ist
U - Dinge, deren Eintreffen unwahrscheinlich ist.
(Diese im Jahre 1971 von Prof. Müller-Markus gemachte Aufstellung ist im Sommer 1994 nach neuesten Erkenntnissen ergänzt worden und das seither Eingetroffene mit einem * versehen worden.)

E: Untergang der Titanic 1912
    Weltkrieg 1914, Anfang Juli oder August
    Ostpreußen von den Russen verheert
    Jerusalem im Krieg eingenommen
    Balkankrieg 1912/13 -
    (und im ehem. Jugoslawien seit 1991)
    Revolution in Rußland, Finnland unabhängig 1917
    USA greift in den Weltkrieg ein 1917
    Frieden von Brest-Litowsk 1918

England führt Krieg in Irland 1916 (seit 1968 - IRA)
Revolution in Rußland, Österreich und Deutschland 1918
Italien 1922 und 1945
USA Rassenkonflikte und gewalttätige Krawalle,
Krieg und Unruhen in Indien, China 1924, 1972 und seit den spätachtziger Jahren *,
Unruhen in England durch die IRA, *
in Spanien durch die Basken *
Juden kehren nach Jerusalem zurück (Israel 1948) 1967
England verlor außer Indien auch Ägypten (= Suez)
Holland verliert seine Kolonien in Asien
Obdachlosigkeit wegen Erdbeben in Italien und Jugoslawien
1953 herrscht Kommunismus in vielen Ländern (ein Drittel der Erde)
Serbien und Rumänien geht es schlecht, 1941, 1945 und jetzt*
Kroatische 'Säuberungen' (Bürgerkrieg im ehem. Jugoslawien)*
Bisher unbekannte Seuchen treten auf: AIDS, Rinderpest,*
Innere Zersplitterung Deutschlands (von 1945 bis 1989)*
Sozialistische Regierungen in Skandinavien*
Grubenunglücke und Überschwemmungen (letztere besonders 1994, 'Jahrhundert-Überschwemmungen' in Europa und USA)*

Nicht eingetroffen sind bisher folgende Prophezeiungen:
Krieg zwischen Spanien und Frankreich
Unruhen in Wales (außer Arbeiterstreiks und IRA Aktivität *)
Krieg in Schweden, Frankreich und Rußland
(in Teilen der ehemaligen UdSSR*)
Allgemeiner Weltkrieg

Folgende nicht eingetretene Prophezeiungen werden sich nach Prof. Müller-Markus wahrscheinlich noch erfüllen:
Rußland verliert einen Teil Siberiens an China (seit dem Fall des kommunistischen Regimes, ist z.b. die Mongolei und andere Teile der ehemaligen Sowietunion für Rußland verloren gegangen.) *?
Orkan von der Nordsee bis USA
Krieg in der Türkei (seit Jahren herrscht dort Bürgerkrieg mit Kurden) *?
Fünf Kriege für USA. Eingetroffen sind: 1. und 2. Weltkrieg, Korea und Vietnam. Es bleibt der 3. Weltkrieg..?
Verwicklung in Kanada. (Staatschef Trudeau hat 1971 mit Moskau heimlich einen Nichtangriffspakt geschlossen, ist heute Neutralist, zog seine Nato-Truppen aus Europa zurück.)
Bürgerkrieg in USA (Durch Rassenkonflikte und andere Probleme eine immer größer werdende Wahrscheinlichkeit.)
Ein Viertel der Menschheit geht zugrunde. (Seuchen und Radioaktivität)
Deutschland verraten und überfallen (Es sei denn, man sieht den Ausbruch des 2. Weltkriegs so wie der Herausgeber der Johansson Prophezeiungen - Gustafsson.)
Indien durch China erobert (oder verwechselte Anton etwa Tibet mit Indien?)
Persien und Türkei von den Russen (?) besetzt. (Meinte damit der Seher vielleicht Afghanistan? Oder waren die gesehenen Soldaten UN Truppen? Aber wie sollte Anton Johansson das wissen?)
Neuer Balkankrieg (im ehem. Jugoslawien) *
Rote (?) Armee rückt von Ungarn aus über Österreich und Italien in die Schweiz und nach Frankreich ein, südlicher Armee-Keil in Richtung Pyrenäen

Frankreich wird vom Kommunismus von innen und von außen her erobert

Furchtbarer Krieg um Spanien, wo sich der Landkrieg in Europa wahrscheinlich entscheidet. (Wegen der USA Basen? - oder die Nähe des Unruheherdes in Nah-Ost?)

Es ist hingegen (nach Prof. Müller-Markus in 1971) sehr unwahrscheinlich, daß folgende nicht eingetroffene Voraussagungen sich noch erfüllen werden:

Lungenschwindsucht allgemein (Die Weltgesundheitsorganisation meldet jedoch 1994 weltweite steigende Bronchialprobleme wegen Umweltverschmutzung. Die Erreger sind z. Tl. resistent gegen Antibiotika) *?

Handel in Finnmarken (Finnland?) in russischer Hand

Frankreich greift aus der Luft Skandinavien an

Deutscher Reichstag will Skandinavien helfen (1941/ 45?)

Österreicher und Deutsche sind sich nicht einig, ob sie Skandinavien helfen sollen (EG - Politik?)

Dänemark wird Frieden haben

Rußland wird nicht mehr seine frühere ausgedehnte Macht haben. (Hier irrte Prof. Müller-Markus ganz gewaltig, nicht aber der Seher A. Johansson!) *

Voraussetzungen für das Ausbrechen eines 3. Weltkrieges sind nach Johansson folgende Umstände:

Es ist Sommer in Nordschweden, es gibt neue furchtbare Waffen

Bei Kriegsausbruch eine sozialistische Regierung in Schweden

Englischer Krieg in Irland, trifft zu (IRA- Bürgerkrieg*?)

In norwegischen Gebirgen noch kein Schnee

Orkan im Frühjahr oder Herbst

Nicht verschwiegen werden soll, daß Johansson den Ausbruch des Dritten Weltkrieges falsch voraussah oder sich an das Gesehene falsch erinnerte.

Er sagte: "1953 oder 1958" - also hatte er die Daten vielleicht nicht genau gesehen - oder sie verwechselt? Nahegerückt war allerdings ein möglicher Ausbruch dieses gefürchteten Weltkrieges am 27. November 1958, als Chruschtschow den Viermächtestatus von Berlin kündigte, und am 27. Oktober 1962 wegen der Missile-Krise in Kuba.

Nach Angaben hoher Militäroffizieren der Ostblock-Länder, ist die Welt seit 1960 mindestens viermal knapp am großen Krieg vorbeigekommen.

"Daher", meint Norbert Backmund, "können prophetische Daten auch auf mögliche Kriegsausbrüche verweisen, die aber immer wieder hinausgezögert werden."

Der Seher Franz Kugelbeer

Dieser Bauer aus Lochau bei Bregenz, hatte 1922 Visionen, zuerst im Traum, später im Wachzustand.

"Über Nacht kommt die Revolution der Kommunisten, verbunden mit den Nationalsozialisten, der Sturm über Klöster und Geistliche. Die Menschen wollen es zuerst nicht glauben, so überraschend trifft es ein. Viele werden eingekerkert und hingerichtet. Alles flieht in die Berge, der Pfänder ist ganz voll Menschen."

"Wie ein Blitz aus heiterem Himmel kommt der Umsturz von Rußland her, zuerst nach Deutschland, darauf nach Frankreich, Italien und England."

"Allerorts ist Aufruhr und Zerstörung. Es ist an einem Ort eine lange, breite, von Soldaten umsäumte Straße, darin jung und alt, Frauen, Kinder und Greise. Am Straßenrand steht eine Köpfmaschine, die der Oberhenker durch einen Druckknopf in Betrieb setzt, zu beiden Seiten von je zwei Henkern unterstützt. All diese Menschen werden enthauptet. Es fließt so viel Blut, daß die Köpfmaschine zwei- bis dreimal versetzt werden muß."

"Finsternis von drei Tagen und Nächten. Beginn mit einem furchtbaren Donnerschlag mit Erdbeben. Kein Feuer brennt. Man kann weder essen noch schlafen, sondern nur beten."

"Blitze dringen in die Häuser, gräßliche Flüche von Teufeln sind zu hören. Erdbeben, Donner, Meeresrauschen. Wer neugierig zum Fenster hinausschaut, wird vom Tode getroffen. Man verehre das kostbare Blut Jesu und rufe Maria an. Die Teufel holen die Gottlosen bei lebendigem Leibe. Vergebens flehen diese um Verlängerung ihres Lebens. Es herrscht die Pest, große schwarze Flecken am Arm sieht man. Schwefeldämpfe erfüllen alles, als wenn die ganze Hölle los wäre."

"Ein Kreuz erscheint am Himmel. Das ist das Ende der Finsternis. Die Erde ist ein Leichenfeld wie eine Wüste. Die Menschen kommen ganz erschrocken aus den Häusern. Die Leichen werden auf Wägen gesammelt und in Massengräbern beerdigt. Es fahren weder Eisenbahn noch Schiffe, noch Autos in der ersten Zeit. Die Fabriken liegen still, das rasende Tempo früherer Zeit hat aufgehört."

Der Seher von Vorarlberg

Der Benediktinerpater Ellerhorst schrieb nieder, was im Jahre 1922 ein Bauer aus der Bregenzer Gegend in seinen Visionen gesehen hatte. Hier die Aufzeichnung der Gesichter:

1. Christus weicht vor der andrängenden menschlichen Bosheit zurück und überläßt die Menschheit sich selbst und dem Fürsten der Finsternis.

2. Allgemeine Verderbnis und große Hungersnot. Man wird selbst Baumrinde mahlen, um daraus Mehl zu gewinnen; auch das Gras auf den Wiesen wird als Nahrung verwendet werden.

3. Politische Revolten, in deren Verlauf viele eingesperrt und hingerichtet werden. Flucht auf die Berge und Massenandrang bei den Pfandleihern.

4. Das Unheil wird ganz plötzlich aus Rußland kommen. Zuerst wird es Deutschland treffen, dann Frankreich, Italien und England. Überall Tumulte und Zerstörung.

5. Der Seher sieht eine breite lange Straße. Zu beiden Seiten stehen Soldaten; am Straßenrand Männer, Frauen, alte Leute und Kinder, und eine Guillotine mit zwei Scharfrichtern; das Blut der Geköpften fließt in Strömen.

6. Die Rheingebiete werden durch Flugzeuge und eindringende Heere zerstört.

7. Paris wird in Brand gesteckt und vernichtet; Marseille wird in einen Abgrund der sich um die Stadt herum gebildet hat, versinken und wird von einer Sturmflut zugedeckt werden.

8. Massenmord in Rom, Haufen von Leichen. Der Papst flieht mit zwei Kardinälen in einem alten Wagen bis Genua, dann in die Schweiz. Dann kommt er nach Köln, wo er im Dom einen neuen Kaiser weiht, dem Haupt und Hände gesalbt werden. Er empfängt mit einem langen Schwert den Ritterschlag, dann die alte Reichskrone, den weißen Um-

hang mit der goldenen Lilie, das Zepter und den Reichsapfel. Er tauscht das Zepter gegen ein Kreuz aus und schwört der Kirche Treue und verspricht ihr seinen Schutz.

9. Drei Tage und drei Nächte lang Dunkelheit. Sie beginnt mit einem fürchterlichen Donner oder Erdbeben. Es wird kein Feuer brennen. Man wird weder essen noch schlafen können, nur beten. Nur geweihte Kerzen werden brennen. Blitze werden in die Häuser eindringen. Erdbeben und Meeresbeben. Die einen werden Jesus und Maria anrufen, die anderen werden fluchen. Schwefeldämpfe und Gestank erfüllen die Luft.

10. Ein Kreuz erscheint am Himmel wie am Anfang des Gesichts. Das bedeutet das Ende der Dunkelheit. Die Erde liegt verlassen da wie ein riesiger Friedhof. Verschreckt kommen Menschen aus den Häusern. Die Toten werden zusammengelesen und in Massengräbern beigesetzt. Auf den Straßen ist es still, und in Fabriken arbeitet keine Maschine, weil niemand da ist.

11. Die Überlebenden sind heilige Menschen. Die Erde verwandelt sich in ein Paradies. Der Seher hört lautes Beten, - in deutscher Sprache.

12. Die Güter werden unter die Überlebenden verteilt. Man begibt sich in die am stärksten entvölkerten Gebiete. Die Leute kommen von den Bergen herunter, um in den Ebenen zu leben, wo die Arbeit nicht so schwer ist. Die Engel stehen den Menschen mit Rat und Tat bei.

Elena Aiello

Die heilig gesprochene Nonne Elena Aiello machte ziemlich deutliche Aussagungen über kommenden Zeiten. Berühmt geworden ist sie eigentlich durch die Prophezeiungen, die sie Benito Musselini bezüglich des Zweiten Weltkrieges gemacht hatte.

Hier sind Auszüge aus ihren Voraussagungen für die Zukunft:

Ihre Botschaft vom Jan. 1950:

'Eine gottlose Propaganda hat viele Irrtümer in der Welt verbreitet und überall Verfolgung, Zerstörung und Tod verursacht.

Wenn am Himmel ein außergewöhnliches Zeichen erscheint, dann mögen die Menschen wissen, daß die Bestrafung der Welt nahe ist.'

Botschaft April 1952:

'Ich will, daß man weiß - die Geißel ist nahe. Nie gesehenes Feuer wird sich über die ganze Erde senken und ein Großteil der Menschheit wird vernichtet werden. Es werden Stunden der Verzweiflung sein für die Gottlosen; mit Geschrei und satanischen Flüchen werden sie darum flehen, die Berge mögen sie bedecken, und sie werden versuchen, sich in die Höhlen zu flüchten, aber es wird vergeblich sein...

Alle, die ihre Schuld nicht bereuen wollen, werden in einem Flammenmeer zugrunde gehen...

Rußland wird fast vollkommen niederbrennen. Auch andere Nationen werden verschwinden...'

(Hier könnte man das Brennen auch als Verstrahlung oder einer Nuklearkatastrophe verstehen.)

Die Botschaft von April 1954:
'Die Welt ist in einen Abgrund maßloser Verderbnis gesunken... Die Regierenden sind zur wahren Inkarnation des Bösen geworden; während sie von Frieden sprechen, rüsten sie und bereiten die tödlichsten Waffen vor, - um Völker und Nationen zu vernichten.'

(Botschaft vom April 1955)
'Der Zorn Gottes ist nahe und die Menschheit wird großes Unglück erleiden müssen: blutige Revolutionen, starke Erdbeben, Hungersnöte, Epidemien und schreckliche Orkane, die Flüsse und Meere über die Ufer treten lassen. Die Welt wird durch einen neuen schrecklichen Krieg erschüttert werden. Tödlichste Waffen werden Völker und Nationen vernichten.

Die Diktatoren der Erde, wahre höllische Ungeheuer, werden die Kirchen mitsamt den heiligen Ziborien niederreißen, Völker und Nationen, und die schönsten Dinge vernichten. In diesem gotteslästerlichen Kampf wird durch den wilden Trieb und den hartknäckigen Widerstand viel einstürzen, was Menschenhand errichtet hat. Wolken wie Feuerschein werden schließlich am Himmel erscheinen, und ein Feuersturm wird auf die ganze Erde losschlagen. Diese schreckliche, in der ganzen Geschichte der Menschheit nie vorher gesehene Geißel wird siebzig Stunden dauern. Die Gottlosen werden zu Staub gemacht werden, und viele werden in der Verstocktheit ihrer Sünden verlorengehen. Dann wird man die Macht des Lichtes über die macht der Finsternis sehen.'

(Botschaft 1959)
'...Der Materialismus schreitet bei allen Völkern voran und setzt seinen durch Blut und Tod gezeichneten Marsch fort... Wenn die Menschen nicht zu Gott zurückkehren, wird ein großer Krieg kommen von Ost bis West, ein Krieg des

Schreckens und des Todes, und am Ende wird das reinigende Feuer vom Himmel fallen wie Schneeflocken auf alle Völker, ein Großteil der Menschheit wird vernichtet werden. Rußland wird in alle Länder Europas einmarschieren, insbesondere in Italien, und sein Banner wird auf der Kuppel des Petersdoms wehen...'
'Die Welt ist wie ein überschwemmtes Tal, voller Abfälle und Schlamm. Sie wird noch härtesten Prüfungen der göttlichen Gerechtigkeit ausgesetzt sein, bevor das höllische Feuer über der ganzen Menschheit lodert...

Große Katastrophen werden über die Welt hereinbrechen, sie werden allen Verwirrung, Tränen und Schmerz bringen. Starke Erdbeben werden Städte und Länder versenken. Epidemien und Hungersnöte werden fürchterliche Zerstörung bringen, vor allem da, wo die Söhne der Finsternis weilen.

Nie zuvor brauchte die Welt Gebet und Sühne so dringend wie in diesen tragischen Stunden...

Die Regierenden verstehen das nicht, ...und sie sind auch blind im Geist, weil sie die Wahrheit nicht sehen.

Auch in Italien sind sie wie reißende Wölfe im Schafsfell... helfen dazu, daß sich die Unredlichkeit verbreitet, und sie werden Italien ruinieren; aber viele von ihnen werden in Verwirrung geraten...

Gott wird seine Vorliebe für Italien zeigen, denn es wird vom Feuer verschont werden; aber der Himmel wird sich mit tiefem Dunkel überziehen und die Erde wird von schrecklichen Beben erschüttert werden, die tiefe Abgründe aufreißen werden. Städte und Provinzen werden zerstört werden und alle werden schreien, daß das Ende der Welt da ist...'

Die letzte Botschaft am 22. August 1960:
'Die Menschheit hat sich von Gott entfernt, und von den irdischen Gütern geblendet, hat sie den Himmel verges-

sen und ist in einen Abgrund maßloser Verderbnis gesunken, der nicht seinesgleichen findet, nicht einmal in der Zeit der Sintflut...

Aber der Augenblick der göttlichen Gerechtigkeit ist nahe, und er wird schrecklich sein! Grauenvolle Geißel drohen der Welt und mehrere Nationen werden von Epidemien, Hungersnöten, starken Erdbeben, gräßlichen Orkanen und Tod heimgesucht werden!

...Und wenn die Menschen in diesen Geißeln den Ruf der göttlichen Barmherzigkeit nicht erkennen und durch ein wahrhaft christliches Leben nicht zu Gott zurückkehren wollen, wird ein weiterer Krieg kommen von Ost nach West, und Rußland wird mit seinen Waffen gegen Amerika kämpfen und Europa überrollen, und vor allem der Rhein wird voll Leichen sein.

Auch Italien wird durch eine große Revolution gepeinigt werden, und der Papst wird viel leiden müssen. Der Feind wird wie ein Löwe gegen Rom vorrücken und seine Galle wird Völker und Nationen vergiften...'

Prophezeiungen über:
Drei Tage Finsternis

Möglicherweise die älteste Prophezeiung der Weltgeschichte ist die des Königs Asitavenda aus dem Reich der Ur-Indogermanen. Professor Bossert gelang es die Schrift der Hettiter zu entziffern, die u.a. 'tiefe Nächte' prophezeit für unsere Zeit. Weiter prophezeit die über 4000 Jahre alte Schrift: "...und sie schauen hinüber und herüber hinter den Mauern. Sie brüllen um ihre Schwächen zu verdecken und tun stark. ...Wenn jetzt Ordmutz der Gute (?) nicht wäre, würde wieder ein großer Kampf begonnen haben."
Sogar das Atomzeitalter sagen die Schriften der Hettiter voraus: "Aus gar jedem Stein lösen sie den Zauber, der die Materie zum Auflösen bringt und alles zerfallen läßt."
Überraschend der Satz: "Sie bauen Himmelsschiffe, denn sie wollen die gute Erde verlassen." (Weltraumraketen)
Und: "Sie stärken den Ei-Kern und erzeugen neues Leben, indem sie von Toten Glieder und Organe nehmen und sie Lebenden einpflanzen..." (Cloning und Transplantation?)

Umgerechnet in christliche Zeitrechnung, sagt König Asitavenda den Beginn eines goldenen Zeitalters voraus - für etwa 1980 und 2000.

Die selige Anna Maria Taigi verkündete 1837:

'Über die Erde wird eine ungeheure Dunkelheit kommen, die drei Tage und drei Nächte dauern wird. Nichts wird man sehen können und die Luft wird schädlich und stinkend sein und wird viel Schaden bringen.
Während dieser Zeit wird es unmöglich sein, (künstliches) Licht

anzumachen; nur geweihte Kerzen werden brennen. In diesen Schreckenstagen müssen die Gläubigen in ihren Häusern bleiben, um den Rosenkranz zu beten und Gott um Barmherzigkeit anzuflehen.
Alle Feinde der Kirche - die sichtbaren und die unbekannten - werden während dieser allgemeinen Dunkelheit auf Erden zugrunde gehen, mit Ausnahme der kleinen Gruppe derer, die sich bekehren werden, um einen neuen Papst zu wählen.'

Marie Julie Jahenny

Sie stammt aus La Fraudais, wo sie 1850 geboren wurde. Mit dreiundzwanzig Jahren empfing sie die Wundmale Christi sowie auch die Wunden der Dornenkrone. Auf der Brust wurde ihr ein Kreuz ins Fleisch gezeichnet, das wie die Wundmale jeden Freitag zu bluten begann. Seit 1883 war sie bettlägerig, ständig auf dem Rücken, ohne je ihre Stellung ändern zu können. Angeblich soll sie seit ihrer Stigmatisierung, länger als fünfzig Jahre ohne Schlaf, ohne Speise und Trank gelebt haben.

Dieses 'Leben', wenn man es so nennen kann, war ihr, wie sie sagte, von Christus zur Sühne für die ganze Menschheit vorgeschlagen worden, und sie hatte sich diesem Vorschlag nicht verweigert.

Im Zustand der Ekstase sah sie häufig Bilder künftiger Ereignisse. Am bekanntesten wurde ihr Gesicht über eine dreitägige Finsternis, die sie am 4. März 1891 mit noch einigen anderen Angaben schilderte:

'Es werden drei Tage andauernder Finsternis kommen. Während dieser schrecklichen Finsternis werden nur Kerzen aus geweihtem Wachs Licht bringen. Eine Kerze wird ausreichen für drei Tage, aber in den Häusern der Gottlosen werden sie nicht brennen. Während dieser drei Tage werden Dämonen in fürchterlicher, abscheulicher Gestalt erscheinen und die Luft wird widerhallen von ihren schrecklichen Flüchen. Strahlen und Funken werden in die Häuser der Menschen eindringen, sie werden aber dem Licht der heiligen Kerzen nichts anhaben können, denn sie werden weder durch Winde noch durch Stürme oder Erdbeben ausgelöscht werden.

Eine blutrote Wolke wird über den Himmel ziehen; das Rollen des Donners wird die Erde erbeben lassen.

Das Meer wird seine schaumgekrönten Wellen über die Erde ergießen.

Die Erde wird sich in einen riesenhaften Friedhof verwandeln. Die Leichen der Gottlosen wie die der Gerechten werden den Erdboden bedecken.

Die Verzweiflung die darauf folgen wird, wird groß sein.

Die ganze Vegetation der Erde wird zerstört werden, und zerstört wird auch der größte Teil des Menschengeschlechtes. Die Krise wird für alle plötzlich kommen, und die Strafe wird allgemein sein.'

Vision der Nonne Schwester Maria

vom Kloster 'Gekreuzigter Jesus' in Pau aus dem Jahr 1878: 'Während der drei Tage Finsternis werden all die, die sich auf dem Pfad der Verderbnis befinden, zugrunde gehen, so daß nur der dritte Teil der Menschheit überleben wird.'

Auch der Gründer der Kongregation vom 'Kostbarsten Blut' hat 1837 eine ungeheure Anzahl an Opfern vorausgesehen:

'Wer die drei Tage Finsternis und Weinen überlebt, wird sich selbst als der einzige Mensch auf Erden vorkommen, der noch am Leben ist. Denn die Erde wird über und über mit Leichen bedeckt sein.'

Mahngedicht

Ahnen - ahnen, warnen - mahnen,
sehen - flehen, schauen - Grauen!
Du wirst's erleben - sterbend eben.
Was mich trieb - zu diesem Schrieb,
soll sein von Nutz - der Kinder Schutz.
Wenn Frieden herrscht, 'Frieden' wird g'schrien,
dann ist es erst - nimmer weit hin.

Sorg Dich schon heut - tu's net vergessen,
für junge Leut'- um's Wasser und Essen.
Kerzen und Lichter - die ohne Strom,
Buch guter Dichter - und das von Rom.
Tief drunten im Keller - in felsiger Gruft,
geschützt gegen Blitze und giftiger Luft.

Bleib' aweil, sieben Tag oder mehr,
draußen geht der Tod umher.
Regen der Sterne - wie Laub von der Birk',
Tod aus der Ferne - auch Russe und Türk'.
Die Erde bebt, - hoch steigt das Meer,
wer dann noch lebt, der leidet sehr.
Auf Knien flehend, bittend und betend sind
vieltausend Männer - mitsamt Frau und Kind.

Gelber Staub tötet Mensch und Tier,
welkes Laub - gibt's kei' Rettung hier?
Die Erde reißt - der Wind bläst auf,
die Wolke reist - nach Nord' hinauf.
Lang noch sterben - ach auch die Besten,
was übrig noch - der Länder Resten.

Schlechte Führer, von nah und von weiten,
Verführer, bringen mehr schlechte Zeiten.
Doch dann naht der Retter aus dem Osten,
verjagt Unart, - Heil dem verlor'nen Posten.
Scheucht fort die Lug und seine Brut,
er endet Betrug, - die Krone sein Hut.

Gott ist wieder Herr in unsren Breiten,
alsdann kommen wieder bess're Zeiten.
Tu nur, was Du willst Dir getan,
das sei s' Gebot für jedermann.
Plane heute stets für morgen,
dann erlebst Du's ohne Sorgen.
Somit endet auch dieses Gedicht,
doch nicht dem Menschen seine Geschicht.

Karmohaksis

In dem Buch 'Le prime luci della terza era' (Die ersten Lichter des 3. Zeitalters) von Karmohaksis, das 1959 in Rom erschienen ist, sind einige einzigartige Voraussagungen enthalten, die wir hier zum Teil wiedergeben möchten.

Das 'Dritte Zeitalter' soll noch vor dem Jahre 2033 durch große Erneuerungen gekennzeichnet sein. Hier ist das 'Dritte Zeitalter' im Sinne von Joachim de Fiore zu verstehen:

Der Untergang von Teilen des alten Festlandes und das Auftauchen neuer Kontinente. Die Natur wird eingreifen, um der Neuen Menschheit neuen Raum zu schaffen, nachdem ein großer Teil der gegenwärtigen Menschheit 'verschwinden' wird.

Im Text hat der Verfasser sogar Daten angegeben die aber weniger wichtig sind, da es sich dabei um Spekulationen

handelt und nicht um aktuelle Prophezeiungen.
Ein Heranreifen kosmischer Ereignisse kann nicht an einen Menschenkalender gebunden sein. Wir werden uns also hier nur mit dem Wesentlichen befassen.

Für unseren Zeitraum werden große Überschwemmungen und Erdbeben angekündigt, so wie sie auch von anderen Sehern bereits prophezeit worden sind.

Blutige Unruhen in Paris...
Russische Invasion und der Sturz von Elisabeth II...
Weitere Erd- und Meeresbeben...
Teilweise Zerstörung von Rom und Italien durch Überschwemmungen.

Auch andere Länder werden von ähnlichen Katastrophen hart getroffen: Belgien, Holland, Rußland, Deutschland, Frankreich, Spanien und Portugal.

England wird fast vollkommen verschwinden. Auch in anderen Erdteilen (Asien, Afrika, Nord- und Südamerika, Australien) werden schwere Katastrophen geschehen...

Die Verschiebung der Erdachse hat schon begonnen und die klimatischen Verhältnisse werden sich merklich ändern.

Neue, vollkommen unheilbare Krankheiten werden auftauchen, die jedoch nach einigen Jahren wieder verschwinden werden.

Tod des 'ausländischen' Papstes.

Die Kirche ist drei Jahre lang ohne Führung, dann wird ein italienischer Papst den Stuhl Petri besteigen.

Die zivile und gesellschaftliche Organisation wird schließlich vollkommen zusammenbrechen und die Völker werden führungslos sein.

Viele der überlebenden Menschen werden wieder zu Höhlenmenschen werden und sich ähnlich ernähren müssen.

Atlantis soll wieder auftauchen...

Die Kataklysmen werden allmählich seltener werden

und schließlich fast vollkommen aufhören.

Nach dem Chaos wird ein neuer Organismus geschaffen mit dem man beachtliche Ergebnisse erreichen wird.

Die Wiederaufbauarbeiten werden mit Eifer und Weitblick vorangehen.

Atombomben und Raketen werden nicht mehr hergestellt werden.

Die Heere der Armeen werden allmählich verschwinden.

Neuartige Schiffe (Luft- und Wasserschiffe) werden gebaut, die kreisförmig sind und schneller und stabiler als die bisherigen sein werden.

Beim Wiederaufbau der großen Städte wird man darauf achten, daß sich der Straßenverkehr über den Häusern abwickeln wird.

Das Licht des Dritten Zeitalters wird in vollem Glanz unter den Völkern erstrahlen.

Eine neue, eine seelische Würde wird der Schatz der Menschen sein, und der Glaube an Gott wird immer lebendiger, tiefer und aufrichtiger werden. Wohlstand und Glück werden blühen und gedeihen.

Die sechste, große Rasse wird sich allmählich voll entfalten und fast alle Erdenwesen die ihr angehören, werden medianische Fähigkeiten haben.

Zum Abschluß wollen wir doch noch eine Jahreszahl angeben, die Karmohaksis genannt hat:
Für das Jahr 2033 prophezeit er einen Führer der Weltreligion, der von einem hohen himmlischen Wesen erleuchtet 'der erste Verfechter der Prinzipien des Dritten Zeitalters' sein wird.

Prophezeiungen verschiedener Seher

Obwohl ich eigentlich keinen Propheten aus der Bibel zitieren wollte, so komme ich doch nicht umhin in diesem Zusammenhang zumindest einige der bekanntesten Aussagen in Bezug auf das Endzeitgeschehen aufzulisten. In Mathias 2:43 heißt es: 'Sobald allen Völkern der Erde das Evangelium gepredigt worden sein wird, alsdann wird das Ende kommen.' Die Bibel ist nun schon seit mehreren Jahrzehnten in über 500 Sprachen übersetzt worden und in allen Erdteilen bekannt.

Der Prophet Ezechiel prophezeite den Juden, daß Gott sie in alle Winde verstreuen werde und sie keine Heimat mehr hätten für lange Zeiten, aber dann auch von der eines Tages eintreffenden Rückkehr der Juden nach Palästina spricht.

Jesaias prophezeit ihnen das Wort Gottes: "Ich will die Verjagten Israels zusammenbringen und die zerstreuten Juden sammeln von den vier Enden der Erde..." Dieses Ereignis ist der Vorbote für das nahenden Ende der Zeiten.

Unter dem Zionstern haben sich die Juden aus allen Erdteilen der Welt in Israel einen Staat gebaut, in ihrer uralten Heimat - Palästina.

Der Benediktinermönch aus Maria Laach

Ein unbekannter Benediktiner aus dem Kloster Maria Laach prophezeite im 16. Jahrhundert:
"Das 20. Jahrhundert wird Tod und Verderben bringen, Abfall von der Kirche, Entzweiung von Familien, Städten und Regierungen.
Es wird das Jahrhundert von drei großen Kriegen, die in Abständen von Jahrzehnten immer verheerender und blutiger werden und nicht nur das Rheinland, sondern zum Schluß

alle Grenzländer in Ost und West in Trümmer legen.
Nach einer schrecklichen Niederlage Germaniens folgt bald der nächste Krieg.
Da wird es kein Brot mehr für die Menschen und kein Futter für die Tiere geben.
Giftige Wolken, von Menschenhand gemacht, senken sich, alles vernichtend, herab. Nach diesen Tagen wird man eine Kuh an eine goldene Kette binden können, und wenn sich Leute treffen, werden sie einander fragen: Freund, wo hast du dich erhalten?''

Die Mainzer Prophetie

Eine verkürzte Abhandlung über diese Weissagung die um 1670 entstanden sein soll:

"Die Gestirne künden, es wird in Frankreich ein großer Herrscher kommen, der sein Land erst groß und dann klein machen wird... Das wird die Welt täuschen und Deutschlands Adel zum Nachäffer machen...

Es wird ein großer Mann kommen, Deutschlands Fürsten gewinnen und sich geneigt machen, für ihn die alte Welt zu erobern. Adel und Geistlichkeit wird geknechtet werden.

Um Polen und die Moskowiterey (Moskau - Rußland) wird schwer gekämpft werden, aber der Nordstern der Freiheit aufgehen. Ruhe und Erschöpfung der Völker wird kommen...

Das kommende Saeculum wird einen neuen Krieg bringen. Die englische Armada wird am Streit teilnehmen.

Zur Zeit der Kornblüte werden Deutschlands Feinde über dasselbe herfallen, aber in schwerem Ringen wird Deutschland sich der Gegner erwehren...

Und Mongoley und Polackenland wird großes Blutvergießen sehen.

Der Türk wird Deutschlands Helfer sein und seine Pferde im Rhein bei Cöln tränken...
Wunderbares wird kommen. Man wird wie die Vögel des Himmels in Lüften fliegen, mit Wagen ohne Pferde fahren...
Die Artillerie wird Kugeln schleudern, die wieder weiter schießen. Und das unlöschbare Feuer wird Städte und Orte zerstören...
Auch Frauen werden im Streiten teilnehmen. Der Witwen und Waisen wird eine große Menge sein und wehe, wehe wird die Welt schreien. Denn groß wird Hunger und Elend sein...
Und Jahre wird das Elend dauern. Und werden sterben nach der kabbalistischen Rechnung der Kreuzung des Sterns Ismael mit Joseph dreimal 5 555 555 Menschen, jung und alt...

Der Irländer John Wallich

Seine überlieferte Prophetie aus dem 17. Jahrhundert die wir einer prophetischen Sammlung von 1859 entnehmen, befaßte sich weniger mit dem Geschehen seiner Zeitgenossen und ist vielleicht gerade deshalb für uns so interessant. Über Wallich wissen wir nicht mehr als seinen Namen und Geburtsland - und die Gewißheit, daß sich einige seiner Prophezeiungen bereits erfüllt haben:

"Im letzten Zeitalter wird Deutschland in große Verwirrung und Zwistigkeiten geraten, so sehr, daß es sich selbst in Kriegen aufreibt.

Die Menschen werden von fürchterlichen Ängstigungen gedrückt werden. Not und Elend werden sie zugrunde richten.

In Sachsen und Schlesien werden große Todesfälle vorkommen, so daß man die Toten kaum bestatten kann.

Frankreichs Lilie wird fallen, ihren Glanz und ihre Blüten

verlieren, durch Schwert und Mord gebrochen und zerstört werden.

Die Fürsten werden uneinig sein und sich gegenseitig verlassen und das Römische Reich wird seine Macht gänzlich verlieren.

Doch das Glück wird den großen Adler nicht verlassen, und, wie viele Völker sich auch gegen ihn vereinen, so werden sie doch nichts ausrichten.

Die Russen werden viel Blut vergießen aber endlich, nachdem sie ihre Verbündeten verloren, verlassen mit Schande weichen.

Endlich wird der Adler allen Kriegen ein Ende machen, die Schwerter mit der Pflugschar vertauschen, und ein allgemeiner Friede wird die Welt beglücken."

Die Worte 'Sachsen und Schlesien' erinnern auffallend an Ereignisse, die - wie wir alle nur hoffen können - bereits hinter uns liegen. Auch, daß Frankreich ihren einstigen 'Glanz' und die 'Blüten' (Kolonien) verloren hat, nachdem sie durch 'Schwert und Mord' - man denke dabei nur an Indochina/ Vietnam und die afrikanischen Kolonien - zerstört wurden.
Die Russen haben schon viel Blut vergossen und nachdem die führende Macht des russischen Kommunismus ihre Verbündeten (vom 2. Weltkrieg) verloren hatte...
Welche Nation mit dem 'Adler' gemeint ist berührt der Seher nicht.

Hilarion

Er lebte als Mönch gegen Ende des 17. Jahrhunderts in Czenstochau (Polen). Seine Prophezeiungen wurden erstmals 1849 in deutscher Sprache in Wien veröffentlicht. Aus derselben Sammlung von Prophezeiungen aus dem Jahre 1859 wie die von Johann Wallich, stammt die folgende Aufzeichnung des Sehers Hilarion:

"Im Nordosten werden die Völker in großen Haufen ausziehen und bis an das mittägliche Meer viele Reiche überschwemmen.

Sie werden aufwärts des Stromes wandern, der sich mit sechs Armen ins Schwarze Meer ergießt, sowie niederwärts des Stromes von Rom, der sich in das mittägliche Meer wendet.

Unweit des Ausflusses in einer weiten Ebene wird unter Anführung eines Nachkommen des großen Adlers von der Felseninsel eine gewaltige Schlacht geliefert.

Die wilden Horden werden besiegt und ziehen den Weg, den sie gekommen, zurück; aber nur wenige werden die Wüsten ihrer Heimat erreichen.

Ehe der Komet erscheint, werden noch viele Völker, das erleuchtete ausgenommen, von Not und Elend heimgesucht werden.

Das große Reich im Meere (England), welches von einem Volke verschiedenen Stammes und Ursprungs bewohnt ist, wird durch Erdbeben, Sturm und Wasserflut verwüstet werden. Es wird in zwei Inseln geteilt werden und dabei zum Teil untergehen. Eben dieses Reich wird auch viel Unglück auf dem Meere erleiden und die weiten Besitzungen im Osten durch einen Tiger (Indien) und einen Löwen (Afrika) verlieren.

Die Völker auf der Halbinsel Europas werden durch immerwährende Kriege zu leiden haben, bis der heilige Mann kommt.

Hierauf werden jenseits des Hellespont unter der Anführung eines Adlers viele tausend Christen ein neues christliches Reich stiften und dann wird zum ersten Male wieder christliches Gebet in der Sophienkirche in Byzanz ertönen. Das große nordische Reich wird durch innere Kriege geschwächt in viele kleine Staaten zerfallen und so zur Stufe der Unbedeutendheit herabsinken."

Als Ergänzung zu diesem Auszug finden wir in einer anderen prophetischen Sammlung aus dem Jahre 1869 noch folgende Vorraussagungen, die ebenfalls Hilarion zugeschrieben werden:

"Noch ehe die christlichen Kirchen erneuert und vereinigt werden, sendet Gott einen Adler, der mit dem erleuchteten Volke unweit des Rheins und am Meer nach Norden, sowie mit mehreren andern Völkern nach Rom zieht und viele Freude und viel Gutes dahinbringt.

Ist dies geschehen, so wird ein heiliger Mann kommen und zwischen dem Adler und der Priesterschaft einen dauernden Frieden stiften. Dieser heilige Mann, dem alle Christen gehorchen, wird vier Jahre herrschen, dann aber sich hinlegen und sterben. Und bald nach ihm wird Gott drei Männer senden, die reich an Weisheit und Tugend sind. Diese werden des verstorbenen Mannes Gesetze handhaben und die reine christliche Lehre überall verbreiten."

Die geschichtliche Geschlossenheit dieser Prophetie scheint noch in der Zukunft zu liegen.
'Nachkommen des Adlers von der Felseninsel', also eines Franzosen, wenn man in dem Adler - Napoleon von der Felseninsel Korsika - sieht, als Sieger in der Entscheidungsschlacht bei Rom, und eine Spaltung der englischen Insel, von der auch andere Seher berichten.

Eine türkische Prophezeiung vom Ende des 15. Jahrhunderts hatte vorausgesagt, daß das Reich der Türken dann von den Christen zurückerobert wird, wenn die Verehrung Allahs und die Befolgung des Koran einer seichten Aufklärung gewichen ist.

Nectou

Im Gegensatz zu vielen Sehern, spricht der Jesuit Nectou in seinen Prophezeiungen aus dem 18. Jahrhundert mit schonungsloser Klarheit von den Dingen, die er kommen sieht. Nectou war ein Asket, und die Bilder die ihm offenbart wurden, entsprechen in ihrer Unerbitterlichkeit der Strenge seiner eigenen Seele.

Schon 1760 hatte er das Schafott vorausgesagt, das den König erwartete, wie die Scheunen und verborgenen Orte in denen später die Gläubigen zusammenschlichen, um das Meßopfer zu zelebrieren.

Nectou selbst erlebte diese Voraussagungen nicht mehr. Er starb 1772, und erst als die Revolution um sich griff, erinnerte man sich seiner Ankündigungen.

Die letzten dieser Voraussagungen, die 1789 begannen, sind noch nicht in Erfüllung gegangen:

"Es werden sich in Frankreich zwei Parteien bilden, die sich auf Leben und Tod bekämpfen.

Die eine wird zahlreicher sein als die andere, doch die schwächere wird siegen.

Es wird alsdann ein Zeitpunkt eintreten, so schrecklich, daß man glauben wird, das Ende der Welt sei gekommen. Das Blut wird in mehreren großen Städten fließen, die Elemente werden in Aufruhr geraten. Es wird sein wie das Jüngste Gericht im Kleinen.

In dieser Katastrophe wird eine große Menschenmenge zu Grunde gehen, doch die Bösen werden die Oberhand nicht gewinnen.

Sie werden die Ansicht haben, die Kirche gänzlich zu zerstören; doch die Zeit wird ihnen dazu nicht gelassen werden, denn diese schreckliche Periode wird von kurzer Dauer sein.

In dem Augenblick, wo man alles für verloren halten wird, wird alles gerettet sein.

Während dieser Umwälzung, die - wie es scheint - allgemein sein und nicht nur auf Frankreich erstrecken wird, wird Paris gänzlich zerstört werden...

Nach diesen schrecklichen Ereignissen wird die Ordnung wieder hergestellt werden und jedermann wird Gerechtigkeit widerfahren.

Alsdann wird der Triumph der Kirche, ihr letzter Triumph auf Erden, so groß sein, wie sie noch nie einen ähnlichen erlebte.

Wenn England anfängt, in seiner Macht erschüttert zu werden, so wird man einer allgemeinen Katastrophe nahe sein.

England wird seinerseits eine Revolution durchmachen, schrecklicher als die französische, und Frankreich wird England zur Wiederherstellung des Friedens behilflich sein."

Nativitas

Eine der aufschlußreichsten Visionen die je einem Menschen zuteil wurde, hatte im Jahre 1760 Jeanne Royer, die später im Kloster Fougères als Clarissin, den Namen Nativitas annahm.

Obwohl in einem großen Teil sicher, wie in ähnlichen Fällen, eine religiöse Halluzination vorwiegen zu sein scheint, so gibt es doch darin Stellen, die durch ihre Kühnheit aufhorchen lassen. Inmitten brennender Sorge um die Christenheit werden Ereignisse vorausgesagt, denen man eine gewisse geschichtliche Logik nicht absprechen kann. Einige Beispiele mögen dies verdeutlichen:

"Ich sehe in Gott, daß lange vor der Ankunft des Antichrist die Welt von blutigen Kriegen heimgesucht wird. Volk wird sich gegen Volk erheben; bald werden sie sich vereinigen, dann wieder sich bekriegen, bald verbündet für oder wider dieselbe Partei kämpfen; schrecklich werden die Heere zusammenstoßen und die Erde mit Blutlachen ausfüllen...

Ich sehe Berge sich spalten und mit schrecklichem Getöse bersten... Aus ihrem Innern sehe ich Flammen wirbeln, Rauch und Schwefelsäulen aufsteigen, und ganze Städte in Schutt und Asche verwandeln..."

"Darauf sah ich eine große Macht sich gegen die Kirche erheben; sie plünderte und verwüstete den Weinberg des Herrn, und gab ihn dem Hohn der Nationen preis.

Nachdem sie den Zölibat geschändet und den Mönchstand unterdrückt hatte, riß sie die Güter der Kirche an sich und bekleidete sich gleichsam mit der Gewalt des Papstes, dessen Person und Gesetze sie verachtete...

Unter denen, die die Kirche erhalten sollten, fanden sich feige, unwürdige, falsche Hirten, Wölfe in Schafskleidern, die in den Schafstall nur gegangen sind, um die schlichten Seelen zu verführen und das Erbe des Herrn den Räubern preiszugeben..."

"Wenn die Verfolgungen gegen die Kirche wie ein loderndes Feuer um sich gegriffen und selbst jene Orte in ihren Bereich gezogen haben, wo man keine Gefahr vermutete, dann wird der Herr, der aus allem seine Ehre zu ziehen weiß, plötzlich dem Feuerstrom gebieten, den Satan in seinem

Lauf aufzuhalten und den großen Baum mit seinen giftigen Früchten leichter und schneller zu Boden werfen als David den Goliath..."

"Dann wird der Glaube, der beinahe in allen christlichen Reichen gesunken war, wieder aufblühen... Und, weil die Gerechtigkeit Gottes gesühnt ist, wird Gott der Kirche viele Gnaden und auffallende Erscheinungen schenken. Die Kirche wird sich in mehreren Reichen ausbreiten, selbst an Orten, wo sie seit vielen Jahrhunderten nicht mehr bestand. Selbst viele Verfolger werden sich zu den Füßen des Gekreuzigten niederwerfen..."

"Ich sehe, daß die Kirche eines tiefen Friedens genießen wird, während eines gewissen Zeitraumes, der mir ziemlich lange zu sein scheint. Die Ruhe wird diesmal länger sein, als sie es von da an bis zum allgemeinen Gericht in den letzten Zwischenräumen der Umwälzungen sein wird.

Je mehr man sich dem Gericht nähern wird, von desto kürzerer Dauer werden auch die Revolutionen gegen die Kirche sein, ebenso wie der nachher eintretende Friede kürzer sein wird."

"...Die Verbündeten des Antichrist werden Rom mit Truppen umstellen, nachdem sie zuvor alles Land herum erobert haben. Dann wird Rom unrettbar verloren sein. Der Papst wird den Märtyrertod erleiden und seinen Stuhl wird der Antichrist einnehmen..."

"Nach dem Sturze des Antichrist und seiner Anhänger wird das Weltgericht nicht sogleich eintreten... Es werden noch viele, ungezählte Jahre vergehen, bis der Menschensohn kommt."

In dieser Vision schildert sie auch ein kurzes Zwiegespräch mit Christus, der ihr auf einer Anhöhe stehend erschienen war und auf die nahe dem Horizont stehende strahlende Sonne zeigte:

'Die Welt ist vergänglich', sprach er, 'und die Zeit meiner letzten Ankunft naht. Wenn die Sonne untergeht, ist der Tag vorüber und die Nacht bricht an. Alle Jahrhunderte sind vor mir wie ein Tag; urteile also, wie lange diese Welt noch bestehen wird, indem du den Weg betrachtest, den die Sonne noch bis zum Untergang zurückzulegen hat.'
"Ich sah auf die Sonne und schloß, sie könne höchstens noch zwei Stunden brauchen bis zum Untergang...
Ich nahm mir den Mut, Christus zu fragen, ob jene Zeit, von der er sprach, während des Tages, von der Morgendämmerung bis zur Abenddämmerung, oder von Sonnenaufgang bis Sonnenuntergang eintreten werde.
Er antwortete: 'Der Arbeiter arbeitet nur, solange die Sonne am Himmel stehet, denn die Nacht macht seinen Bemühungen ein Ende. Also kann man die Länge des Tages nur vom Aufgang der Sonne bis zum Untergang bemessen.
Vergiß nicht', setzte er hinzu, 'daß man in Betreff der Welt nicht mehr von tausend Jahren sprechen darf; es ist ihr nur mehr eine Dauer von einigen, und zwar wenigen Jahrhunderten, gewährt.'
Ich erkannte jedoch seinen Willen, daß er sich selbst die Kenntnis dieser Zahl vorbehalten habe, und war nicht versucht, weiter zu fragen."

Vision der Prinzessin Bilcante von Savoyen

Es kommen große Drangsale. Gott wird die Professoren der Theologie wegen ihres unnahbaren Stolzes beschämen...
Ich sehe ein Land mit verbogenen Kreuzen (Hakenkreuze) und deren stolze Staatsmänner, die Christus vom Throne stürzen wollen.
Sie werden die Schöpferkraft im Mutterschoße angreifen.

Viele Leute werden in diesem Land das verbogene Kreuz auf Stirn und Brust tragen, selbst viele Christen, nichtahnend, daß es das Zeichen des Satans ist.
Viele Priester schmachten als Verbrecher in den Gefängnissen...
Wehe Italien! Es wird Krieg mit Ungläubigen beginnen, wenn England mit großer Flotte ins Mittelmeer läuft. (Abessinien)
Ich sehe dann später: gelbe und rote Krieger gegen Europa aufbrechen und dieses wird in einem gelben Dunst liegen, in dem das Vieh auf der Weide stirbt.
Nationen werden in Flammen aufgehen, Hungersnot die Übriggebliebenen vernichten, so daß Europa zu groß sein wird."
(Wer sieht da nicht die roten Horden der Asiaten und das gelbe Warnsymbol für Radioaktivität?)

Die 'Helmsauer Marie'

In der Nähe der niederbayerischen Hauptstadt Landshut liegt das Dorf Helmsau wo die Maria Burgstaller lebte.
Die vielen hunderte Ratsuchende, die zu ihrem bescheidenen Häuschen kamen, kannten sie aber meist nur als 'die Helmsauer Marie'. Geboren war sie im Dezember 1892 in Geiselhöring und nachdem ihr der Mann weggelaufen war, hauste sie mit einem zusammen, dem seine Frau davongelaufen war. Selber hatte sie keine Kinder, aber sie zog zwei Söhne einer armen Magd auf.
Sie war schon immer ein etwas wunderliches Weibsbild gewesen, die Marie. Geld hat sie für ihre Voraussagungen nie angenommen von den vielen Leuten, die manchmal aus weiter

Ferne Rat suchend zu ihr gekommen waren. Manchmal ein kleines Geschenk, wie ein Buch oder - eine Tafel Schoklade. Wenn sie Geld genommen hätte, so hört man noch heute die Leute im Kröninger Bezirk sagen, dann wär' die 'Huber Marie' Millionärin geworden.

Huber hieß sie mit dem Hausnamen ihres Lebensgefährten, und als der Huber Anton gestorben war und ihre zwei Ziehkinder sich verheiratet und ein anderes Bleibe gesucht hatten, lebte sie ganz allein auf ihrem kleinen Anwesen, fütterte ihre paar Hühner und empfing die Leute in der niedrigen Stube, wo sie hinter dem großen Tisch saß, im abgetragenen langen Gewand, einem karierten Schurz vorgebunden und ihr Kopftuch aufgebunden.

Zahlreiche lokale Voraussagungen hatten sich erfüllt und ihre Gabe der Präkognition ist schon hundertfach bezeugt worden.

Doch wir wollen uns hier mit denen befassen, die das Land und die weitere Zukunft betreffen.

Schon vor Ausbruch des zweiten Weltkrieges prophezeite sie, daß viele Leute zum Arbeiten kommen werden, die eine fremde Sprache sprechen werden.

Ob sie dabei die Kriegsgefangenen oder die später gekommenen Gastarbeiter meinte, ist nicht bekannt.

Kurz nach Ausbruch des Krieges sagte sie voraus, daß dieser bis zum Jahre 1945 dauern werde.

Ihre verbürgten Worte waren: "Fünfundvierzig (1945) macht der Ami am 1. Mai d'Tür auf!"

Und als man sie ganz entsetzt fragte: "Soll das vielleicht heißen, daß wir den Krieg verlieren?", erwiderte sie genauso unmißverständlich wie unerschrocken: "Moanst', daß d'Hadalumpn an Kriag gwinga?" (Meinst du, daß die Haderlumpen den Krieg gewinnen werden?)

Diese Auskunft brachte auch die Polizei zu ihr, und die Marie mußte mehrere Tage in Untersuchungshaft.

Verständlicherweise verhielt sie sich danach in ihren Aussagungen über die Zukunft von Staat und Volk sehr zurückhaltend. Erst nach dem Krieg gab sie diese Zurückhaltung allmählich auf.

In ihren letzten Lebensjahren machte sie öfters Aussagungen über kommende Katastrophen, nie jedoch nannte sie es einen Krieg:"Ab 1980 kommen lauter Katastrophen. Katastrophe über Katastrophen!"

Gerade dann, in den späten Fünfziger und frühen Sechziger Jahren als die intensive Bodenausnützung in der Landwirtschaft begann, Silos gebaut und Ställe erweitert wurden, da sagte sie:"Die Silo, die wo sie jetzt bauen, die stehen no alle laar (leer)."

Zu einem Nachbar, dem Horner Andreas sagte sie: "Denn Stall den wos da baut hast, den seh ich wieder fliegn!"
Ob sie damit meinte 'zusammenfallen' oder sich in Luft auflösen wird, weil er umsonst gebaut worden ist?
Nach der Konkurrenz mit der EG hat schon mancher deutsche Kleinbauer seinen Stall wieder abbrechen müssen.
"Krankheiten kommen, die heut' noch kein Mensch kennt! Mehr Menschen sterben, wie in allen Krieg miteinander. Katastrophen über Katastrophen kommen. Alle Jahr wird's schlimmer. Und 86 kommt die ganz große Katastrophe!"

Mit der Jahresangabe von '45' hatte die Helmsauer Marie erstaunlicherweise recht behalten. Was es mit ihrer Voraussagung für das Jahr 1986 auf sich hatte, oder ob sie sich da nicht doch getäuscht hatte?
Die Antwort darauf mußte sie nicht mehr erleben. Am 19. Oktober 1973, nachdem sie bis zum Abend noch den letzten Besuchern die um Rat zu ihr gekommen waren, Rede und Antwort gestanden hatte, wurde sie ins Krankenhaus Vilsbiburg gebracht, wo sie vierundzwanzig Stunden später verstarb.

Die Weissagung der heiligen Odilie

Mit geradezu verblüffender Genauigkeit hat die heilige Odilie den vergangenen Zweiten Weltkrieg in Einzelheiten des Ablaufs und in der Beschreibung der Taten von Siegern und Besiegten vorausgesagt.
Hier nun die Stellen, welche die Zukunft betreffen:
'... Wehe in jenen Tagen denen, die den Antichrist nicht fürchten werden, denn er ist der Vater derer, die das Verbrechen nicht erschreckt. Er wird wieder neue Morde anregen und viele Tränen werden vergossen werden wegen der üblen Sitten. Die Menschen werden gegeneinander in Streit geraten und soviel sie auch tun werden, um die Ordnung wiederherzustellen, es wird ihnen nicht gelingen, und es wird ihnen immer schlechter ergehen. Aber wenn die Dingen ihren Gipfel erreicht haben und Menschenhand nichts mehr bewirken kann, dann wird Er seine Hand ausstrecken oder eine große Strafe schicken, so schrecklich, wie man sie noch nie erlebt hat...
Gott hat schon die Sintflut geschickt, aber er hat geschworen, daß er sie nie wieder schicken würde.
Was er tun wird, wird etwas Unerhörtes und Schreckliches sein. Aber die Ära des Friedens wird unter dem Eisen angekommen sein, und man wird sehen, daß sich die beiden Hörner des Mondes mit dem Kreuz vereinigen. (Islam mit dem Christentum?)
In jenen Tagen werden die erschreckten Menschen Gott wirklich anbeten und die Sonne (wird) in ungewöhnlichem Glanz erstrahlen.'

Der unbekannte Mönch

In seinem Buch 'Die Zukunft der Welt', schreibt Ludwig Emmerich von einem Mönch aus dem 17. Jahrhundert, der folgende Prophezeiung gemacht haben soll:
"Das 20. Jahrhundert wird eine Epoche des Schreckens und des Elends sein. In diesem Jahrhundert wird alles Böse und alles Unangenehme das wir uns vorstellen können, Wirklichkeit werden.

In vielen Ländern werden sich die Prinzen gegen ihre Väter, die Bürger gegen die Obrigkeit, die Kinder gegen die Eltern, die Heiden gegen Gott und ganze Völker gegen die festgesetzte Ordnung erheben. Ein Bürgerkrieg wird ausbrechen, in dem Bomben vom Himmel fallen weden. Und dann wird ein zweiter Krieg ausbrechen, in dessen Verlauf fast das ganze Universum erschüttert werden wird.

Finanzielle Katastrophen und der Ruin von Besitztümern werden viele Tränen fließen lassen. Die Menschen werden seelenlos sein und kein Mitleid kennen.

Vergiftete Wolken und Strahlen, die stärker brennen als die Äquatorsonne, eherne marschierende Mächte, fliegende Schiffe voll schrecklicher Bomben und Pfeile, tödliche Sternschnuppen und Schwefelfeuer werden die großen Städte zerstören. Es wird das verderbenste Jahrhundert von allen sein, denn die Menschen werden einander in den Himmel heben und einander vernichten."

Der Mönch aus Polen

Aus dem Jahre 1790 schildert eine polnische Prophezeiung eines namenlosen Mönches in selten klaren Worten,

Zukunftsereignisse und das Ende der Welt im Jahre 2000:
"Preußen und Rußland werden Polen unter sich teilen."
(Ist 1793 eingetroffen).
"1806 wird ein Krieg zwischen Reußen und Frankreich beginnen." (Auch das traf ein. Den französisch-russischen Krieg prophezeite er 1807 mitsamt den Brand von Moskau, was aber erst 1812 eintraf.)
"1848 wird sich eine furchtbare Revolution in ganz Europa verbreiten. Kaiser und Könige werden von ihren Thronen steigen." (Dieses Jahr 1848, ist historisch belegt für den ersten Befreiungsversuch vom Joch der Lehensherrschaft und vom monarchischen Absolutismus.)
Dies nur zur Illustration der Glaubwürdigkeit des prophetischen Mönches. Über unser Jahrhundert sagte er:
"Das 20. Jahrhundert wird unter allen das merkwürdigste sein. Ich sehe schon im voraus alle Schicksale und Trübsale, die die Bewohner dieser Erde zu dieser Zeit überfallen werden. In vielen Ländern werden sich die Bürger gegen die Obrigkeit, Kinder gegen ihre Eltern und das ganze menschliche Geschlecht gegeneinander empören.
So wird es fortdauern bis 1938, wo ein allgemeiner Krieg in der ganzen Welt ausbrechen wird und der ganzen Schöpfung der Umsturz droht.
(Der zweite Weltkrieg begann zwar erst 1939, aber er endete mit dem Einsatz der ersten Atombomben, die in der Tat die gesamte Schöpfung bedrohen und einen Umsturz herbeiführen könnten.)
Der Seher fährt wörtlich fort: "Verwüstungen werden ganze Länder betreffen; öde, menschenleer und zerstört werden die größten und angesehensten Städte sein."
Er sagte auch, daß dieser Krieg nach dem vermeintlichen Frieden weiterglimmen wird, bis zur großen Weltkatastrophe. Erst danach kommt der dauernde Friede.

Die letzte Weltschlacht

Diese Prophezeiung aus dem Jahre 1615 eines 'Anonymus', wurde 1765 aus dem Lateinischen ins Deutsche übersetzt, und ist auch als 'Die letzte Weltschlacht am Birkenbaum' bekannt.
Der Seher sagt darin einwandfrei drei Weltkriege voraus und geht sogar in Details: Gleich anfangs des 20. Jahrhunderts der 1. Weltkrieg. Bald nach diesem aber wieder einer, wo in Deutschland die Bibel ersetzt wird durch neue Glaubenssätze. Wo die Frauen Männerkleider (Hosen) tragen und die Bewohner in die Berge flüchten. Dort wo vorher Essen rauchten, werden Trümmer sein. Deutschland wird ohnmächtig zerfallen wie schon einmal (- also vor 1615).
"Sieger wird sein der Prinz im weißen Kleid, das bis unten Knöpfe trägt und auf der Brust ein Kreuz."
Würde es nicht ausdrücklich heißen, daß er von der verkehrten Seite aufs Roß steigt, da ein Fuß lahm ist, so möchte man fast annehmen, daß der so bekleidete weiße Prinz ein Papst ist.
"Die traurige Zeit wird beendet sein für lange (?) und dann werden die Menschen wiederum das Schwert nehmen. Aber dieses wird stumpf sein und die Völker gleichgültig (populi passivi) und der Frieden wird dadurch bald über den Krieg triumphieren."
(Wird das die Zeit sein in der man einen Krieg veranstaltet und niemand kommt um mitzumachen..?)

Das Buch vom Marienthaler Kloster

Das 1749 erschienene Buch spricht viel vom 20. Jahrhundert, wo uns auch ein Krieg prophezeit wird, der uns aus wolkenlosem Firmament Feuerstrahlen beschert. Es werden Kämpfe sein auf und in der Erde - und in der Luft. In der Mitte zwischen den Kriegern wird das große Wasser sein. (Atlantischer Ozean). Diesseits und jenseits dieses Wassers werden ganze Städte zerstört. Ferner heißt es, daß alle Hauptstädte in Schutt und Asche fallen. Dies kann sich nur auf den 3. Weltkrieg beziehen, da im vergangenen, weder der Ozean das Hauptschlachtfeld war, noch die Hauptstädte total zerstört worden sind.

Interessant ist auch die Stelle, wonach sich die Menschen die Maulwürfe zum Vorbild nehmen und sich in bis zu 300 Fuß Tiefe vor den Adlern am Himmel verstecken werden. "Wer diese Zeit überlebt, wird den großen, langen Frieden genießen."

Antonius von Aachen

In seinen 'Voix Prophétiques' (prophetische Stimmen), erschienen in Paris 1872, berichtet Curicque von einem Einsiedler namens Antonius, der in der Gegend von Aachen lebte.
Dieser Antonius soll die Sehergabe besessen haben und seine Prophezeiungen gelangten teils über den Bruder des Sehers, teils über einen ihm befreundeten Priester unmittelbar zu Curicque.
Da sonst nichts über diesen Einsiedler bekannt ist, müssen wir uns ausschließlich auf die berufliche Ehre des Priesters

Curicque verlassen, daß keine nachträgliche Fälschung vorliegt.

Laut Curicque, hat Antomius in den Jahren vor Veröffentlichung seiner Prophezeiungen Ereignisse angekündigt, die ganz genau in Erfüllung gegangen waren:
Die Vertreibung der Österreicher aus Italien (1859), die Errichtung der preußischen Vorherrschaft in Deutschland (1866), den deutsch-französischen Krieg von 1870, die Einnahme Roms durch die Truppen des neugeeinigten Italien (1870).

Im Jahre 1871 teilte der Einsiedler dem Priester mit: "Der Krieg wird einmal im Elsaß von neuem ausbrechen. Ich sah die Franzosen wieder im Besitze des Elsaß; sie hatten Straßburg im Rücken. Ich sah auch Italiener bereit, an ihrer Seite zu kämpfen.

Plötzlich kamen von der französischen Seite aus Metz und Nancy große Truppentransporte, worauf eine zweitägige Schlacht begann und mit der Niederlage der Preußen endete. Die Franzosen verfolgten die Preußen über den Rhein nach vielen Richtungen. Bei Frankfurt wurden die Preußen wieder geschlagen. Sie zogen sich bis Siegburg zurück, wo sie zum russischen Heer stießen. Die Russen machten gemeinsame Sache mit den Preußen.

Mir schien es, daß die Österreicher den Franzosen halfen.
Die Schlacht bei Siegburg war etwas noch nie Dagewesenes an Schrecklichkeit.

Nach einigen Tagen zogen sich die Preußen und Russen zurück, und gingen unterhalb Bonn aufs linke Rheinufer. Stetig vom Feind bedrängt, zogen sie sich nach Köln zurück. Die Stadt wurde beschossen; nur ein Viertel der Stadt blieb unversehrt. Die Reste der preußischen Armee rettete sich nach Westfalen. Dort war die letzte Schlacht, ebenfalls zu ihren Ungunsten. Die Leute freuten sich, endlich die Preußen los zu sein... Nun wurde ein neuer Kaiser in Deutschland gewählt; er schien ungefähr vierzig Jahre alt zu sein. Der neue Kaiser und der Papst hatten eine Zusammenkunft... Inzwischen brach in den vom Krieg heimgesuchten Gegenden eine entsetzliche Krankheit aus. Viele starben... Nach der Schlacht in Westfalen kehrten die Franzosen in ihr Land zurück. Von da ab war vollständiger Friede zwischen den Deutschen und Franzosen. Handel und Wandel blühte wieder auf; alle Ausgewiesenen kehrten in ihre Heimat zurück...

Im darauffolgenden Jahr wird ein russisch-türkischer Krieg sein. Die Russen werden die Türken aus Europa vertreiben und Konstantinopel in Besitz nehmen...
Als mir hierauf Frankreich und Deutschland gezeigt wurden, schauderte ich, wie wenig bevölkert beide Länder waren..."

Prophetie oder Wunschtraum eines Preußenhassers im Hin und Her des 1870iger Krieges?

Bis auf den kurzen Satz: "Alle Ausgewiesenen kehrten in ihre Heimat zurück." Ein solches Ereignis konnte um 1870 kein noch so intelligenter politischer Betrachter im voraus erahnen.

Solowjow

Eher ein geschichtsphilosophisches Testament für die Zukunft als eine Prophetie, schrieb der Religionsphilosoph Wladimir Solowjow kurz vor seinem Tode, im Jahre 1900:
"...Um 1950 werden die Chinesen und Japaner Europa unterwerfen und eine Zeit lang beherrschen.
Die Europäer werden sich dagegen erheben, die 'Vereinigten Staaten von Europa' gründen, und dann wird das größte Genie der Weltgeschichte geboren, der Ausbund aller leiblichen, geistigen und sittlichen Vorzüge, - der Antichrist.

Er hat nur einen Fehler, daß er sich mehr liebt als Gott, und vom Satan verführt... wird er sich für den Erlöser der Menschheit ausgeben. Er wird Präsident der Vereinigten Staaten Europas und dann Weltkaiser. Er beruft ein Konzil nach Jerusalem, läßt sich 'Göttliche Majestät' nennen und erhebt sein Banner gegen Christus. Er gewinnt auch unter den katholischen Priestern und Bischöfen gewaltigen Anhang. Eine Zeit lang wird er uumschränkt herrschen. Der letzte Papst, Petrus der Zweite, schleudert gegen ihn den Bannstrahl...

Donoso Cortés

Seine Zeitgenossen um 1850 kannten ihn als Politiker und Diplomaten. Erst in unserem Jahrhundert wurde man aufmerksam auf den Staatsphilosophen, dessen Betrachtungen sich mitunter bis zur eindeutigen Vorhersage verdichtete.
Inzwischen ist er längst zu einem 'Seher' gestempelt worden.
Donosco Cortés erkannte nach den politischen Erschütterungen von 1848 für Europa die Notwendigkeit einer europäischen Gemeinschaft und stellte daraufhin mit der Glaubenskraft und Glut des Spaniers seine Prognosen auf, die heute noch ihre Gültigkeit haben.
1851 schrieb er in seinem 'Versuch über den Katholizismus, den Liberalismus und Sozialismus':
"Das neue Evangelium der Welt wird vielleicht in einem Zuchthaus geschrieben... Wenn die Welt von diesen künftigen 'Aposteln' ihr Evangelium erhalten wird, dann wird sie bekommen, was sie verdient.
Diejenigen, die den Völkern den Glauben beibrachten, daß die Welt ein Paradies sein könne, machten es ihnen

noch leichter glaublich, daß die Erde ein Paradies sein müsse, wo niemals Blut fließen wird..."

Berühmt geworden sind die Sätze, die er in seiner Rede über die allgemeine Lage in Europa, über Rußland sprach:

"Ich halte eine Revolution in Petersburg viel leichter möglich als in London..."

"Wenn die Revolution in Europa die stehenden Heere zerstört hat,

Wenn die sozialistischen Revolutionen den Patriotismus in Europa ausgetilgt haben,

Wenn im Osten die große Föderation der slawischen Völker sich vollzogen hat,

Wenn es im Westen nur noch zwei Armeen gibt, die der Geplünderten, und die der Plünderer - dann wird die Stunde Rußlands schlagen.

Dann wird Rußland, das Gewehr unterm Arm, ruhig in Europa auf- und abgehen können.

Dann wird die Welt dem größten Strafgericht anwohnen, das die Geschichte je zu verzeichnen hatte.

Dieses Strafgericht wird über England ergehen.

Seine Schiffe werden ihm gegen den Koloß, der mit der einen Hand Europa, und mit der anderen Hand Indien (China?) in seiner Gewalt hat, gar nicht helfen. Und dieses unermeßliche Reich der Briten wird in Stücke zersplittern und das Krachen seines Sturzes wird bis an die Pole widerhallen..."

Wer vor fast 150 Jahren diese Worte hörte, mochte sie für phantastisch halten. Wer sie heute liest, findet sie erstaunlich akkurat. In seiner unerbitterlichen Logik drang dieser große Denker noch tiefer in den kommenden Abgrund der Geschichte:

"Die Welt geht mit großen Schritten der Errichtung eines Despotismus entgegen, wie ihn die Menschen gewaltiger und zerstörender noch nie erlebt haben...

Die Wege sind bereitet für einen riesenhaften, kolossalen und universalen Tyrannen. Es gibt keine Widerstände mehr, weder auf moralischem, noch auf materiellem Gebiet. Auf materiellem Gebiet nicht, weil Dampfschiffe und Eisenbahnen die Grenzen, Elektrizität und Telegraphie die Entfernungen aufgehoben haben; und es gibt keine moralischen Widerstände mehr, weil die Welt uneins und alle Patriotismen erstorben sind..."

Prophezeiung aus dem fernen Osten

Aus dem fernen Asien stammt eine uralte Prophezeiung, die zugleich in Indien sowie auch in Frankreich schon vor langer Zeit wiedergefunden wurde:

"Nach dem Feldzug des Eroberers (Dschingis Khan) werden 800 Jahre vergehen. Dann wird Buddha, der Erleuchtete, einen Sohn entsenden, der die Gerechtigkeit wieder aufrichtet und die Herrschaft der asiatischen Völker über die ganze Erde ausbreitet."
(1200 + 800 Jahre ergibt etwa das Jahr 2000 n. Christus.)

Madame Sylvia

"Lehnt ab, was Ihr gelernt von Eueren Vätern. Es ist vorbei! Rußland, der Osten, triumphiert!"

Madame Sylvia war eigentlich Gräfin Bianca von Beck Rzikowsky. Sie prophezeit eine Auferstehung des Ostens, allerdings nicht ohne blutige und erschreckende Ereignisse und wahnsinnig viel Leid, das damit verbunden sein wird.

"Mit goldenen und roten Fahnen wird der Osten (evtl China, Rußland?) gegen den Westen aufbrechen und ihn überschwemmen."

Der Anfang zu einer neuen Epoche würde demnach also gekennzeichnet sein von einem 'Ost-Reich', das die Herrschaft über die alte degenerierte Welt des Westens und Europas, dem kopflosen und sorglosen politischen Freudenhauses der Welt, antritt.

Diese Worte wurden 1934, in einer gewiß mehr als gefährlichen Zeit gesprochen.

Sie fährt fort: „Und die Erde bebt und kracht in allen Fugen, und die Zeit wird kommen, wo die Menschen stöhnen in Drangsal, Qual und Pein. Die Tiere fliehen und wollen sich verbergen, und die Berge wanken und die Wälder stürzen. Die Fluten, sie ergießen sich, und die Ewigkeit bricht an."

Folgender zusammengefaßter Auszug stammt aus dem Buche: 'Sylvia, Trance und Gesichte' von Dr. F. Liesche.

„Nichts wie Tod und Zerstörung. Unsere lichten Kräfte reichen nicht aus im Kampf mit den dunklen Mächten. Das werdende Erhabene liegt im Staub, denn die Menschen, taub und blind in ihren Betten, wollen nicht hören, ehe nicht ein Schrei zum Himmel dröhnt. Raserei, Wahn! Ich sehe den Vatikan brennen. Er lodert, ein Flammenmeer. Oh die Trümmer! Nur zwei Gesetzestafeln sehe ich noch aufrecht und wolkenumhüllt.

Zwei Tote sehe ich am Wege - zwei Kolosse am Boden, furchtbares Ringen (Krieg), Klagen und Trümmer und Rauch. Wo ist die Sonne? Wo ist der Tag? Wo ist Gott und die Hilfe? Es ist so finster auf Erden. Die Hölle ist aufgetan, die Hölle der Gedanken. Die Welt ist ohne Stützen. Das Herz der Welt, es bricht entzwei, und doch ersteht es neu - ich kanns nicht fassen! - Die Erde atmet, wälzt sich um, und es werden Erdteile und Inseln vergrößert wiedererscheinen, unter furchtbaren Katastrophen andere Teile in sich zusammenfallen oder weggeschwemmt werden."

„In Europa wird viel geschrieben, bürokratischer Wust, Berge von Akten. Kleine Schreiber sitzen darauf. Alles rast schneller und schneller, als wenn man durch Geschwindigkeit dem Bazillus der Dummheit Herr werden könnte. Das Jahr des Bebens ist gekommen, alles zittert in der Welt. Ihr armen Massen, ihr könnt nicht lieben, könnt nur hassen in euren elend kleinen Seelen.

In ganz Europa wird die Verständigung eintreten und sogar England an die Seite Deutschlands treten, sobald man allgemein erkennen wird, daß der Deutsche als Siegfried gegen den Drachen mit dem Schwert in der Hand, gegen den Bolschewismus, zu Felde ziehen soll", meint Madame Sylvia.

In Österreich sieht sie ein Haupt als Führer der südöstlichen Mächte, die das zukünftige Byzanz (?) verkörpern sollen, sich ebenfalls gegen Rußland wenden. Er wird im Zeichen des Kreuzes den Osten und auch den Westen verstehen.

Italien wird zweigeteilt, längst des Apennin. Die eine Hälfte sieht sie in weißer, die andere in schwarzer Farbe. Der Vatikan ist in größter Gefahr.

„Europa wird der Einheitsstaat genannt, ein Volk, nicht Völker mehr, es sind Menschen, Seelen, keine Nationen. Ich sehe eine Flagge - weiß. In der Mitte Europas - ein Turm. Die Landkarte ist weiß, die ich einst blutüberzogen sah."

„Nur einer steht ganz groß und herrlich: Er kommt aus den Bergen, von einem Volk, das einst verschwand, vor langen, langen Zeiten. O, heilige Berge Asiens, auf euren Spitzen lodert schon die Fackel, die einst den Weltbrand wird entfachen!"

Unwillkürlich denkt man dabei an die heiligen Berge Tibets, die Invasion Chinas von 1950 und die wundersame Rettung des geistigen tibetanischen Oberhaupt - den Dalai Lama.

Während die roten Truppen Chinas im Anmarsch an die Grenze waren, durchrüttelten furchtbare Erdbeben das Erdinnere, Verlagerungen traten ein, mit Tausenden von Toten und verüstende Überschwemmungen.

Es schien als kündigte sich eine höhere Schutzmacht als Rächer des weltgeistigen Tibet an, die Frevler warnend. China marschierte dennoch ein und frevelte am tibetischen Volk durch Mord, Terror und brutale Härte.

Über die kriegerisch-politischen Ereignisse in Europa sagt Sylvia noch folgendes: „Der Süden schlägt unheimlich um sich, weit über Europa hinaus. Der Osten, der sich selbst verkehrt (?), wetzt nach drei Richtungen hin das Schwert, Rußland in der Agonie im Wiederaufstieg in sich selbst. Im Norden zwei Staaten vereint in Treue. England wird ein Bannerträger jenes Glaubens, den wir Christentum nennen. Ein neues England wird geschaffen. Eine Weltsprache wird geschaffen, die mit einem Zauberschlag jeden die Sprache des anderen verstehen läßt. Eine Brücke ist sie nach der plötzlichen Erkenntnis, daß auf magischer Grundlage eine Ähnlichkeitswurzel in sämtlichen Sprachen der Erde liegt.

O, wunderbares Geheimnis, das gelöst wird vom großen und einsamen Denker im Süden jener Berge (Alpen?).

Inzwischen ist ein phänomenales Lexikon erfunden worden, das sich statt der Buchstaben der Ziffern bedient und

internationale Verständigungsmöglichkeiten auf simpelster Grundlage verschaffen kann. (Computersprache?)
Die Sprache wird euch einst durch Eingebung klar werden. Das neue Zeitalter wird euch vom Sprechen eurer Zunge befreien, denn ihr werdet erfühlen, was die Gedanken anderen wollen."-
(Eine phantastische Beschreibung für das noch vor uns stehende, - im Zeitalter des Computers!)
"Das Land, in dem die Svastika mit dem Hakenkreuz in einem Zeichen vereinigt ist, ist bestimmt, einst die Führung in Europa zu übernehmen. Ein Name mit N erscheint am Horizont."
"Ihr müßt begreifen: in den fernen Bergen des Ostens steht die geheimnisvolle Macht. Sie erstreckt sich unerbittlich um die ganze Erde, hoch zum Himmel ragend. Alles wird zusammenbrechen, was an die früheren Zeiten erinnert. Wie bald werdet ihr einer neuen Welt in die Augen blicken, einer neuen Weltauffassung, neuen Organisationen und neuen Gesetzen."

Marienerscheinungen und Voraussagungen

Wer es fassen kann, der fasse es: Maria, die leibliche Mutter des christlichen Messias ist besonders seit Mitte des vorigen Jahrhunderts öfters als überirdische Erscheinung vorwiegend Frauen und Kindern erschienen und hat ihnen Botschaften überbracht.

Die drei bekanntesten und von der Kirche anerkannten Marienerscheinungen sind sicher die von 'La Salette', 'Lourdes' und 'Fatima'.

Im Ratzinger Report (Kardinal Joseph Ratzinger) erklärt der weltbekannte Kirchenfürst: "Ein Zeichen unserer Zeit ist die Bekanntgabe zahlreicher Marienerscheinungen in der ganzen Welt!"

Von Medjugorje in Bosnien-Herzegowina bis Finca Betania, Venezuela, - Kibeho, Afrika und Akita, Japan - über 300 Erscheinungen der 'Königin des Friedens', wie sie von der Mehrheit der Marienbewegung genannt wird.

Warum diese Erscheinungen uns immer wieder mahnen zu beten und unsere Sünden zu bereuen?
Wer weiß das schon? Vielleicht ist diese überirdische Göttlichkeit abhängig von der Verbundenheit mit ihren irdischen Geschöpfen, die sich besonders durch Gebete und Reue am wirkungsvollsten offenbart?
Wie eine andere Dimension, in die wir Erdbewohner wohl nie Einblick gewinnen oder verstehen werden.
Was wissen wir schon von einer anderen, uns unbekannten Dimension, den dortigen Lebensbedingungen, der Glaube an sie - vielleicht die 'Luft und Nahrung' die diese göttlichen Wesen dort in der 'himmlischen Dimension' benötigen?
Einige der bekanntesten dieser Marienerscheinungen wollen wir hier kurz aufführen:

La Salette

Am 19. September 1846 erschien Maria zwei Hirtenkindern von La Salette (Bistum Grenobel) beim Kühehüten. Die Kinder, Maximin Giraud (11) und Mélanie Calvat (14), die weder lesen noch schreiben konnten, erfuhren von der Erscheinung zuerst die Nachricht von einer großen Hungersnot und einem Kindersterben, das bald danach eintraf. Dann teilte die Erscheinung jedem Kind noch ein besonderes 'Geheimnis' mit und wies sie an, diese Botschaft dem ganzen Volke mitzuteilen. Auszüge, der 'Botschaft von La Salette' die unsere Zeit betreffen könnten sind hier zusammengefaßt:

Zuerst klagt die Erscheinung über das liederliche Leben der Geistlichen, die Geldgier und den Ehrgeiz, die Vergessenheit in die der Glaube Gottes geraten ist.

Dann heißt es weiter: "...Jede Ordnung und Gerechtigkeit wird mit Füßen getreten werden. Man wird nur Mord, Haß, Mißgunst, Lüge und Zwietracht sehen, ohne Liebe zum Vaterland und zur Familie. Der Heilige Vater wird viel leiden... die Bösewichte werden mehrere Male nach seinem Leben trachten, ...Aber weder er noch seine Nachfolger werden den Triumpf der Kirche Gottes sehen.

Die bürgerlichen Regierungen werden alle dasselbe Ziel haben, das da ist, die religiösen Grundsätze abzuschaffen, um für den Materialismus, Atheismus und alle Arten von Lastern Platz zu machen...

Frankreich, Italien, Spanien und England werden im Krieg stehen. Das Blut wird durch die Straßen fließen; Franzosen werden gegen Franzosen kämpfen, Italiener gegen Italiener, und schließlich wird ein allgemeiner Krieg ausbrechen, und der wird fürchterlich sein.

Die Bösen werden ihre ganze Bosheit an den Tag legen und

sogar in den Häusern wird es Morde geben. Man wird glauben, es sei alles verloren, und wird nichts mehr sehen als Morde.

Beim ersten Schlag des göttlichen Schwertes, der die Menschheit wie ein Blitz treffen wird, werden die Berge und die ganze Natur vor Schrecken zittern, denn die Regellosigkeit und die Verbrechen der Menschen werden bis zum Himmelsgewölbe reichen.

...Paris wird durch einen Brand vernichtet werden und Marseille wird das Meer verschlingen; andere große Städte werden durch Brände oder Erdbeben dem Erdboden gleichgemacht.

Wehe den Bewohnern der Erde!

Es wird blutige Kriege geben und Hungersnöte, Pestseuchen und ansteckende, unheilbare Krankheiten.

In Rußland werden die von einer rätselhaften Krankheit Befallenen erblinden und geistesgestört in Irrenanstalten eingeliefert werden. Eine ebenso geheimnisvolle Krankheit wird in Frankreich wüten...

Die Jahreszeiten werden sich verändern. Die Erde wird nur noch schlechte Früchte hervorbringen.

Die Sterne werden ihre regelmäßigen Bahnen verlassen.

Die Menschheit steht am Vorabend der schrecklichsten Geißeln und der größten Umwälzungen.

Wasser und Feuer werden auf der Erde furchtbare Erdbeben und große Erschütterungen verursachen, welche Berge und Städte versinken lassen...

Die Gerechten werden viel zu leiden haben; Ihre Gebete, Buße und Tränen werden zum Himmel aufsteigen; das ganze Volk Gottes wird um Vergebung und Barmherzigkeit flehen...

Dann wird die Versöhnung zwischen Gott und den Menschen kommen - und der Friede.

Jesus Christus wird man dienen...

Überall wird Wohltätigkeit blühen...
Aber dieser Friede wird nicht lange dauern; fünfundzwanzig Jahre Überfluß werden die Menschen schnell vergessen lassen... Ein Vorläufer des Antichrist, der die vereinten Truppen aller Nationen anführt, wird gegen den wahren Christus kämpfen... Dann werden vielfache Züchtigen über die Erde kommen, dazu noch Pest und Hunger...
Ein Krieg wird auf den anderen folgen...
Vor diesem Ereignis wird ein scheinbarer Friede auf der Welt herrschen, man wird nur an das Vergnügen denken und die Bösen werden in Sünden aller Art versinken...
Wegen der Bosheit der Menschen wird auch die Natur nach Rache rufen und vor Schrecken zittern in Erwartung der Strafen, die über die von Verbrechen besudelte Erde hereinbrechen werden.
Die Erde möge zittern und zittert auch ihr, die ihr Jesus Christus Treue gelobt habt und die ihr in euren Herzen nur euch selber anbetet. Zittert! Der Herr ist dabei, euch eueren Feinden auszuliefern, da schon die heiligen Stätten vom Verderben angesteckt sind.
Viele Klöster sind keine Häuser Gottes mehr, sondern Weiden 'Asmodis', des Teufels, der Unreinheit und ihrer Satelliten.
So wird die Zeit kommen, in der der Antichrist geboren wird; seine Mutter wird von einer jüdischen Nonne, eine falsche Jungfrau, die in intimer Bezeihung zur alten Schlange, dem Meister der Wollust stehen wird. Sein Vater wird ein Bischof sein... er (der Antichrist) wird Wunder wirken...
Rom wird den Glauben verlieren und zum Sitz des Antichrist werden...
Wehe den Bewohnern der Erde!
Blutige Kriege werden sein, Hunger und Epidemien, grauenvolle Regen, ... und Erdbeben, die ganze Gebiete in den Abgrund senken werden... Feuer wird vom Himmel fallen

"...Städte werden zerstört...die Sonne wird sich verdunkeln... Die Zeit ist gekommen. Der Abgrund tut sich auf: Siehe, der König der Könige der Finsternis; siehe, das Tier mit seinen Untertanen, das sich zum 'Heiland der Welt' ausruft. Er erhebt sich voll Hochmut in die Lüfte, um bis zum Himmel zu gelangen; ...aber er wird in die Tiefe stürzen, und die Erde, die drei Tage lang von heftigen Stößen gerüttelt wurde, wird ihren feuerigen Schoß auftun, und das Tier und die Seinen werden von den ewigen Abgründen der Hölle verschlungen werden..."

Dann folgt ein längerer Aufruf an die Gläubigen, an die 'Kinder des Lichtes', zu kämpfen gegen das Böse:

"...Wenn sich die Menschheit bekehrt, werden Fels und Gestein fruchtbar werden und Getreide hervorbringen, und auf den Feldern werden Ernten im Überfluß reifen."

Im Juli 1851 wurden Mélanie und Maximins 'Geheime Botschaft' auf Verlangen des Papstes Pius IX. im bischöflichen Haus von Grenoble, getrennt und in Gegenwart von bischöflichen Zeugen, niedergeschrieben. Die versiegelten Niederschriften wurden Pius IX. überbracht, der davon zwölf Abschriften anfertigen ließ. Sein Nachfolger, Leo XIII., gestattete 1879 die Veröffentlichung der Prophetie von Mélanie Calvat, die bereits ab 1858 ihr anfängliches Schweigen gebrochen hatte. Wie sie sagte, auf ausdrücklichen Befehl der Erscheinung. Die ursprünglichen Dokumente, sowie ihre ersten 12 Abschriften, gingen später im Vatikan verloren; sie gelten heute noch als verschollen.

Das 'Geheimnis' des Maximin ist nie im Wortlaut veröffentlicht worden.

Am 19. September 1851 erklärte der Bischof von Grenoble die Erscheinung für echt.

Zuvor aber gab es ein recht interessantes Vorspiel:

Der damalige französische Klerus war über die Anprangerung und Verurteilung der sündigen Geistlichkeit so erbost, daß sie das Bekanntwerden der Botschaft mit allen Mitteln zu verhindern versuchten. Mélanie und Maximin erlitten lebenslange Verfolgung und Verleumdung. Maximin, dessen Geheimnis von der Kirche nie preisgegeben wurde, starb 1875 in völliger Armut und Mélanie 1904 als Klosterfrau in Altamura, Süditalien. Die Bischöfe und geistlichen Würdenträger, die den beiden Kindern das Sprechen und die Weitergabe der Weissagungen verbieten wollten, wurden alle von einem stets plötzlichen Tod oder vom Wahnsinn befallen. Namentlich seien dabei nur einige erwähnt:
Bischof Ginouilhac von Grenoble, der Mélanie in ein englisches Kloster gesteckt hatte, um sie mundtot zu machen, starb kurze Zeit darauf in einem Irrenhaus.
Seinen Nachfolger Fava, der das Mädchen wiederum mit List und Gewalt an der Verkündung seiner Botschaft hinderte, fand man eines Morgens tot auf dem Fußboden, nackt, mit verdrehten Augen und geballten Fäusten.
Mgr. Guilbert, Bischof von Amiens und später von Bordeaux, der im Jahre 1882 den Ausspruch machte: "Das Geheimnis von La Salette ist nichts anderes als ein Gewebe von Irreligiosität, Lüge und Übertreibung," wurde am 16. August 1889 ebenfalls tot am Boden liegend gefunden. Sein Sarg stürzte während des Trauergottesdienstes vom Katafalk und schlug krachend auf die Steinplatten der Kirche.
Der Erzbischof Darboy von Paris, verspottete bei der Vernehmung von Maximin am 4. Dezember 1868, der ihm das Geheimnis für Papst nicht preisgeben wollte, die Marienerscheinung als falsche Aussage.
Prompt sagte ihm der Junge voraus: "Daß die heilige Jungfrau

auf La Salette mir erschienen ist und zu mir gesprochen hat, ist ebenso wahr, wie das, daß sie in drei Jahren vom Gesindel erschossen werden!"

Am 24. Mai 1871 erfüllte sich diese Voraussagung. Der Erzbischof wurde ein Opfer der Pariser Kommune.

Das 3. (Vatikan) Geheimnis von Fatima

Während des I. Weltkrieges am 13. März 1917, geschah in in dem portugisischem Dörfchen Fatima ein außergewöhnliches Ereignis, das bald weltberühmt wurde.

Drei Kindern, Lucia De Santos (10) und die Geschwister Jacinta (7) und Francisco Marto (9), erschien bei einem Baum eine strahlend helle und wunderschöne Frau. Nach kurzer Unterhaltung bat sie die Kinder am 13. jeden Monat wiederzukommen, bis zum Oktober.

Am 13. Juni kamen 5000 Menschen mit zu dem Treffpunkt und hörten wohl das Lucia mit jemand zu sprechen schien, aber sie selber sahen oder hörten die Erscheinung nicht. Die Kinder erhielten an dem Tag eine persönliche Mitteilung, die als 'Erstes Geheimnis von Fatima' bekannt wurde.

Doch so sehr man sie auch danach drängte, keines der Kinder verriet den Wortlaut der Botschaft. Sie sagten nur, es betreffe ihr persönliches Leben.

Die Kinder sahen auch wie bei der ersten Erscheinung, daß ein Strahlenbündel von den Händen der Erscheinung ausging und über sie strahlte, während sie sich selbst 'in Gott' darin sehen konnten.

Auch am 13. Juli kamen wieder viele Gläubige mit den Kindern und hörten, wie Lucia plötzlich einen Schmerzensruf ausstieß. Die Muttergottes teilte ihnen an diesem Tag das zweite Geheimnis mit, das aus drei Teilen bestand:

Das erste davon war eine Vision bei der das Strahlenbündel das von der Erscheinung ausging in die Erde einzudringen schien und in einem Flammenmeer sahen die Kinder darin versunkene Wesen, Teufel und Seelen in Menschengestalt, die fast wie durchsichtige, glühende Kohlen aussahen. Sie wurden in dieser Feuersbrunst immer wieder hochgeschleudert, und es war wohl während dieser Schreckensvision, daß Lucie den Schrei des Entsetzens ausgestoßen hatte.

Das zweite der drei Geheimnisse, betraf die Verehrung des Unbefleckten Herzens Maria. Dabei teilte ihnen die Madonna mit: "Ihr habt die Hölle gesehen, auf welche die armen Sünder zugehen. Um sie zu retten, will der Herr die Andacht zu meinem 'Unbeflecktem Herzen' in der Welt einführen. Wenn man das tut, was ich euch sage, werden viele Seelen gerettet, und der Friede wird kommen. Der Krieg (I. Weltkrieg) geht seinem Ende entgegen; aber wenn man nicht aufhört, den Herrn zu beleidigen, wird bald, während des Pontifikats von Pius XI., ein neuer, noch schlimmerer Krieg beginnen... Wenn ihr eines Nachts ein unbekanntes Licht sehen werdet, so wisset, es ist das Zeichen von Gott, daß die Bestrafung der Welt für ihre vielen Verbrechen nahe ist: Krieg, Hungersnot, Verfolgung der Kirche und des Heiligen Vaters."

(Lucia sah viele Jahre später, in der Nacht vom 25. zum 26. Januar 1938 das außergewöhnliche starke Nordlicht, das in ganz Europa zu sehen war, und war davon überzeugt, daß nun ein neuer furchtbarer Weltkrieg nahe bevorstand.)

Nach den Worten: "...mehrere Nationen weren vernichtet werden," hat Maria das dritte Geheimnis verkündet, das an den Papst gesandt wurde und erst 1960 geöffnet werden durfte.

Bei der fünften Erscheinung, am Sonntag den 3. Oktober

1917 warteten 70 000 Menschen auf das von der Erscheinung angekündete Wunder. Im strömenden Regen warteten die Massen mit den Kindern, bis gegen Mittag die himmlische Frau erschien. Wieder ermahnte sie durch die Kinder die Menschen sich zu bessern und um Verzeihung für ihre Sünden zu bitten...

Beim Abschied öffnete die Gottesmutter die Hände, die wie Sonnenlicht strahlten, und zeigte - wie die Kinder sich später ausdrückten - mit dem Finger auf die Sonne.

Der Regen hörte plötzlich auf, die Wolken rissen auf und die Sonnenscheibe, silbern wie der Mond wurde sichtbar. Im selben Moment begann die Sonne sich mit ungeheurer Geschwindigkeit um sich selbst zu drehen. Gelbe, grüne, rote, blaue und violette Strahlenbündel gingen von ihr aus und tauchten die Wolken, Bäume, Felsen und die Erde in phantastische Farben. Drei Mal hielt die Sonne an und dann begann der Tanz der Feuerscheibe aufs neue. Jedesmal noch farbenprächtiger, noch glänzender als zuvor.

Plötzlich hatten alle den Eindruck, als löse sich die Sonne vom Firmament und rase auf sie zu. Ein vieltausendstimmiger Schreckensruf gellte auf. Tausende der Beobachter warfen sich im Schlamm auf die Knie und beteten laut.

Dieses Schauspiel dauerte gute zehn Minuten. Es wurde von weit über 50 000 Personen gesehen, von Gläubigen und Ungläubigen, von einfachen Bauern und gebildeten Wissenschaftlern, Journalisten. Sie sahen alle das gleiche Phänomen... Außerdem berichtete die Zeitung am darauffolgenden Tag, daß es auch von anderen Personen gesehen wurde, die fünf und mehr Kilometer vom Ort der Erscheinungen entfernt gewesen waren und darum keinerlei Suggestion unterliegen konnten.

Nach dem Sonnenwunder, waren zur allgemeinen Überraschung, alle eben noch vollkommen durchnäßten Kleider, vollständig trocken.

Am 13. Oktober 1930 wurden die Erscheinungen von Fatima kirchlich anerkannt.

Als Papst Johannes Paul II. 1980 in Fulda war, wurden ihm in einer Runde von Pilgergruppen auf dem Domplatz verschiedene Fragen gestellt. Einer der Teilnehmer hat ein Protokoll angefertigt, das anschließend in der "Münchner Sonntagszeitung" und in "Stimme des Glaubens", Heft 10/81 veröffentlicht wurde.

Auf die Frage: "Was ist mit dem dritten Geheimnis von Fatima?" antwortete der Heilige Vater:

"Wegen des schweren Inhaltes, um die kommunistische Weltmacht nicht zu gewissen Handlungen zu animieren, zogen meine Vorgänger im Petrusamt eine diplomatische Abfassung vor. Außerdem sollte es ja jedem Christen genügen, wenn er folgendes weiß: Wenn zu lesen steht, daß Ozeane ganze Erdteile überschwemmen, das Menschen von einer Minute auf die andere abberufen werden, und das zu Millionen, dann sollte man sich wirklich nicht mehr nach der Veröffentlichung dieses Geheimnisses sehnen. Viele wollen es nur aus Neugierde und Sensationslust wissen, vergessen aber, daß Wissen auch Verantwortung bedeutet. So bemühen sie sich nur, ihre Neugierde zu befriedigen. Das ist gefährlich, wenn man gleichzeitig nichts tun will gegen das Übel."

Dann griff der Papst zum Rosenkranz und sagte: "Das ist die Arznei gegen dieses Übel. Betet, betet und fragt nicht weiter! Alles andere vertraut der Gottesmutter an!"

Die Enthüllung des Geheimnisses, das vorher nie bekannt geworden war, scheint auf eine diplomatische Indiskretion zurückzugehen, da ansonsten nur ein enger katholischer Kreis davon in Kenntnis gesetzt worden war.

Auf Wunsch von Papst Johannes XXIII. sollte das Dokument an die Großmächte in Washington, Moskau und London zugegangen sein, um sie mehr als alles andere zur Beendigung der Atomwaffenversuche zu bewegen. Bekanntlich bemühte sich dieser Papst immer wieder sehr nachdrücklich um den Frieden, fast als sei es das Hauptmerkmal seines Pontifikats, - als Folge der schweren Mahnung im dritten Geheimnis von Fatima.

Am 15. Oktober 1963, veröffentlichte die Stuttgarter Zeitung 'Neues Europa', unter dem Titel 'Die Zukunft der Menschheit' den Text der geheimen Botschaft von Fatima.

Die Echtheit dieses Dokuments wurde nie dementiert: (Auszüge) "Habe keine Angst mein Kind, ich bitte dich, folgende Botschaft der ganzen Welt zu verkünden. ...Die Menschen müssen sich bessern und um Vergebung ihrer Sünden flehen, die sie begangen haben und noch begehen werden. ...Du hast um ein Wunderzeichen gefragt, damit alle meine Botschaft glauben. Dieses Wunder der Sonne hast du soeben gesehen. Alle haben es gesehen, Gläubige und Ungläubige...

Und nun verkünde in meinem Namen:

Über die ganze Menschheit wird eine große Züchtigung kommen. Nicht heute (1917) und noch nicht morgen, aber in der zweiten Hälfte des 20. Jahrhunderts.

Das was ich in La Salette zum Ausdruck gebracht habe, das wiederhole ich heute vor dir.

Die Menschheit hat Gott gelästert und das Geschenk das ihr gegeben wurde, mit Füßen getreten.

Nirgends mehr herrscht Ordnung. Selbst an den höchsten Stellen regiert Satan und bestimmt den Gang der Dinge. Er wird es verstehen, sogar in die höchsten Stellen der Kirche einzudringen. Es wird ihm gelingen, die Wissenschaftler so zu verwirren, daß sie Waffen erfinden, mit denen man die Hälfte der Menschheit in wenigen Minuten vernichten kann.

Er wird die Mächtigen der Völker unter seinen Willen bringen und sie veranlassen, daß diese Waffen in Massen erzeugt werden.

Wenn sich die Menschheit dagegen nicht wehrt, werde ich gezwungen sein, den Arm meines Sohnes fallen zu lassen. Wenn die Führer der Welt und der Kirche sich solchem Geschehen nicht widersetzen, werde ich den Vater bitten, das große Strafgericht über die Menschen kommen zu lassen, und Gott wird dann die Menschen strafen, noch härter und schwerer als er sie durch die Sintflut bestraft hat.

Auch für die Kirche kommt eine Zeit schwerster Bedrängnis. Kardinäle werden gegen Kardinäle, Bischöfe gegen Bischöfe sein. Satan wird mitten unter ihnen sein.

In Rom wird es große Veränderungen geben. Was verfault ist fällt, und was fällt, soll nicht erhalten werden. Die Kirche wird im Dunkel und die Welt in Verwirrung stehen.

Der große, große Krieg nach der Mitte des 20. Jahrhunderts, läßt Feuer und Rauch (giftige Luft) vom Himmel fallen, die Wasser der Ozeane werden verdampfen und ihre Gischt gen Himmel speien. Alles wird umstürzen, was aufrecht steht.

Millionen und Abermillionen werden von einer Stunde zur anderen ums Leben kommen, und die, welche danach noch leben, werden die Toten beneiden.

Überall auf der ganzen Erde wird Drangsal und Elend sein und Verzweiflung in allen Ländern.

Siehe, die Zeit kommt immer näher. Die Guten werden mit den Bösen sterben, die Großen mit den Kleinen, die Kirchenfürsten mit den Gläubigen, die Herrscher mit ihren Völkern. Überall wird der Tod regieren, von irrenden Menschen zum Triumph erhoben und die Diener Satans werden die einzigen Herrscher auf Erden sein.

Es geschieht, wenn kein Fürst des Volkes oder der Kirche es erwartet.

Später werden die Überlebenden erneut nach Gott und seiner Herrlichkeit rufen und Gott wieder dienen, wie einst, als die Welt noch nicht verdorben war.

Ich rufe alle wahren Nachfolger meines Sohnes Jesus Christus, auf, alle wahren Christen und die Apostel der letzten Zeit! Die Zeit der Zeiten kommt und das Ende aller Enden, wenn die Menschheit sich nicht bekehrt und diese Bekehrung nicht von oben kommt, von denen, die die Kirche regieren und die Welt. Doch wehe, wehe, wenn diese Bekehrung nicht kommt, und alles bleibt wie es ist, ja alles noch viel schlimmer wird!
Gehe, mein Kind, und verkünde dies. Ich werde dir dabei helfend zur Seite stehen."

Am 13. Mai 1981, dem 64. Jahrestag der ersten Mariaerscheinung in Fatima, durchpeitschten Schüsse den Petersdomplatz. Der Heilige Vater, Papst Johannes Paul II. stürzte, von den Kugeln eines Attentäters getroffen im offenen Fahrzeug zusammen. Zufall?

Marie Mesmin

Diese Frau aus Bordeaux wurde 1905 in Lourdes von einer schweren Krankheit geheilt. Ihre Frömmigkeit wurde ebenso gerühmt wie die heitere Sicherheit ihres Geistes, mit der sie sich zu ihrer Sendung bekannte. Schon 1902 hatte sie verkündet:
"Wenn ihr wüßtest, was geschehen wird, wäret ihr in Angst und Schrecken. Es kommt ein Krieg, wie man einen solchen noch nicht erlebt hat.
Bis zu fünfzig Jahren werden alle Männer in den Krieg ziehen müssen...
Ich sehe, wie große Vögel Feuer auf die Städte fallen lassen...

Es wird außer Krieg auch Pest und andere, gänzlich unbekannte Krankheiten geben, von denen die Ärzte nichts wissen...
Es kommen große Erdbeben und Berge werden sich bewegen...
Es kommt Hungersnot und Revolution; man wird sich verstecken müssen...
Es kommt der Tag, wo die Reichen ebenso leiden wie die Armen, wo das Geld zu nichts sein wird..."

Marie Mesmin konnte weder lesen noch schreiben, und am 5. Juli 1914 diktierte sie:
"Das Unglück steht vor unserer Türe. Die Deutschen werden das Land überfluten. Wir stehen am Vorabend des Strafgerichts... Wir haben den guten Herrn verlassen, um dem Bösen zu dienen. Er wird uns nun in seiner Weise bedienen... Schließlich werden sich die Nationen untereinander zerfleischen; Engländer gegen Engländer, Italiener gegen Italiener, Spanier gegen Spanier, Franzosen gegen Franzosen... Katastrophe wird auf Katastrophe folgen..."

A, 7. November 1918, vier Tage vor dem Waffenstillstand diktierte sie folgenden Brief:
"Glaubet nur ja nicht, daß jetzt, in dieser scheinbaren Ruhe, alles beendet ist; Wo sind denn die bekehrten Menschen? Ist die Welt zu Gott zurückgekehrt?
Freut euch nicht, denn dieser scheinbare Friede dient nur dazu, einen weit furchtbareren Angriff als den ersten vorzubereiten.
Wenn die Menschen Buße täten, so könnte man sagen: Bald kommt die Befreiung, bald die Erneuerung, und eine neue Blüte in allem. Das ist aber nicht der Fall, und entsetzliche Übel erwarten uns..."

Aus den Jahren unmittelbar nach dem ersten Weltkrieg sind noch folgende Äußerungen dieser Seherin bekannt geworden: "Es kommt noch eine Prüfungszeit, die schrecklich

sein wird. Gott wird die Menschen sieben, und jene, die nichts hören und nichts verstehen wollen, werden inmitten dieser Plagen zugrunde gehen...
Es gibt Leute, die auf einen von Gott uns gesandten König hoffen, der die Ordnung wieder herstellen soll.
Ist das möglich bei der schlechten Gesinnung, die überall herrscht?
Bevor ein König kommen kann, muß die Welt vollständig anders geworden sein, und nur große Strafen werden diese vollständige Umwandlung zustande bringen.
Trotz der großen Heimsuchungen wird Frankreich nicht verloren gehen. Frankreich wird Frankreich bleiben, aber nur durch Gottes Vorsehung. Es wird durch Mittel, die Gott allein bekannt sind, in dem Augenblick gerettet werden, wo alles verloren scheint!"

Andere Maria-Erscheinungen
mit ähnlichen Botschaften

März 1873 in Blain, Bretagne erscheint Maria der anschließend stigmatisierten Seherin Marie Julie Jahenny (23) und verkündet eine Mahnung an die sündige Menschheit.(s. S.182)

Am 21. August 1879 in Knock Irland, hatten 22 Leute Erscheinungen von der heiligen Maria, St. Joseph und St. Johannes dem Apostel. Seither pilgern jährlich etwa 1 Million Menschen dorthin. Papst Johannes Paul II. besuchte diesen Wallfahrtsort bei seiner Irlandreise in 1979.

1887 in Aichstetten Bayern, erhielt die 16jährige stigmatisierte Seherin Anna Henle mehrere Botschaften, die in einem Aufruf an die Welt zusammengefaßt wurden: '...drei Tage Nacht, ...die Strafe trifft die ganze Welt, die Erde wird beben... große Umwälzungen. Das neue Reich des Friedens, Sieg der Zukunft!

Vom 29. November 1932 bis 3. Januar 1933 hatten in Beauraine in Belgien fünf Kinder Marienerscheinungen, die am 2. Juni 1949 von der Kirche offiziell anerkannt wurden.

Im Winter 1933 hatte ein elfjähriges Mädchen Marietta Beco, in Banneux Belgien, insgesamt acht Marienerscheinungen, die am 22. August 1949 ebenfalls von der Kirche als wahre Erscheinung anerkannt wurde.

August 1933 in Onkerzele, Bistum Gent (Belgien) erschien Maria der 53jährigen Mutter von dreizehn Kindern Leonie van den Dyck. Im Dezember 1933 sahen dort auch viele Menschen mehr als eine Stunde lang das Sonnenwunder, wie 16 Jahre zuvor in Fatima. 1940 bekam Leonie die Wundmale des gekreuzigten Heilands und macht verschiedene Prophezeiungen von Kriegen und Kirchenverfolgung:

Die erste Katastrophe kommt von den Menschen selber... Dann kommen die Roten... Wo die Horden hinkommen verliert das Leben seinen Wert. Nur noch Barbarei, Terror und Elend - Chaos. Das Geld wird so wertlos werden wie Papier das auf den Straßen umherfliegt. (Währungsreform)
Die Schutterhaufen der vom Krieg zerstörter Weltstädte werden bestehen bleiben als Zeichen von Gottes Gerechtigkeit.
Flutmassen werden weite Landstriche überschwemmen und viele Menschen töten.
Eine tödliche ansteckende Krankheit wird immer wieder ausbrechen. Erst nachdem ganze Völker vernichtet sind, kommt die Ruhe zurück.

Leonie van den Dyck hatte vorausgesagt, 20 Jahre nach ihrem Tod, werde man als Beweis für die Echtheit ihrer Visionen feststellen, daß ihr Leichnam im Grab nicht zur Verwesung übergegangen ist.
Am 9. Juni 1972, dreiundzwanzig Jahre nach ihrem Tod, wurde der Sarg aus der Lehmerde geholt und der anwesende Arzt aus Mecheln, Dr. Franz Jacobs bestätigte, daß keinerlei Spuren von Verwesung zu erkennen waren. "...Die Haut ist gelblich und ohne Runzeln... der Geruch ist derselbe wie der an den ersten Tagen nach dem Ansterben. ...keine Spur von Ungeziefer oder Würmern... Unterzeichneter bestätigt den außergewöhnlichen Zustand des Leichnams der Leonie van den Dyck, der wissenschaftlich nicht zu erklären ist."

Seit 1937 bis 1945 hatten in Heede an der holländischen Grenze, vier Mädchen, Anna Schulte, Greta und Maria Ganseforth und Susanne Bruns, (zwischen 12 und 14) mehrere hundert Erscheinungen (auch von Jesus) mit verschiedenen Botschaften

Vom 25. März 1945 bis 31 März 1959, hatte in Amsterdam (Holland) eine 30jährige Frau Ida Peerdeman, 55 Erscheinungen und verschlüsselte Zukunftsvisionen. u.a. : "Deutschland muß anfangen wieder die Einheit zurückzuerlangen..."
Am 10. Februar 1958 sagte sie voraus: "Der Heilige Vater Papst Pius XII. wird Anfang Oktober dieses Jahr bei den Unseren aufgenommen." Er starb!

Vom Frühjahr bis Dezember 1947 hatte eine Krankenschwester in Montichiari bei Brescia Italien, sieben Erscheinungen der 'Mutter der Kirche'.

Am 24. September 1949 in der Benediktinerkirche von Würzburg, erschien die heilige Maria einem Bruder Adam vom Deutschen Marien-Ritter-Orden, mit einer prophetischen Botschaft über einen kommenden Krieg. Unter anderem sprach sie auch von einer Verbündung der russischen mit der jugoslawischen Armee.

Von Oktober 1949 bis 1952 hatten in Heroldsbach bei Forchheim, hatten vier Kinder, Kuni Schleicher, Grete Gügel, Erika Müller und Marie Heilmann (10-11 Jahre alt) mehrere Marienerscheinungen.
Am 8. Dez. 1949 erlebten dort etwa zehntausend Menschen die Schrecken und das Phänomen eines Sonnenwunders.
Trotz mehrerer Erscheinungen, die auch von Hunderten anderer Menschen dort wahrgenommen wurden, wurde am 15. Mai 1953 auf Anordnung des Erzbischöflichen Ordinats Bamberg, die Wahlfahrtstätte zerstört und dem Erdboden gleichgemacht.
Die meisten der Beteiligten wurden exkommuniziert.
Das Ordinat Bamberg brachte anschließend noch eine Broschüre heraus, in der die Vision der Kinder verspottet wurde. Doch trotz der Exkommunikationsmacht des 'Hohenpriesters' der katholischen Kirche Bamberg, finden dort seit Juni 1986 wieder Prozessionen statt.

Seit dem 1. Juni 1958 erschien in Turzovka (Slowakei) dort sechsmal die Gottesmutter drei Männern, die trotz ständiger Verfolgung und Unterdrückung bei ihrer Aussage blieben.
Der Waldaufseher Matousch Laschut hatte dabei Gesichte, die von Franz Grufik (Prag) aufgezeichnet wurden.
Matousch sah eine Karte der Welt, worin die Gebiete der Guten in grün und jene, die mehr von bösen Menschen besiedelt waren, in gelber Farbe eingezeichnet waren, und die

allmählich begannen sich wellenförmig auszubreiten. Ein feueriger Regen verwischte die Konturen der Weltteile. Am Schluß war die ganze Welt gelb geworden. Explosionen blitzten auf, ein Feuerregen fiel und die ganze Welt stand in Flammen...

Im Juni 1961 und mehrmals danach bis Dezember 1965 erschien in San Sebastian von Garabandal in den Bergen von Nordspanien, erschien die Mutter Gottes zu vier Mädchen, Conchita, Maria Dolores, Jacinta und Maria Cruz, mit einer längeren Botschaft und Versprechen auf ein großes Wunder.

Im Oktober 1961 in San Damiano (Italien), hatte die Bäuerin Rosa Quattrini, Mutter von drei Kindern eine Erscheinung.

Im Dezember 1967 und mehrmals bis Januar 1968 bekam in San Damina di Piacenza eine einfache, alte Frau - Mamma Rosa - mehrere Botschaften

1972 bis 1985 in Bayside, New York, erhielt Veronika Lüken, Mutter von fünf Kinder, (Ehemann ist deutscher Abstammung) mehrere Botschaften von Maria und Jesus, sowie globale Visionen, die zum Teil schon eingetroffen sind.
Unter anderem spricht sie auch von einer dreitägigen Finsternis, kein Licht außer Kerzenlicht, vom Himmel fallende Steine und erstickender Staub, Flammen, Fluten, Kriege, Blutbad in der Ewigen Stadt.
Zuvor Mord auf den Straßen, Kinder stehen gegen ihre Eltern auf, und - "ein Vertrag, eine Urkunde zwischen dem Vatikan und Rußland, die von vielen Kardinälen unterzeichnet wurde. Es gibt noch drei Lebende auf Erden, die an der Abfassung dieses Vertrages mitgewirkt haben."
(Anmerkung: Dies war ein geheimer Vertrag zwischen den

Freimaurer-Kardinälen des Vatikans und den kommunistischen Führern in Moskau. In der 1979 veröffentlichten Liste der eingetragenen Freimaurer im Vatikan, stand auch der Name des damaligen Kardinalstaatssekretär Jean Villot auf dieser Liste.)

Am 28. Juni 1973 hatte in Akita Japan eine junge Frau, Agnes Katsuko Sasagawa eine Marienerscheinung. Bischof Ito von Tokio hat 1984 diese Erscheinung offiziell anerkannt. Vom 2. April 1968 bis Mai 1971 geschahen in Zeitoun bei Cairo in Ägypten Marienerscheinungen, die dort von Tausenden gesehen worden sind.

Am 12. Oktober 1975 hatte in Vietnam, der durch Kriegsverletzungen gelähmte und sprechunfähige Soldat Stephen Ho Ngoc Ahn eine Erscheinung mit einer mahnenden Botschaft. Kurz darauf wurde der ehemalige Soldat geheilt und nach einer weiteren Erscheinung am 28. Dezember, konnte er davon zum ersten Mal seit Jahren wieder sprechen und überbrachte die Botschaft an etwa 400 Gläubige seiner Gemeinde.

Januar 1974 bis 1982, in Porto Santo Stefano, erhielt der Arbeiter Enzo Alocci, Botschaften von Krieg und unheilbaren Krankheiten.

Seit Oktober 1975 in Mailand, der Priester Stefano Gobbi, Botschaften und Aufruf zur Umkehr vom Bösen...

Von Mai bis Oktober 1980 erhielt in Cuapa, Nicaragua, Bernado Martinez mehrere Botschaften, die auch seine Familie betrafen.

Seit dem 13. November 1980 hat die stigmatisierte

Amparo Cuevos in Escorial Spanien, Erscheinungen, die meist mit Warnungsbotschaften begleitet sind.

Am 24. Juni 1981 erschien in Medugorje, Bosnien-Herzegowina die Königin des Himmels das erste mal sechs Kindern. Seither erhalten zumindest vier dieser heute schon erwachsenen Kinder jede Woche Botschaften religiöser Art. Zumindest am 9. Oktober 1987 geschah dort vor mehreren Tausenden Pilger aus aller Welt ein farbiges Sonnenwunder.

1981 in Kibeho, Rwanda zu sieben jungen Leuten mit Botschaften wie: 'Die Sünden der Welt sind zahlreicher als die Wassertropfen im Meer... Es bleibt nicht viel Zeit um vorzubereiten für das Jüngste Gericht...'

Seit dem 22. November 1982 in Damaskus Syrien erhält die stigmatisierte Seherin Mirna Nazzour unregelmäßig Botschaften von einer Marienerscheinung.

Vom 25. Sept. 1983 bis Februar 1990 hatte die seither stigmatisierte Hausfrau Gladys Quiroga de Motta in San Nicolos Argentinien, mehrere Erscheinungen. Jeden 25. des Monats pilgern 50 000 Gläubige zur Kathedrale nach Campito. Bischof Castagna hat um Anerkennung der Erscheinungen eingereicht.

Seit dem 30. Juni 1985 in Naju Korea, Erscheinungen mit der Botschaft: 'Betet für die Eltern der Kinder die ermordet wurden durch Abtreibung!'

Seit 5. August 1985 erschien die Muttergottes in Inchigeela, Irland drei Kindern (10, 11 und 16).

Am 15. März 1987, hatten drei Kinder in dem kleinen Dorf Terra Blanca in Mexiko Marienerscheinungen mit Botschaften für die ganze Welt. Selbst der Dorfpriester Rene Laurentin äußerte seine Überraschung, warum ausgerechnet ein so abgelegenes Dorf als Erscheinungsort für einen Aufruf - für die Welt zu beten - ausgewählt worden war.

Seit September 1988 erhält Estela Ruiz in Phoenix Arizona zahlreiche Marien-Botschaften, die ein Buch füllen könnten.

Am 27. April 1987 erschien in Hrushiv Ukraine die heilige Jungfrau einem 12jährigem Mädchen Marina Kizyn, um: '...den Menschen in der Ukaine beizustehen, - Ukraine wird seine Unabhängigkeit von der UdSSR erlangen.'

Am 21. Januar 1988 geschahen in Gortnadreha Irland, Marienerscheinungen, die von der Kirche untersucht werden.

Am 23. April 1991 geschah nach mehreren Marienerscheinungen in dem kleinen Dorf Sabana Grande in Puerto Rico ein Sonnenwunder, das von über 100 000 Pilger gesehen und miterlebt wurde.

Ob die zahlreichen Mariaerscheinungen, besonders seit dem Versprechen der heiligen Maria an Lucia von Fatima, ihr wegen der Botschaft helfend zur Seite zu stehen, damit zusammenhängen, bleibt dem gläubigen Leser überlassen.

Edgar Cayce,
der schlafende Prophet!

Kein anderer Mann hat als Seher seit Nostradamus mehr internationale Berühmtheit erlangt, als 'der schlafende Prophet' - Edgar Cayce. Sein Buch von Jess Stearn von 1967 ist außer der englischen Ausgabe auch in fast alle Sprachen der christlichen Welt übersetzt worden, und in allen Erdteilen staunen die Leser über die Prophezeiungen, die dieser Heiler und Seher im Tranceschlaf gemacht hatte.

Seine Readings (Diagnosen/Weissagung-Sitzungen) hatten schon Tausenden geholfen, die zu ihm gekommen waren, um Hilfe und Rat zu holen. Insgesamt sind über 8000 davon dokumentiert, die er im Laufe der Jahre gab.

Erstaunlich ist, daß noch während er in Trance jemanden über seine Gesundheit Auskunft und Rat gab, sprach er zugleich auch von drohenden Gefahren die auf Amerika und die Welt zukommen würden.

1939 prophezeite er das Ende des eben begonnenen Zweiten Weltkrieges für zwischen 1945 und 1946, kurz nach seinem eigenen Tod im selben Jahr. Exakt war auch seine Vorhersagung des Vietnam Krieges und die Asassination von Präsident Kennedy.

Jedes bedeutende Ereignis, schon vor der Zeit des I. Weltkrieges bis weit in die heutige Zeit, hat er mit verblüffender Genauigkeit vorausprophezeit. Den Untergang der Titanic genauso wie den Verlust Indiens als Teil des britischen Imperiums.

Auf der internationalen Bühne zeichnete er die Zukunft Rußlands, Japans, Europas und der Vereinigten Staaten ebenso, wie das Ende des Kommunismus in Rußland und in Ost-Europa, sowie die noch ausstehende Demokratisierung Chinas.

Seine erstaunlichen Kenntnisse in der Medizin sind der psychosomatischen Medizinwelt erst 20 Jahre nach seinem Tod aufgefallen und werden seither als Beispiel dargestellt. Seine Heilfähigkeit und akkuraten Krankheitsprognosen stehen außer Zweifel.

Eine führende Kapazität stellte in den sechziger Jahren fest: "Cayce war seiner Zeit medizinisch 100 Jahre voraus. Eines Tages werden wir wohl die Lehrbücher für Physiologie und Anatomie neu schreiben und sie seiner Auffassung anpassen, daß die Gesundheit einer vollkommenen Harmonie von Blut, Lymphe, Drüsen und Nerven entspringt."

Staunen erregten auch viele Arzneien, die Cayce den bei ihm Hilfesuchenden empfahl. Manche bestanden aus einem Dutzend verschiedener Ingredienzien die manche Apotheker nicht einmal beim Namen kannten. Und dabei hatte Edgar Cayce nicht einmal eine durchschnittlich gute Schulbildung erhalten. In seiner Heimatstadt Hopkinsville Kentucky, wo er im März 1877 geboren war, kam er nicht über die 6. Schulklasse hinaus.

Einmal empfahl er einem an Rheumatismus Leidenden Scharlachsalbeiwasser. Kein Apotheker hatte je davon gehört und der Patient gab in einer medizinischen Fachzeitschrift eine Annonce auf, um Auskunft über das Präparat zu erfahren. Aus Paris schrieb ein Mann, daß sein Vater ein derartiges Präparat entwickelt hatte, aber das die Herstellung schon vor über 50 Jahren eingestellt worden war. Er legte das Originalrezept dem Brief bei. Doch inzwischen hatte E.C. dem Patienten durch eine zweite Trance-Reading die Herstellungsweise für Scharlachsalbeiwasser offenbart und als das Rezept aus Paris ankam, stimmte es genau mit dem aus der Trance erhaltenen überein.

Dr. Wesley H. Ketchum ließ Cayce in späteren Jahren

als Gehilfe in seiner Praxis mitwirken und bezeichnete ihn als medialen Diagnostiker.

Einem interessierten Medizinpublikum erklärte der Arzt, daß E. Cayce die Fähigkeit habe im Unterbewußtsein von anderen Eindrücke zu erfahren, die nur er selbst zu interpretieren vermag. In dem Buch 'Edgar Cayce, der schlafende Prophet' führt der Autor Jess Stearn zahlreiche Fälle auf, die der Heiler E.C. als ein Mann mit Röntgen-Augen und besonderen diagnostischen Fähigkeiten darstellen.

Doch wir wollen uns hier vor allem mit dem Prophet, dem Zukunft-Seher Edgar Cayce befassen und führen diese besonderen Fähigkeiten jetzt auf.

Nur kurz sei zusätzlich erwähnt, daß der Autor Jess Stearn, der E.C. jahrelang gekannt und ihn oft gefragt hatte, warum er diese hellseherischen Fähigkeiten nicht benutzte, um sich selber Reichtum und Vermögen anzuschaffen. Andere hatten es mit seinen Voraussagungen getan, doch er selbst zog nie Nutzen aus dieser Gabe. Cayce betonte immer wieder, daß er selber unter keinen Umständen durch seine Fähigkeiten materielle Vorteile erhalten dürfe.

Keiner, der nur auf Gewinn ausging, hatte wirklich Nutzen von Cayces Ratschlägen. Ein Börsenmakler verlor das Vermögen, das er durch Cayce erlangt hatte, als er gegen Edgar Cayces Rat, weiter an der Börse spekulierte. Ein anderer der Cayce mißbrauchte, um bei Pferderennen zu gewinnen, landete in der Irrenanstalt.

Edgar Cayce war absolut akkurat in seinen Voraussagungen. Den Börsenkrach von 1929 prophezeite er fast auf den Monat genau.

Als er sagte, daß es im Bezirk Dade im Staate Florida, dort wo jedermann bisher nur an Orangen und Grapefruit dachte, Erdöl gibt, glaubte man ihm nicht und lachte darüber. Doch sie waren es die sich irrten und Cayce behielt recht.

Er war kein gewöhnlicher Mensch. In seiner Gegenwart fühlte sich jedermann sofort wohl. Schüchterne und zurückhaltende Fremde gingen auf ihn zu und schüttelten seine Hand. Selbst die scheuesten Kinder gingen unaufgefordert zu ihm, und Cayce wunderte sich niemals darüber. Es könnte sein, sagte er mehr als einmal, daß ich sie schon einmal gekannt habe. Seine Deutung über Reinkarnation, war für viele in diese Richtung tendierende, sehr aufschlußreich. Einmal, als er in Virginia Beach in einem Friseursalon saß, kam ein kleiner Junge und kletterte wie selbstverständlich auf seinen Schoß. Der Vater, dem gerade die Haare geschnitten wurden, mahnte den Jungen: "Belästige den Herrn nicht, du kennst ihn doch garnicht." Der Kleine schlang seine Arme um Cayces Nacken. "Doch ich kenne ihn," erwiderte er, "wir waren auf dem Floß miteinander - hungrig."
Darüber erschrak sogar Cayce. In einem seiner Readings, von dem nur seine engere Familie wußte, hatte er sich selbst in einem früheren Leben gesehen, wie er auf einem Floß den Ohio River hinunter vor Indianern floh. Die halb verhungerten Verfolgten auf dem Floß wurden schließlich eingeholt und getötet.

Cayces Zeitplan

Im Jahre 1923 begann Edgar Cayce neben heilkundlichen bzw. Gesundheits-Readings auch Lebens-Readings zu machen.

Als 1959 Alaska der 49. Staat der USA wurde, war schon ein Anfang gemacht worden, für die von Cayce vorrangig für zwischen 1958 und 1998 vorausprophezeiten Veränderungen des physikalischen Aussehens der Westküste Amerikas. 1964 kam das bishin schlimmste Erdbeben auf dem amerikanischen Kontinent.

'Current Science', ein wöchentlich erscheinender Wissenschaftsbericht teilte mit, daß das Beben den Meeresboden um

sechseinhalb Meter und den gesamten nordamerikanischen Kontinent um 1,3 m gehoben hat. Berge wurden im Durchschnitt 1,5 Meter verlagert. Überall auf dem Erdball bewegte sich die Erde.
An Küsten, fast 5000 Kilometer entfernt, stieg die Flut 2,5 m über den Normalstand. Im Iran hob und senkte sich das Festland wie eine Welle, als die Erdbebenwogen durchliefen. Das östliche Becken des Mittelmeeres hatte sich vor kurzem gesenkt, während der Meeresboden von Marokko um fast eintausend Meter emporschoß.
Der Aetna wird nach Jahrzehnten wieder sehr aktiv. Und wie wir wissen, nur einige Jahre danach - riesige Erdbeben in San Francisco und Los Angeles. Hunderte sterben, tausende Häuser vernichtet, Straßen brechen auseinander, Brücken stürzen ein...
Doch nicht genug, - Cayce sah die beiden Städte total zerstört.
    1932 forderte man Cayce auf: ''...die wichtigsten politischen Ereignisse vorauszusagen, die sich auf das Wohlergehen der Menschheit auswirken.''
Er antwortete:''Das lasse sich am besten nach der Katastrophe tun, die (19)36 die Welt in Form eines Zerfalls vieler Mächte heimsucht, die heute als Faktoren in den Weltereignissen bestehen.''
Man fragte auch nach internationalen Angelegenheiten wie: ''Wird Italien in naher Zukunft zu einer liberalen Regierungsform übergehen?''
Cayce:''Auch Italien wird durch eine Macht zerstört werden die heute unbedeutend kleiner ist zwischen den augenblicklich größeren...''
1936 war tatsächlich ein kritisches Jahr. Der Völkerbund (Vorläufer der UN/Vereinten Nationen) brach zusammen; Bürgerkrieg tobte in Spanien, in dem verschiedenen Nationen Partei ergriffen; Italien bekriegte Abessinien; Gegen Deutsch-

land wächst der Druck anderer Nationen, besonders in Polen und der Tschechoslowakei; Die Bevölkerung im Saarland wählt Deutschland und kurz danach übernimmt Deutschland die sogenannte entmilitarisierte Rheinland Zone. Schon wenig später folgt der von Cayce seit 1935 vorausgesagte Zusammenschluß Österreichs mit Deutschland und auch die, daß die Japaner sich dieser Macht anschließen werden.

Die erste Prophezeiung Cayces über die Periode 1958-1998 stammt vom Januar 1934 und bezieht sich auf mehrere Kontinente:
"Was die physikalische Veränderung anbetrifft, die von 1958 bis 1998 beginnen werden:
Die Erde wird im westlichen Teil Amerikas aufbrechen.
Ein Teil Japans wird im Meer untergehen.
Der obere Teil Europas wird sich im Handumdrehen verändern. Land wird vor der Ostküste Amerikas erscheinen."

Cayce sprach auch von Umwälzungen in der Arktis und Antarktis, von Vulkanausbrüchen als Vorspiel zur Polveränderung und zur weitgehenden Veränderung der Erdklimate.

Seit 1958 hat sich die Vulkanaktivität in Hawaii stark gesteigert. Im Juli 1960 und Februar 1964 meldete die Presse ungewöhnlich starkes Wiederaufleben und Eruptionen des Aetna-Vulkans in Sizilien. Auch auf Bali fand 1963 eine heftige Eruption statt; ein neuer Vulkan türmt sich über den zerfallenen Überresten von Krakatoa (war 1883 durch einen gewaltigen Ausbruch zerstört worden), der Vulkan Irazu bei San José auf Costa Rica wurde wieder aktiv und der seit Jahrhunderten nicht mehr aktive Mt.Helena in Kalifornien, explodierte 1980 mit neuer Gewalt und hat sich seither kaum beruhigt.
1960 zerstörte ein schreckliches Erdbeben den größten Teil Agadirs (Marokko), wobei 12 000 Menschen getötet wurden.

Die Stadt Skopje in Jugoslawien wurde 1963 durch Erdbeben verwüstet...
70 000 Tote bei dem Erdbeben von 1970 in Peru..
10 000 Tote 1972 in Nicaragua
Schätzungsweise 25 0000 Tote in Mittelamerika 1976
In Italien waren es 1980 fast 5000 Tote
1985 in Mexiko 15 000
1986 und 1987 wieder in Zentralamerika mit 3500 Toten
100 000 Tote 1988 in Armenien
Dieselbe Anzahl während der letzten 30 Jahre in Iran und der Türkei
Los Angeles und San Francisco wurden Anfang der Neunziger Jahre von großen Erdbeben durchrüttelt...

Cayce erwähnte häufig Erdbeben, Vulkanausbrüche und verheerende Überschwemmungen. Zur Zeit der Aufzeichnungen für dieses Buch, (April 1994) spricht man von 'Jahrhundert-Überflutungen' in Europa und USA.

Für um das Jahr 2000 kündigte er eine Verlagerung der Erdpole an, - oder ein neuer Erdzyklus werde beginnen.

Die Einzelheiten die Edgar Cayce über die Ereignisse in Amerika vorausgesagt hatte sind vielfältig und faszinierend. Leider auch zu umfänglich, um sie in diesem Buch alle aufzeichnen zu können. Wir wollen uns daher hauptsächlich nur auf die Dinge beschränken, die Europa und Deutschland betreffen.

Einer seiner berühmtesten Prophezeiungen die er erst wenige Monate vor seinem Tode (Januar 1945) machte, betrifft die Sowjetunion. Er kündigt dabei das Ende des Kommunismus in Rußland an und sah sogar das Land zur Hoffnung der Welt werdend.

"...nicht mit dem, was manchmal als Kommunismus oder Bolschewismus bezeichnet wird. Nein, vielmehr - Freiheit!

Jahre werden vergehen bis es eine konkrete Form annimmt. Doch aus Rußland kommt wieder die Hoffnung der Welt."

1939 prophezeite er den Tod zweier Präsidenten während ihrer Amtszeit. Dies ist zweifellos eingetroffen: Franklin D. Roosevelt starb im April 1945 und John F. Kennedy wurde im November 1963 ermordet.

Als Prophet war Cayce einmalig. Fast alle Zukunftsmedien vermeiden es, - oder vermögen es einfach nicht, sich in ihren Voraussagungen zeitlich festzulegen; manche erklären, so etwas wie Zeit gäbe es für sie nicht. Cayce dagegen war ein schlummernder Kalender aus dem die Daten geradezu hervorsprudelten.

Kurz nach Hitlers Machtübernahme im Jahre 1933 fragte eine Gruppe von Deutschamerikanern, die mit dem Dritten Reich sympathisierten: "Wird es Hitler gelingen, den Juden die Kontrolle des deutschen Bankwesens aus den Händen zu nehmen?"
Seine Antwort: "Es ist praktisch schon soweit."

Im Juli 1938, sagte er auch das Ende der nazistischen, faschistischen und kommunistischen Regimes voraus. Er sah, daß diese Regierungen, einschließlich Spanien, China und Japan, ihre Völker unterdrückten. Auch das gesellschaftliche Experiment (Kommunismus) in Rußland konnte laut Cayce nicht von Dauer sein. Der Versuch, "nicht nur das wirtschaftliche, sondern auch das seelische und geistige Leben" des gewöhnlichen Russen zu beherrschen, sei schändlich, aber glücklicherweise zum Scheitern verurteilt.
"...Und dasselbe trifft in anderen Ländern zu, ob sie unter einem kommunistischen, faschistischen oder nazistischen Regime stehen. Wenn sich Unterschiede zwischen großen Gruppen bilden, gibt es einen Klassenkampf und kein 'liebe

deinen Nächsten wie dich selbst' und die Zustände können nicht bestehen."

Im August 1941, vier Monate vor Pearl Harbor befragte ihn ein junger Mann, wie lange diese Zustände (Krieg) in Europa andauern würden. Er wollte wissen, wie lange er beim Militär dienen müsse. "Zumindest bis 1945," antwortete der Seher Cayce.

Eine der dramatischsten Visionen vom 2. Weltkrieg war wohl der 'Pferdetraum'. Obwohl Cayce diese Vision im Sommer 1941 hatte, als die deutsche Nazi-Welle schier unaufhaltsam nach Rußland hineinrollte, deutete er bereits den erfolgreichen Gegenangriff der roten Horden des Kommunismus gegen die 'weißen Ritter' Deutschlands an.

Kurz vor dem 2. Weltkrieg sah er immer noch einen Aufstieg Rußlands voraus, aber erst, wenn im Land selbst die Freiheit wieder eingekehrt sei. Neues Verstehen wird einem verwirrten Volk zuteil...

Etwa zur selben Zeit, im Juni 1938, erwähnte Cayce auch den Wohlfahrtsstaat der Zukunft: "Eine neue Ordnung der Lebensbedingungen wird entstehen. Dem Einzelmenschen muß größere Beachtung geschenkt werden, damit jeder der Hüter seines Bruders wird..."

(Man vergleiche hierzu die Anstrebungen einer neuen 'Weltordnung' die Präsident Bush erstmals Anfangs der Neunziger Jahre erwähnt hatte.)

Cayce kritisierte Arbeitnehmergruppen genauso wie Arbeitgeber: "Es muß in steigendem Maß eine Rückkehr zur Landarbeit geben, und die Scheinbeschäftigung für die Arbeiterschaft auf besonderen Gebieten muß eingeschränkt werden. Wenn dies nicht geschieht, wird es zu Zerwürfnissen, Unruhen und Konflikte kommen."

"Wenn kein stärkerer Ausgleich erreicht wird, keine größere

Rücksicht auf jene, die produzieren und keine bessere Verteilung des Mehrgewinns aus der Arbeit, dann sind größere Unruhen die unausweichliche Folge."

Bereits damals sah er den Opportunismus der Politiker voraus, die Wahlen zu beeinflussen versuchen, anstatt die Ungerechtigkeit abzuschaffen, aus der so viele Unstimmigkeiten erwachsen.

Selbst politische Parteien warnte er: "In den Herzen mancher, die die Sache einzelner Gruppen vertreten, fehlt es an Rechtschaffenheit."

Auch für China prophezeite der schlafende Prophet während einem Reading im Jahre 1943, eine dem Westen sich annähernde demokratisierende Kultur.

Dies schien Angesichts der kommunistischen Vorherrschaft damals unwahrscheinlicher den je. Doch seit Beginn der Neunziger Jahre scheint die Annäherung doch etwas näher gerückt zu sein.

Edgar Cayces Gesundheitsprognosen wurden in vielen hunderten Fällen schriftlich festgehalten. Er stellte nämlich nicht nur Diagnosen, sondern machte auch Prognosen, ob - wie und wann ein Patient gesund werden würde.

In dem Buch 'Edgar Cayce, der schlafende Prophet', sind ein großer Teil dieser Fälle aufgelistet, manchmal sogar mit den darin als so erfolgreich geschilderten Heilmitteln und Anwendungen die Cayce empfohlen hatte.

In Trance sprach Cayce oft in ihm fremden Sprachen, die er im Wachzustand überhaupt nicht verstand, geschweige denn sprechen konnte. Bei Readings wechselte er oft in bekannte oder auch unbekannte Sprachen über. Während einer dieser Readings für einen Deutschen gebrauchte er sogar einen Dialekt, der nur einem dort Einheimischen geläufig sein konnte. Cayces Logik und Beweisführung über Reinkarnation ist verblüffend aufschlußreich und - mit der Bibel verbunden.

Alois Irlmaier

Von Beruf Brunnensucher und Brunnenbauer, war dieser einfache und schlichte Mann aus Freilassing nicht gerade ein Heiliger, aber von aufrecht christlicher Gesinnung, gutmütig und stets hilfsbereit.

Die ihn näher kannten meinten, er sei so unbegabt gewesen, daß er seine Visionen und Gesichte nie hätte erfinden können. Seine Phantasie war recht begrenzt und er war alles andere als schlau und gerissen. Aber, er hatte eine große Gabe mitbekommen: Er war ein spürsicherer Wünschelrutengänger, der jede Wasserader fand.

Schon in seiner Jugendzeit machte er die Erfahrung, daß er das Wasser 'spüren' konnte. Wenn er in die Nähe einer Quelle oder Wasserader kam, dann 'wurlte' es in seinen Fingern. Die Adern der Hand traten dick hervor und die Wünschelrute schlug so unwiderstehlich aus, daß sie auch von fremder Hand nicht gehalten werden konnte.

Zu dieser außerordentlichen Fähigkeit kam dann noch eine zweite, noch erstaunlichere hinzu: Hellsehen!

Irlmaier wurde im ersten Weltkrieg vier Tage lang verschüttet und erlitt einen schweren Nervenschock. Ob dieses Ereignis diese zweite Fähigkeit ausgelöst hatte ist kaum anzunehmen, denn erst ein Jahrzehnt später, in 1928 begann er außergewöhnliche Dinge zu sehen. Seitdem gab es ihm häufig einen 'Riß' wie er es nannte, und dann sah er Personen - lebende und tote, Landschaften, Striche und Zahlen.

Für letztere wußte er meist keine Erklärung. Es kam mitunter auch vor, daß seine hellseherische Fähigkeit völlig versagte. Es gab ihm dann eben keinen 'Riß'.

Das sagt aber nichts gegen seine zahlreichen Erfolgsfälle. Was er als verbürgte Voraussagungen der Nachwelt hinterließ, wurde schon in vielen Zeitungen, Zeitschriften und Büchern veröffentlicht.

Doch ihm war es nicht zu seiner eigenen Freude gegeben, in die Zukunft oder in die Vergangenheit zu schauen. Davon waren die, die ihm am nächsten standen, fest überzeugt. Er hatte ihnen oft genug Beweise dafür gegeben.

Aber es gab auch welche, die ihn einen 'spinnerten' Sonderling nannten und lachten über ihn, wenn es dem Brunnengraber nicht gelang, dort Wasser zu finden, wo es ihm sein Spürsinn angedeutet hatte.

Daß er nur das Vorhandensein - nicht aber die Tiefe in der sich das Wasser befand, feststellen konnte, das beachteten sie nicht.

Das 'Schauen', seine hellseherische Fähigkeit, war nicht immer gleich gut und exakt. Er mußte sich dabei sehr konzentrieren und das strengte ihn immer derartig an, daß sich bald Ermüdungserscheinungen bemerkbar machten. Die Visionen erschienen als ruckhaften Bildern in rascher Abfolge des Geschehens und waren dann genauso plötzlich wieder weg. Er mußte nun das eben Gesehene in Worte fassen.

Verstorbene sah er als schleierhafte Gestalten.

Er suchte nicht unbedingt die Gesellschaft anderer, vermied es aber nicht ein Wirtshaus aufzusuchen, wenn er als Brunnenbauer unterwegs war. Er unterhielt sich gerne mit anderen und konnte sogar mit anderen lustig sein. Dabei kam es öfters vor, daß er jemanden berichtigte, der sein eigenes Erlebnis oder etwas von seiner Familie erzählte, indem er Einzelheiten ergänzte, die er als Fremder gar nicht wissen konnte. Als ihn deswegen jemand einmal zur Rede stellte, sagte er nur: "Woher ich es weiß, kann ich net sagen, aber ich weiß es, werd aber nie wieder davon reden."

Einem Bauern war sein wertvoller Hund entlaufen, und als er zufällig den Irlmaier traf, fragte er ihn beiläufig: "Lois, hast net mein Hund gesehen?''

Prompt antwortete Irlmaier, daß er den Hund auf einem drei Stunden entferntem Hof finden werde, den er selbst nur dem Namen nach kannte.

Ein Bauer war aus dem Allgäu zu ihm gekommen mit einem Geländeplan, um ihn zu fragen, wo er Wasser finden könne. Irlmeier zeigte auf eine bestimmte Stelle auf den Plan und bekam später eine Postkarte mit der Nachricht, daß man haargenau auf dem angezeigten Fleck Wasser gefunden hatte. Solche und ähnliche Erlebnisse mit dem Brunnengraber gingen allmählich durch die weiteste Umgebung.

Bald war er im ganzen Land bekannt und konnte sich vor Hilfe- und Ratsuchenden kaum mehr retten.

Nur sehr wenige seiner privaten und persönlichen Vorhersagungen blieben zweifelhaft.

Vor allem während und nach dem zweiten Weltkrieg steigerten sich die düsteren Gesichter die er zu sehen bekam, wenn er um Auskunft über das Schicksal von Kriegsteilnehmern gefragt wurde. Oft kamen Frauen mit einem Foto ihres in Gefangenschaft geratenen oder im Krieg vermißten Ehemannes oder Sohnes und fragten ihn, ob der geliebte Mann bald heimkommen würde oder - noch am Leben sei.

Der Brunnenbauer nannte unermüdlich den Aufenthaltsort von Vermißten, kannte in einigen Fällen sogar den Tag ihrer Heimkehr, wußte Einzelheiten über Gefangene, die sie nach ihrer Rückkehr bis ins kleinste Detail bestätigten.

Irlmaier war als einfacher Mensch mit allen Fragern, ohne Rücksicht auf Rang und Namen, - per du.

Oft sagte er zu besorgten Eltern: ''Feit si nix, enka Bua is wohlauf und kimmt hoam!'' (Fehlt nichts, euer Bub ist wohlauf und kommt nach Hause.)

Doch öfters vermied er es die Frager anzusehen und gebrauchte Ausflüchte, weil die betrübliche Wahrheit einen

Schock ausgelöst hätte. Zu mancher Frau mußte er sagen: "Frau, alles woaß i net. Toats hoit betn, na werd's scho recht wern."
(Alles weiß ich nicht, betet, dann wird es schon recht werden). Dann ahnten sie, daß sie das Schlimmste zu befürchten hatten.

Der Traunsteiner Druckereibesitzer Dr. Conrad Adlmaier, der Irlmaier 30 Jahre lang gekannt hatte erinnert sich: "Wenn eine verzweifelte Mutter, ein schmerzerfüllter Vater die bange Frage an ihn richtete: 'Lebt er noch?' kam es dem Hellseher oft sehr hart an, wenn die bekannte schemenhafte Gestalt vor seinen Augen auftauchte, oft verstümmelt und blutbefleckt. Dann wich Irlmaier aus, redete um die Sache herum, ließ die Leute lieber im ungewissen.

Einmal klagte er: 'Wia oft derbarma mir die Menschen, wenn i siehg, wia's leidn müassn und i ko's do net ändern.' (Wie oft tun mir die Menschen leid, wenn ich seh, wie sie leiden müssen und ich kann es doch nicht ändern.)"

Conrad Adlmaier schildert auch, wie der hilfsbereite Seher viele schlaflose Nächte verbracht hatte in Gedanken über seine drückende Gabe; er aß schlecht und schlief schlecht und dachte oft an das 'Warum' seiner Fähigkeiten.

Wenn seine Visionen (Gesichte) auch nur einen blitzartigen Augenblick dauerten, strengten sie dennoch an, und oft standen noch Hunderte vor Irlmaiers Bretterhütte, da mußte er plötzlich entkräftet aufhören.

Es gab Tage, da wurde Irlmaier von früh morgens um sechs bis ein Uhr nachts ununterbrochen mit Fragen bestürmt. Es soll auch nicht verschwiegen werden, daß einzelne Frager entgegen seiner Voraussagung enttäuscht wurden. Der Vermißte, den Irlmaier glaubte in seiner Vision noch gesehen zu haben, kehrte nie mehr heim. Wer aber gesehen hat, wieviele Hunderte von Leuten die kleine Hütte des Brunnenmachers umstanden, um bis in die tiefe Nacht hinein Auskunft von dem ermüdeten

Mann zu erbitten, kann auch das verstehen. Da die Gesichte je nach der aufgewendeten Konzentration deutlicher oder verschwommener erschienen, wurden sie mit einer gewissen Anstrengung geschaut und konnten den Seher, besonders bei Überforderung seiner Kräfte, geistig völlig erschöpfen.

Sehr zu Unrecht warf man ihm Gewinnsucht vor. Wenn er auch den ganzen Tag hindurch Auskunft über vermißte Angehörige gab, nie verlangte er einen Pfennig dafür. Ein von Herzen kommendes 'Vergelt's Gott' galt ihm als das Höchste, dafür war er zu allem bereit. Er antwortete 'Gsegn's Gott', und seine Spannkraft kehrte zurück. Er begnügte sich mit dem Verdienst, den ihm das Brunnenmachen einbrachte. Nur wenn er für jemanden eine größere Reise machte, mußte er einen geringfügigen Ersatz der Fahrtauslagen verlangen. Es ist aber durchaus erwiesen, daß er auch schon mal jemanden der ihn besucht hatte, Geld gegeben hatte, damit er oder sie anschließend wieder mit dem Zug nach Hause fahren konnte.

Wahrscheinlich ist er der einzige Hellseher, der den Beweis für seine Fähigkeiten vor Gericht erfolgreich antreten konnte. Als er auf Grund des 'Gaukelei' Paragraphen im Frühjahr 1954 vor Gericht zitiert wurde, mußte sich das Amtsgericht Laufen durch mehrfach beeidete Zeugenaussagen von Irlmaiers Fähigkeit zu außersinnlichen Wahrnehmungen überzeugen lassen.

Zu diesem Gaukeleiprozeß berichtet Walter Freinbichler: "Der Amtsrichter hat gelächelt, wie ihm der wegen 'Gaukelei' angeklagte Irlmaier vorgeführt wurde und hat ihn gefragt: 'Sie wollen also ein Hellseher sein? Können sie das beweisen?' Irlmaier erwiderte: 'Ihre Frau sitzt daheim. Ihr gegenüber sitzt ein fremder Herr und beide trinken Kaffee. Ihre Frau hat ein schönes rotes Kleid an.'
Der Richter schickte sofort einen Gerichtsdiener los, um die Zuverlässigkeit zu überprüfen. Alles verhielt sich so wie

Irlmaier es gesagt hatte. Bei dem fremden Herrn handelte es sich um einen ehemaligen Kriegsgefangenen, der nach langer Zeit heimgekehrt war und den Richter, seinen alten Bekannten, besuchen wollte.''

Das Amtsgericht Laufen bestätigt Irlmaier: ''... verblüffende, mit den bisher bekannten Naturkräften kaum noch zu erklärenden Zeugnisse für seine Sehergabe.''

Dr. Conrad Adlmaier zeugt für die vielen Hunderte, ja Tausende, die von Irlmaier den Beweis seiner prophetischen Visionen erhalten hatten mit diesen Worten: "So manches Mal hatte auch ich eine absolute Ungläubigkeit an diese Dinge zu überwinden, bis ich gründlich bekehrt wurde. Trotzdem sei hier in aller Entschiedenheit erklärt: Was ich mit eigenen Augen gesehen und mit eigenen Ohren gehört habe, dafür kann ich jederzeit einstehen."

In dem Büchlein 'Blick in die Zukunft' führt er nur eine kleine Auswahl sorgfältig geprüfter Fälle auf, die von Irlmaiers hellseherische Fähigkeit zeugen.

Hier wollen wir nur eine Handvoll davon aufführen:

Als während dem zweiten Weltkrieg die Bombenangriffe auf deutsche Städte begannen, fielen auch unter der Zivilbevölkerung hunderttausende Männer, Frauen und Kinder den Bomben zum Opfer. Oftmals wurden die in behelfsmäßig gebauten Schutzbunkern und Kellern Zufluchtsuchenden verschüttet und lebendig begraben.

Irlmaier warnte seine Bekannten oft vor bestimmten Bunkern, sagte Bombenangriffe voraus oder deutete sogar auf die Stelle, wo Bomben fallen würden oder auf Häuser, die zerstört werden.

Er besuchte damals öfters eine Verwandte in Rosenheim. Einmal sagte er zu ihr, sie soll beim Bombenangriff nicht in die Mitte des Bunkers am Salienplatz, den sie bei Fliegeralarm immer aufsuchte gehen, weil er dort viele Tode sehe. Wogegen den Leuten am Eingang nichts geschehen würde. Diese Nachricht sprach sich rasch herum und als wieder einmal ein Luftangriff im Anflug war, flüchteten die Leute in den Bunker, mieden aber die Mitte. Während schon die ersten Bomben fielen, drängten sich noch einige Soldaten die auf der Durchreise waren trotz der Warnung der Einheimischen in die Mitte und fielen gleich darauf einem Volltreffer zum Opfer. Die Leute am Stolleneingang blieben unverletzt.

Viele derartige Fälle wurden bekannt. Irlmaier sagte die Luftangriffe auf Reichenhall, Rosenheim und Freilassing in allen Einzelheiten voraus. Vielen Menschen sagte er im voraus, welche Häuser von den Bomben zerstört werden: "...da reißt's alles weg bis auf den Keller. Und bei dir - da drückt's nur die Fensterscheiben ein."

Anderen sagte er: "Du kannst ruhig in deinem Haus bleiben, da passiert gar nichts. Aber in der und der Gegend wird fast alles zusammengeschlagen, da gibts viele Tote. Da fallen zweimal die Bomben. Euch tut's nichts."

Er behielt recht!

Als der Pilot eines amerikanischen Flugzeuges über Freilassing abstürzte und sich mit dem Fallschirm rettete, wurde er gefangengenommen. Der Bürgermeister von Freilassing, ein fanatischer Nazi und kein Einheimischer, griff zur Selbstjustiz und erschoß den Gefangenen kaltblütig. Ein fürchterliches Vergeltungsbombardement war die Folge und der Ort wurde weitgehend zerstört. Irlmaier warnte verschiedene Einwohner und sie entgingen so dem sicheren Tode.

Irlmaier hatte mit seinem Sohn und anderen Männern noch einen bombensicheren Bunker gebaut. Doch sie bauten ihn nicht nach hinten unterm Haus, sondern nach vorne zur Straße hinaus, worüber sich viele wunderten.

Am 25. April 1945 kurz vor Kriegsende, war es dann soweit:

"Heut' kommt a großer Bombenangriff," sagte Irlmaier. "Heut müssen wir in den Bunker!" Irlmaier ging mit seiner Familie und Nachbarn in den Bunker und der vorausgesagte Bombenangriff traf an dem Abend ein.
Um 17:30 Uhr und um 21:30 Uhr luden amerikanische Bombengeschwader in sieben Angriffswellen ihre vernichtende Last über der Marktgemeinde ab. Die Wände des Bunkers bebten, erinnert sich die Tochter Maria, sie hielten aber stand. Bei diesem Bombenangriff wurden 164 Häuser teilweise, 65 Häuser total zerstört; - 78 Tote. Irlmaier hatte durch seine Vorhersage ungezählte Menschenleben gerettet.

In einem kleinen Ort bei Freilassing (Hammerau) hatte sich beim Dorfwirt eine kleine fidele Zechgesellschaft zusammengefunden. Alois Irlmaier saß still in der Ecke als ihm ein pensionierter Oberst fröhlich zuprostete und ihm zurief, er soll nicht so düster dreinschauen, sondern mittrinken, sagte er: "I moan in drei Tag is dir s'Lachen aa vergangen, da wirst nimmer leben."
Der Angeredete erschrak zunächst über diese Prophezeiung, lachte aber dann: " Machen Sie keine faulen Witze! Ich fühle mich kerngesund und hoffe noch lange zu leben."
Irlmaier sagte nichts und ging heim. Drei Tage später starb der angeblich so gesunde Zecher an einem Schlaganfall.

Einmal war Irlmaier bei einer befreundeten Familie in Salzburg zu Gast. Plötzlich 'sah' er etwas und verstummte mitten im Gespräch. Man fragte ihn was los sei. Nach längerem Zögern sagte er: "In euerer Familie wird bald ein Todesfall eintreten. Ich sehe einen Mann am Boden liegen. Er hat etwas am Unterleib und wird daran sterben:"
Man rätselte in der Familie, wer der vorausgesagte Todeskandidat sein könnte und vermutete schließlich, daß ein Verwandter gemeint sei, der ein Magengeschwür hatte.

Aber diese Vermutung trog. Nach vier Wochen wurde nämlich ein anderer Verwandter, ein junger kräftiger Bursche von einem ausschlagenden Pferd so heftig in den Unterleib getroffen, daß er an den dabei erlittenen inneren Verletzungen starb.
Solche und ähnliche Voraussagungen machte Irlmaier öfters, wenn auch ungern. Noch ein Fall sei hier erwähnt.

Ein Geschäftsmann, dessen Frau erkrankt war, kam zu ihm um Rat. Der Hellseher sagte zu ihm: "Fahr gleich wieder heim, mit deiner Frau steht's nicht gut. In drei Wochen stehst du an ihrem Grab. Aber in einem Jahr bist du schon wieder verheiratet."
Tatsächlich starb die Frau in der angegebenen Zeit und als der Witwer nach fast einem Jahr wieder zu Irlmaier kam, stellte er seine Braut vor, die mit ihm gekommen war. Das Aufgebot zur Hochzeit war bereits bestellt. Irlmaier aber lachte nur und sagte: "Nein, die ist es nicht, die ich vor einem Jahr gesehen hab'. Fahr nur wieder heim, ihr zwei kommt nicht zusammen."
Die zwei Brautleute kamen tatsächlich schon während der Heimreise ins Streiten und trennten sich. Eine andere Braut trat mit dem Geschäftsmann vor den Traualtar.

Eines Tages fuhr bei Irlmaier ein Auto vor. Drei Polizisten stiegen aus und Irlmaier empfing sie mit den Worten: "Was wollt den ihr bei mir mit euerem gestohlenen Auto?"
Das Auto war tatsächlich zu Unrecht enteignet worden, wie sich später herausstellte, nur wußten die drei Polizisten nichts davon. Aber sie waren aus einem anderen Grund zu ihm gekommen. Ein Mord war geschehen und die Leiche war verschwunden.
Irlmaier beschrieb nun den Polizisten genau den Platz, wo der Ermordete begraben lag: "Da liegt er mit der silbernen Platte im Bauch..."

Nachdem die Leiche an dem beschriebenen Ort gefunden und seziert wurde, stellte es sich heraus, daß der Ermordete tatsächlich unter dem Bauchfell infolge einer Operation eine silberne Platte trug, wovon niemand gewußt hatte. Der Mord wurde übrigens restlos aufgeklärt.

In Zürich hatten zwei Banditen einen Bankdirektor brutal ermordet. Die Polizei suchte nach ihnen, doch vergebens, alle Spuren waren verwischt. Irlmaier hielt sich damals gerade in der Schweiz auf, um in P. eine Wasserader für ein Turbinenkraftwerk zu suchen. Da hörte er von dem Verbrechen. Sofort ließ er durch einen Bekannten der Polizei eine genaue Beschreibung der Täter zugehen und nannte auch ihren Aufenthaltsort. Alle Angaben stellten sich als richtig heraus und die beiden Täter konnten festgenommen werden. Sie legten ein Geständnis ab.

In Stuttgart war eine Frau ermordet aufgefunden worden. Da sie mit ihrem Mann nicht gerade eine glückliche Ehe geführt hatte, wurde er verdächtigt und von der Polizei mit aller Schärfe verhört. Der Verdächtigte machte aus Verzweiflung nach mehreren Verhören dem Untersuchungsrichter den Vorschlag, man möge doch den Hellseher Irlmaier aus Freilassing hinzuziehen, dann werde sich seine Unschuld herausstellen.

Die Kriminalpolizei ging auf den Vorschlag ein und zwei Beamte fuhren mit ihm zu Irlmaier.

Die Beamten gingen zu Irlmaier in die Stube, der Verdächtigte mußte draußen warten. Sie legten dem Brunnenmacher ein Bild des Ehepaares vor mit der Frage, ob der Mann seine Frau umgebracht hatte.

"Naa, naa, der hat's net umbracht, dös war ein anderer. Zeigts mir das Bild her, das ihr noch dabei habt." Tatsächlich hatten die Beamten noch ein zweites Bild in der Mappe, eine

Fotografie vom Leichenzug, als die Ermordete unter großer Anteilnahme der Bevölkerung zu Grabe getragen wurde. Da zeigte Irlmaier auf einen Mann, der als Vorletzter im Leichenzug ging, und sagte:"Der da is g'wen, der hat's umgebracht. Er hat den Schmuck gestohlen, an Ring und an Fotoapparat. Aber das hätt's schon selber rausbringen können. Ihr habts ja a Schreiben dahoam, da steht's drauf. Der hat einer anderen Frau was geschenkt von dem g'stohlenen Zeug. Zu der gehts hin, na erwischt's den Richtigen."
Nach ihrer Rückkehr nach Stuttgart fanden sie einen Brief ohne Unterschrift in den Akten, in dem eine Frau wegen Besitz eines wertvollen Ringes, der Eigentum der Ermordeten gewesen war, verdächtigt wurde. Der Mörder hatte ihn seiner Geliebten geschenkt.
Festgenommen, gestand er sein Verbrechen. Dieser Fall kann bei der Staatsanwaltschaft Stuttgart nachgeprüft werden.

Einen weiteren sehr komplizierten Fall, bei dem es um Erpressung, Erbschaft und einem fast perfekten Giftmord ging, schildert Adlmaier, der alle Beteiligten - außer die Giftmörderin persönlich kannte. Als das Testament des am 23. Januar 1948 in Traunstein Verstorbenen geöffnet wurde, stellte es sich heraus, daß er eine Angestellte und Geliebte aus seiner Drogerie zur Alleinerbin eingesetzt hatte. Als seine getrennt lebende Frau darüber Verdacht schöpfte und Irlmaier um Rat fragte, sagte er, nachdem er das Foto ihres Mannes betrachtet hatte: "Ich sehe deinen Mann im frischen Grab liegen. In seinem Bauch sind Gifttabletten; wenn du ihn ausgraben läßt, erfährst du noch mehr. Dreimal ist es passiert, und ich sehe eine große Schwarze dabei, die hat es ihm gegeben."
Auf Anzeige beim Staatsanwalt in Traunstein wurde die Leiche exhumiert. Es wurde so viel Arsen darin festgestellt, daß sogar die Erde unter dem Sarg davon durchsetzt war.

Die Giftmischerin war tatsächlich eine schwarzhaarige Frau, der danach der Prozeß gemacht wurde.

Zu unerklärlichen Rückfällen im Gesundheitszustand des später Ermordeten war es jedesmal nach Besuchen seiner Geliebten gekommen. Das erste Mal, als sie ihm einen 'Saft' ins Krankenhaus brachte, dann während einer Bergtour mit dieser Erbschleicherin und schließlich überredete sie ihn, das Krankenhaus zu verlassen und erledigte den Rest in der Wohnung. Ohne die hellseherische Begabung des Brunnenmachers wären die mörderischen Hintergründe zum Tod des Drogeristen unentdeckt geblieben.

Wie oft er der Polizei half, schwierige Fälle zu lösen, ist unbekannt. Doch zahlreiche sind bekannt geworden und in Zeitungen und Büchern veröffentlicht worden, - genauso, wie seine Zukunftsprophezeiungen, die das kommende Schicksal Deutschlands und Europa schildern. Irlmaier hätte mit seinen Fähigkeiten viel Geld verdienen können, doch er starb arm wie er gelebt hatte, am 26. Juli 1959 im Alter von 65 Jahren.

Wolfgang Johannes Bekh führt in seinem Buch 'Alois Irlmaier' W. Ludwig Verlag - München, noch zahlreiche andere verblüffende Fälle über die übersinnlichen Fähigkeiten des Brunnenbauer von Freilassing auf.
Auch Pater Dr. Norbert Backmund in seiner kritischen Studie 'Hellseher schauen in die Zukunft' Verlag Morsak - Grafenau, hat mehrere dieser Fälle veröffentlicht.

Wir wollen uns nun mit den ferneren Zukunftsprophezeiungen dieses begabten Hellsehers befassen und bringen seine Voraussagungen mit dem Versuch möglicher Deutungen:
1947 sah er eine Drohung für den Ausbruch des dritten Weltkrieges voraus für - 1950.

Ob sich Irlmaier einfach an der Jahreszahl, die er selber zu errechnen versuchte, geirrt hat oder aus irgendeinem uns unbekannten Grund die Erfüllung dieser Prophezeiung nicht stattgefunden hatte?
Kurz vor seinem Tode wurde er nochmals über diese Prophezeiung befragt worauf er antwortete: "Es hat sich eigentlich nichts daran geändert..."
Er sehe jedoch keine genaue Zeitangabe, zwei Achter und eine Neun...
"Zwei Männer bringen einen dritten, einen 'Hochgestellten' um. Sie sind von anderen Leuten bezahlt worden. Der eine Mörder ist ein kleiner schwarzer Mann, der andere etwas größer, mit heller Haarfarbe. Ich denke, am Balkan wird es sein, kann es aber nicht genau sagen."
Hier ist die Formulierung fragwürdig. Handelt es sich dabei um einen 'dritten Hochgestellten'? Der Verdacht liegt nahe, daß die drei Morde zeitlich oder in sonst irgendeiner Eigenschaft miteinander zusammenhängen. Dieser dritte Mord soll ein letztes Vorzeichen sein für den kommenden Weltkrieg.
"Von Sonnenaufgang kommt der Krieg, und es geht sehr schnell."
Darin stimmt Irlmaier mit anderen Sehern überein, daß der Dritte Weltkrieg ganz plötzlich dann kommt, wenn man ihn nicht erwartet. Schon der bzw. die Waldpropheten Mühlhiasl/ Stormberger hatten um 1800 prophezeit: 'Über Nacht geht's los, kein Mensch will's glauben.'
Abbé Curique sagte 1872: 'Am Abend werden sie noch Friede, Friede rufen, doch am nächsten Tag werden sie vor unser Tür stehen.'

Weiter Irlmaier:
"Drei Stoßkeile sehe ich herankommen: Der untere Heerwurm kommt von Böhmen her über den Wald."

Pater Norbert Backmund ergänzt die Prophezeiung, nach den ihm mündlich mitgeteilten Äußerungen Irlmaiers:
'Über die Donau geht der Feind nicht, sondern biegt nach Nordwesten ab, im Naabtal in der Oberpfalz sieht Irlmaier das Hauptquartier. Die Stadt Landau an der Isar leidet schwer durch eine verirrte Bombe.'
"Der zweite Stoßkeil geht direkt über Sachsen nach Westen, der dritte von Nordosten nach Südosten. Tag und Nacht rennen die Russen, ihr Ziel ist das Ruhrgebiet, wo die vielen Öfen (Hochöfen) und Kamine stehen.
Aber dann sehe ich die Erde wie eine Kugel auf der weiße Tauben fliegen, vor mir... Schwärme von Flugzeugen vom Sand herauf (von Süden her) kommen.
Und dann regnet es einen gelben Staub vom Himmel herab. Eine klare Nacht wird sein, wenn sie zu werfen anfangen. Die Panzer rollen noch, aber die darin sitzen, sind schon tot, sind ganz schwarz geworden.
Dort wo es hinfällt, lebt nichts mehr. Kein Baum, kein Strauch, kein Vieh und kein Gras, das wird welk und schwarz. Die Häuser stehen noch...
Was das ist, weiß ich nicht und kann es nicht sagen. Es ist ein langer Strich (Streifen vom Süden nach Norden). Wer darüber geht, stirbt. Nach dem sehe ich, daß niemand mehr über den Streifen kommt. Die 'herent' (herüben) sind, können nicht mehr zurück, die 'drenteren' (drüberen) können nicht herüber. Dann bricht bei den 'Herentern' (Herübergekommenen) alles zusammen. Was sie bei sich haben, werfen sie weg. Zurück kommt keiner mehr."

    Nach Arthur Hübschers Version sagte Irlmaier darüber hinaus:
"Es geht sehr rasch. Von der Donau bis zur Küste herrscht das Grauen. Zwei Flüchtlingszügen gelingt es noch, den Fluß zu überqueren. Der dritte ist verloren und wird vom Feind

eingekreist..."
Nun folgt aber nach kurzer Zeit der schon erwähnte Gegenschlag, bei dem Irlmaier zunächst Flugzeuge aus dem Süden kommen sieht: "... dann kommen die weißen Tauben und es regnet auf einmal ganz gelb vom Himmel herunter. Es ist ein langer Strich. Von der Goldenen Stadt geht's hinauf bis ans große Wasser (Ostsee) an eine Bucht. In diesem Strich ist alles hin. Dort wo es angeht (wo der Strich anfängt), ist eine Stadt ein Steinhaufen. Den Namen darf ich nicht sagen..."
(Sagte er ihn nicht, als er von der Goldenen Stadt sprach?)
"Welche Jahreszeit ist es? Trüb regnerisch und Schnee durcheinander, vielleicht Tauwetter. Auf den Bergen liegt Schnee, herunten ist es aper (schneefrei). Gelb schaut es her (sieht es aus). Ich sehe vorher noch ein Erdbeben. Der Koreakrieg ist längst vorbei. (Diese Aussage stammt aus dem Jahr 1952) Wie lange es dauert, kann ich nicht genau sagen. Ich seh einen Dreier vor mir, weiß aber nicht, sind es drei Tage, drei Wochen oder drei Monate, ich kann es nicht sagen. Am Rhein sehe ich einen Halbmond, der alles verschlingen will. Die Hörner der Sichel wollen sich schließen. Was das bedeutet, weiß ich nicht.
Freiwillige (Soldaten) werden noch in die Kämpfe verwickelt, die anderen müssen fort zur Besatzung und werden drei Sommer dort bleiben bis sie wieder heimkommen. Dann ist Frieden und ich sehe die Weihnachtsbäume brennen."
Ein andermal sagt Irlmaier:
"Auf's Hauptquartier schmeißen s' was runter, eine Kirche sehe ich auf einem Berg, der Altar schaut nach Norden, die Kirche sehe ich brennen. Südostbayern wird beschützt, da breitet die Liebe Frau von Altötting ihren Mantel darüber. Da kommt keiner her. Die Städter gehen aufs Land zu den Bauern und holen das Vieh aus dem Stall bei denen die keine Bauern sind und keine Hände (Hilfskräfte)

zur Arbeit haben.''

    Alois Irlmaier berichtet auch, wie er den Verlauf der Katastrophe in anderen Ländern sah:

''Drei Städte seh ich untergehen. Die eine im Süden versinkt in Schlamm, eine andere im Norden geht im Wasser unter, eine dritte ist über dem Wasser (USA?).

Die Stadt mit dem eisernen Turm (Paris) wird zerstört, die eigenen Leute zünden es an.

Im Stiefelland (Italien) bricht auch eine Revolution aus. Ich glaube es ist ein Religionskrieg, weil sie viele Geistliche umbringen. Hinter dem Papst seh ich ein blutiges Messer. Wenig werden übrigbleiben von denen die nicht flüchten können.

Der Papst kommt ihnen aber aus und flüchtet verkleidet übers Wasser. Nach kurzer Zeit kehrt er zurück, wenn die Ruhe wieder hergestellt ist.

Das Alpenland wird von Norden und Süden ein wenig hineingezogen, aber im Osten des Landes (Bayern) ist Ruhe.

Die Länder an der Nordsee sind bis Belgien herunter vom Wasser schwer gefährdet. Das Meer ist sehr unruhig, haushoch gehen die Wellen, schäumen tut es, als ob es kochte. Inseln vor der Küste verschwinden und das Klima ändert sich. Ein Teil Englands verschwindet, wenn das Ding ins Meer fällt, das der Flieger hinein schmeißt. Dann hebt sich das Wasser wie ein festes Stück und fällt wieder zurück. Was das ist, das weiß ich nicht.

Während, oder am Ende des Krieges seh ich am Himmel ein Zeichen, der Gekreuzigte mit den Wundmalen, und alle werden es sehen. Ich hab es schon dreimal gesehen, es kommt ganz gewiß.''

    Irlmaier sah auch, daß gelbe Menschen über Alaska nach Kanada und die USA eindringen, aber zurückgeschlagen werden. Er sah, daß eine große Stadt durch Raketen vernichtet wird. Die Frage, ob damit New York gemeint sei, konnte er nicht beantworten.

Weiter sagt Irlmaier: "In Rußland bricht eine Revolution aus und ein Bürgerkrieg. Die Leichen sind so viele, daß man sie nicht mehr wegbringen kann von den Straßen. Das Kreuz kommt wieder zu Ehren. Das russische Volk glaubt wieder an Christus.
Die Großen unter den Parteiführern bringen sich um und im Blut wird die lange Schuld abgewaschen. Ich sehe eine rote Masse, gemischt mit gelben Gesichtern, es ist ein allgemeiner Aufruhr und grausiges Morden. Doch danach singen sie das Osterlied und verbrennen Kerzen vor schwarzen Marienbildern."
An einer anderen Stelle heißt es: "Die Russen müssen nach Norden, weil die Natur eingreift."

Gegen Ende seines Lebens sagte der Seher oft: "Die dreitägige Finsternis kommt immer näher. Drei Neuner sehe ich, was das bedeutet, kann ich nicht sagen. Der dritte Neuner bringt den Frieden. Dann wird das Kreuz wieder zu Ehren kommen. Wenn alles vorbei ist, werden mehr Menschen tot sein, als in den zwei Weltkriegen zusammen. Frieden wird dann sein, und eine gute Zeit. Die Menschen werden wieder gottesfürchtig.

Die Gesetze, die den Kindern den Tod bringen, (!) werden ungültig nach der Abräumung. (Diese Voraussagung hatte Irlmaier das erste Mal schon 1947 gemacht!)
Einen hageren Greis sehe ich als unseren König.
Blumen blühen auf den Wiesen, wenn der Papst aus der Verbannung zurückkommt.

Wenns herbsteln tut, sammeln sich die Leut in Frieden. Zuerst ist noch eine Hungersnot, aber dann kommen soviele Lebensmittel herein, daß alle satt werden. Die landlosen Leut ziehen jetzt dahin, wo die Wüste entstanden ist, und jeder kann siedeln, wo er mag und Land haben, soviel er anbauen kann. D'Leut sind wenig und der Kramer steht vor der Tür und sagt: 'Kaufts mir was ab, sonst geh i drauf.' Durch die Klimaänderung wird bei uns Wein gebaut, und es werden Südfrüchte bei uns wachsen, es ist viel wärmer als jetzt. Nach der großen Katastrophe wird eine lange, glückliche Zeit kommen. Wer 's erlebt, dem gehts gut, der kann sich glücklich preisen.''

In der letzten Unterredung mit Irlmaier, die im Frühjahr 1959 stattfand, sprach der Hellseher noch einmal ausführlich von diesem angekündigtem Krieg:

''Finster wird es werden an einem Tag unterm Krieg. Dann bricht ein Hagelschlag aus mit Blitz und Donner, und ein Erdbeben schüttelt die Erde. Dann geh nicht hinaus aus dem Haus! Die Lichter brennen nicht, außer Kerzenlicht, der Strom (elektrische) hört auf. Wer den Staub einschnauft, kriegt einen Krampf und stirbt. Mach die Fenster nicht auf, häng sie mit schwarzem Papier zu. Alle offenen Wasser werden giftig und alle offenen Speisen, die nicht in verschlossenen Dosen sind. Auch keine Speisen in Gläsern, - die halten es nicht ab. Trinkt keine Milch. Kauft ein paar Konservendosen, mit Reis und Hülsenfrüchten. Brote und Mehl hält sich, Feuchtes verdirbt, wie Fleisch, - außer in blechernen Dosen.

Draußen (außerhalb den Häusern) geht der Staubtod um, es sterben viele Menschen. Die Flüsse werden so wenig Wasser haben, daß man leicht durchgehen könnt'.

Das Vieh fällt um, das Gras wird gelb und dürr, die toten Menschen werden ganz gelb und schwarz.

Nach drei Tag ist alles wieder vorbei. Der Wind treibt die Todeswolken nach Osten ab. Aber noch einmal sag ich es: Geh (in den 72 Stunden) nicht hinaus, schau nicht beim Fenster hinaus, laß die geweihte Kerze oder den Wachsstock brennen und betet. Über Nacht sterben mehr Menschen als in den zwei Weltkriegen."

Dadurch, daß Irlmaier seine Aussagen in zeitlichen Abständen wiederholte, kamen verschiedene Fassungen von derselben Prophezeiung zustande. Adalbert Schönhammer (PSI und der dritte Weltkrieg, Bietigheim) teilte 1978 mit: "Nach der Veröffentlichung eines Verfassers, eines katholischen Priesters, der ungenannt bleiben möchte, sah Irlmaier den Ausbruch des Krieges so:
'Alles ruft Frieden! Schalom! Da wird's passieren. Ein neuer Nahostkrieg flammt plötzlich auf, große Flottenverbände stehen sich im Mittelmeer feindlich gegenüber - die Lage ist gespannt. Aber der eigentliche zündende Funke wird im Balkan ins Pulverfaß geworfen.
Ich sehe einen Großen fallen; ein blutiger Dolch liegt daneben. (Der gern untertreibende Irlmaier bezeichnet hier möglicherweise einen der wirklich ganz Großen.) Dann geht es Schlag auf Schlag. Massierte Truppen-verbände marschieren in Belgrad von Osten her ein und rücken nach Italien vor. Gleich darauf stoßen drei gepanzerte Keile nördlich der Donau blitzartig über Westdeutschland in Richtung Rhein vor - ohne Vorwarnung. Das wird so unvermutet geschehen, daß die Bevölkerung in wilder Panik nach Westen flieht. Viele Autos werden die Straßen verstopfen - wenn sie doch zu Hause geblieben wären oder auf Landstraßen ausgewichen! Was auf Autobahnen und Schnellstraßen ein Hindernis ist für die rasch vorrückenden Panzerspitzen, wird niedergewalzt. Ich sehe oberhalb Regensburg keine Donaubrücke mehr...
(Der Verfasser J. Schaller hat es von vertraulicher doch offizieller Quelle, daß die Bundeswehr mit amerikanischen Armeepionieren während der 1960 - 70er Jahren, in vielen deutschen Brücken und Hauptstraßen versteckte Sprengsätze eingebaut hat, die bei einer Invasion gesprengt werden sollen,

um so das Vordringen eines Feindes zu verzögern.)
Vom großen Frankfurt bleibt kaum etwas übrig. Das Rheinland wird verheert werden, mehr von der Luft her. - Augenblicklich kommt die Rache über das große Wasser. Zugleich fällt der gelbe Drache in Alaska und Kanada ein. Jedoch er kommt nicht weit.''

In einem Brief an einen Leser aus Westfalen schreibt der katholische Priester:''...Eine weitere bisher unveröffentlichte Prophezeiung Irlmaiers besagt, daß im Verlaufe des kommenden Krieges das ganze Gebiet östlich von Linz eine einzige Wüste sein wird.

Eine der eindruckvollsten Voraussagungen heißt: 'Schwärme von Tauben steigen aus dem Sand (Afrika - Nahost) auf. Zwei Rudel erreichen das Kampfgebiet von Westen nach Südwesten... Die Geschwader wenden nach Norden und schneiden den dritten Heereszug ab. Von Osten wimmelt es von Raupen (Panzerfahrzeuge). Aber in den Raupen sind alle schon tot, obwohl die Fahrzeuge weiterrollen, um dann allmählich von selber stehen zu bleiben. Auch hier (wie vorher auf das Hauptquartier) werfen die Flieger ihre kleinen schwarzen Kästchen ab. Sie explodieren, bevor sie den Boden berühren und verbreiten einen gelben oder grünen Rauch oder Staub. Was drunter kommt ist hin, egal ob Mensch, Tier oder Pflanze. Ein Jahr lang darf kein Lebewesen dieses Gebiet mehr betreten, ohne sich größter Lebensgefahr auszusetzen. Am Rhein wird der Angriff endgültig abgeschlagen. Von den drei Heereszügen wird kein Soldat mehr nach Hause kommen.''

Auf wiederholte Fragen soll Irlmaier die großen Ereignisse mit folgenden Worten zusammengefaßt und bekräftigt haben: ''Der dritte Mord ist geschehen, dann ist Krieg.''
(Also doch - drei Morde, anstatt 'zwei die einen dritten ermorden'?)
''Durch eine Naturkatastrophe oder etwas ähnliches, ziehen die

Russen plötzlich nach Norden." (Atomreaktor Explosion oder - 'Störfall'?)
"Um Köln entbrennt die letzte Schlacht." (Gegenangriff der Nato-Streitkräfte?)
"Nach dem Sieg wird ein Kaiser vom fliehenden Papst gekrönt." (Möglicherweise eine Segnung des neuen Regierungspräsidenten?)
"Wie lange alles dauert? Ich sehe drei Striche. Ob das drei Tage, drei Wochen oder drei Monate sind, weiß ich nicht."
"Ich sehe drei Neuner, der dritte Neuner bringt den Frieden." (Zumindest einmal sah er laut früherer Aufzeichnung, zwei Achter und einen Neuner. Irrte sich da der Seher oder - Adlmaier? Oder haben die verschiedenen Zahlen auch verschiedene Bedeutung? Etwa - 8. 8. 1999?)
"Wenn alles vorbei ist, ist ein Teil der Bevölkerung dahin... mehr als in den beiden Weltkriegen."
(Laut seinen Beschreibungen werden chemischen Waffen eingesetzt - gelber Staub oder Rauch, und Nuklearwaffen - die Bombe die in die Nordsee abgeworfen wird und das Wasser emporhebt, Erdbeben auslöst...
Die enorme, noch nie dagewesene Vernichtung von Menschenleben in kürzester Zeit, ist daher durchaus möglich.)
"Die Gesetze, die den Kindern den Tod bringen, werden nach der Abräumung ungültig."
(Anbetracht der Tatsache, daß diese Prophezeiung schon 1947 gemacht worden war, ist die deutliche Verbindung mit Paragraph 218, dessen Reform erst Anfang der siebziger Jahre durchgeführt wurde, einfach verblüffend.)
"Nach diesen Ereignissen kommt eine lange, glückliche Zeit. Wer's erlebt, dem geht's gut. Aber anfangen müssen die Leut wieder da, wo ihre Ur-Urgroßväter angefangen haben."
(Die Abschaffung oder Stillegung aller nuklearen Stromkraftwerken, würde uns tatsächlich in die Zeit der Ur-

Urgroßväter zurückversetzen, ohne elektrische Energie, oder zumindest nur mit Elektrizität-Werken aus natürlicher Energie: Sonne, Wind und Wasser.)

Zum Abschluß: Egal wie wir zu den Voraussagungen Alois Irlmaiers über den großen Krieg stehen; ein Seher, der eine derart hohe, sogar vom Gericht bestätigte Treffsicherheit in dem bisher Eingetroffenen hatte, wird wohl auch in diesem 'Fall' kaum weniger genau vorausprophezeit haben.

Jean Dixon

In einem Buch aus USA wird von Jean Dixon berichtet, deren helleseherische Fähigkeit ich in Amerika während der Spätfünfziger bis Sechziger Jahre selber miterlebt habe. (Anmerkung des Verfassers J. Schaller)
Obwohl sie und ihre immer noch zahlreichen Verehrer dies bestreiten wird, so behaupte ich - und viele werden mir recht geben, daß Jean Dixon inzwischen schon längst ihre einstige seherische Gabe verloren hat.

Ja, es stimmt, daß sie gerade durch ihre präzisen Prophetien in den Mitvierzigerziger bis Anfang der Sechziger Jahren berühmt geworden ist. Aber dann begann sie gegen Bezahlung für Zeitschriften Prophezeiungen zu 'erraten' und verlangte hohe Eintrittsgelder, wenn sie von Stadt zu Stadt reiste und dort in den größten Auditorien auftrat.

Es ist schwierig die genaue Grenze zu setzen, wann genau ihre hellseherischen Fähigkeiten endeten und welche Vorhersagungen noch glaubhaft sind. Am sichersten sind immer die Zukunftsvisionen die vor dem Ereignis in Publikationen veröffentlicht wurden.

Den ersten Sputnik hatte sie ziemlich genau vorausgesagt, auch die Wiederwahl des Präsidenten Harry S. Truman. Und das war damals geradezu eine Sensation. Denn als der Gegenkandidat Dewey am Abend der Wahl zu Bett ging, da war er mit den bisher gezählten Stimmen schon soweit voraus, daß niemand mehr an seinem Wahlerfolg zweifelte. Doch das Erwachen kam genauso wie Jean Dixon es vorausgesagt hatte: Nicht der Favorit Dewey, sondern Harry S. Truman hatte die meisten Stimmen erhalten und war wiedergewählt worden!

Etwas weiter zurückgreifend: Gegen Ende 1944 hatte Präsident Franklin D. Roosevelt Jean Dixon zu sich ins Weiße Haus rufen lassen. Er wollte unter anderem wissen, wieviel Zeit ihm noch bliebe, 'seine Mission für die Menschheit' zu Ende zu führen. Mrs. Dixon blickte ihn lange an und fragte ihn dann, ob er das wirklich wissen wolle. Nachdem er dies bejaht hatte, sagte sie ihm: "Mr. President, you have just six months to live!" (Herr Präsident, sie haben nur noch sechs Monate zu leben.) Er starb am 12. April 1945.

Auch im selben Jahr sagte sie einem indischen Militärattaché bei einem Empfang in Washington, daß sein Land (Indien) geteilt werden würde. Am 2. Juni 1947 wurde aus dem ehemaligen Imperium Indien - Indien und Pakistan. Ebenfalls in Washington während einer Party Anfang 1945, sagte sie Winston Churchill voraus, daß er die kommende Wahl verlieren werde. Ärgerlich protestierte der Premier, daß ihn das englische Volk nie fallen lassen würde.

Im Juli des Jahres wurde er bei den Wahlen geschlagen und als Premierminister abgesetzt.

1956 veröffentlichte die amerikanische Zeitschrift 'Parade' einige ihrer Vorhersagungen. Dabei beschreibt sie eine Vision: Das Weiße Haus mit der Zahl 1960 und ein Mann neben der Tür. Eine Stimme hätte ihr gesagt, daß dieser Mann, ein Mitglied der Demokratischen Partei, die Wahl gewinnen wird und später während seiner Amtszeit ermordet wird. Als John F. Kennedy 1960 Präsident wurde und der 22. November 1963 näherrückte, wiederholte sich die Vision seiner Ermordung und sie versuchte den Präsident zu warnen. Einige ihrer Freunde erinnern sich noch genau daran, daß sie am Morgen des tragischen Tages behauptet hatte, Kennedy werde am heutigen Tag sterben. Um 12:30 Uhr bewahrheitete sich ihre Prophezeiung. Dreimal war John F. Kennedy, bzw. die ihm nahestehenden Familienmitglieder von Jean Dixon gewarnt worden, bevor er die Reise nach Dallas antrat, wo er durch die Kugeln des Killers Oswald getötet wurde.

Auch Martin Luther King war von ihr gewarnt worden. Sie saß mit einigen Leuten beim Lunch (Mittagessen) in einem Washingtoner Restaurant und unterhielt sich mit ihren Tischnachbarn über Martin Luther King, der mit vielen Tausenden gerade zu dem historischen Demonstrationsmarsch nach der Bundeshauptstadt ansetzten. Plötzlich sagte sie: "Martin Luther King wird Washington nicht erreichen... er wird erschossen werden ...ins Genick, er wird zuerst erschossen weren und Robert Kennedy wird der nächste sein!"

King wurde sofort benachrichtigt und obwohl er ihr glaubte, antwortete er etwas wie - daß er nicht anders könne. Es müsse wohl so sein... Wenige Tage nach diesem Demonstrationsmarsch wurde Martin Luther King erschossen.

Während eines Essens in der US Hauptstadt Washington erklärte die Seherin am 17. März 1964 plötzlich: "Ich sehe eine gewaltige Naturkatastrophe im hohen Norden, irgendwo in Kanada oder Alaska. Die Erde bebt, Häuser stürzen zusammen, Wasserfontänen schießen in die Luft..."

Zehn Tage später, am 27. März 1964 ereignete sich im Süden Alaskas das stärkste jemals auf dem Nordamerikanischen Kontinent registrierte Erdbeben. Mit einer Stärke von 8,4 auf der Richterskala, wölbte sich die gefrorene Erde, gähnende Erdspalten öffneten sich und Häuser wurden wie zerbrochenes Spielzeug hin und her geworfen. In der 160 Kilometer vom Epizentrum entfernten Großstadt Anchorage und vielen anderen Orten wurden hunderte Menschen getötet und tausende der Häuser zerstört. Aus gebrochenen Wasserleitungen stiegen die Wasserfontänen empor, die Jean Dixon zehn Tage zuvor in ihrer Vision gesehen hatte.

Fast noch schlimmer als das Erdbeben, waren die dadurch entstandenen Flutwellen, die von British Columbia bis Südkalifornien die Küste verwüsteten und wiederum zahlreiche Opfer forderte.

Am 28. Mai 1968 sprach Jean Dixon zu einer Versammlung im großen Ballsaal des Ambassador Hotels in Los Angeles und beantwortete Fragen aus dem Publikum. Eine Frau stellte die Frage, ob Robert Kennedy Präsident werden würde und alle warteten gespannt auf die Antwort der berühmten Seherin:
"Nein, er wird nicht Präsident der Vereinigten Staaten werden, und zwar wegen einer Tragödie, die sich hier in diesem Hotel abspielen wird."
Eine Woche darauf sollte der Bruder des ermordeten Präsident Kennedy im Ambassador Hotel sprechen. Jean Dixon war nicht anwesend sondern mit einem Offizier der American Legion und der Schwiegermutter des Gouverneurs von Florida beisammen und wiederholte dabei ihre Vision von Robert Kennedys Ermordung.
In letzter Minute versuchte die Frau noch per Telefon die Mutter der Kennedy Brüder zu erreichen, um ihr die Warnung

von der 'Prophetin aus Washington' mitzuteilen. Doch ihre Telefonanrufe wurden nicht beantwortet. Und als der warnende Anruf seine Assistenten im Ambassador Hotel erreichte, war Robert Kennedy schon auf dem Weg zum Podium, wo er wenige Augenblicke später erschossen wurde.

Nun aber war die Seherin schon weltberühmt. Die Vision über Robert Kennedy hatte sie erst in dem Raum erhalten wo die Attentat stattfand, doch ihre weiteren Gesichter wurden immer seltener - oder erwiesen sich fehlerhaft und sogar als falsch.

Sicher ist, ein Teil der Voraussagungen über die weitere Zukunft Amerikas und der Welt schon vor der Abebbung ihrer Fähigkeiten gemacht worden. Nur war es mir nicht möglich die genauen Daten der jeweiligen Vision zu erfahren.

In der folgenden Aufführung werden wir daher sehr zurückhaltend sein, besonders mit den eventuell genannten Daten der vorausgesagten Ereignisse.

Über Rußland:
Die Hellseherin spricht von einer Rückkehr Rußlands zum Christentum. Nicht für sofort, sondern in ferner Zukunft, nachdem eine radikale Änderung eintreten wird, die bereits im Gange ist.

Das traditionelle religiöse Gefühl dieses Volkes 'wird ein wesentlicher Bestandteil der allgemeinen Wiederauferstehung des Glaubens sein.' Leider muß vorher noch viel geschehen, denn Rußland (UdSSR) hat den festen Vorsatz die Welt zu beherrschen, und zu diesem Zweck setzt es alle möglichen Mittel ein...

Die Zahl der Diktaturen, die auf verschiedene Weise von den Russen kontrolliert werden, wird steigen und Rußland wird die ganze sozialistische Welt kontrollieren...

Sie berichtete auch, daß sie Tausende von Vögel hat sterben

sehen und vermutete als Ursache Bakteriologische Kriegsführung. Konnte es etwa das Unglück von Tschernobyl gewesen sein, das sie vorausgesehen hatte?
Sie sprach auch von chaotischen Zuständen der Wirtschaft in Rußland und der durch Rußland aufgewiegelten Massen und Staaten.
'Gegen Mitte der achtziger Jahre, genau gesagt um 1985, wird die Natur direkt auf die russischen Welteroberungspläne einwirken. In jenem Jahr wird sich ein Naturphänomen von solchen Ausmaßen zutragen, daß es die Ereignisse, die den Weg der Menschheit beeinflussen, tiefgreifend verändern wird.'
(Ob Jean Dixon damit Tschernobyl gemeint hatte? Und daß 'Glasnost', die Wende in Rußland nicht erst 1990 angefangen hatte, daß weiß inzwischen schon jeder der sich mit diesem 'Fall des Kommunismus' befaßt hat.)
Dixon prophezeite auch Umstürze und Aufruhr in Asien und Afrika.
In Vietnam wird es schlimmer werden (da diese Voraussagung in den Sechziger Jahren gemacht worden war, stimmte diese Vision ganz genau.) '...die Tatsachen werden beweisen, daß der Vertrag über die Einstellung von Atomwaffenversuche zum Schaden der Vereinigten Staaten ausschlagen wird.'
In Korea soll es ebenfalls wieder zu Unruhen kommen.
Immer mehr kleinere Unruheherde und Kriege auf der ganzen Welt.
Rebellionen, Kämpfe untereinander, zwischen sozialen Klassen und Nationen werden sich mehr und mehr ausbreiten, bis sie schließlich zu einer einzigen großen Flamme der Zerstörung werden.
Zwischen dem Westen und Japan, das eine der größten wirtschaftlichen Mächte der Welt werden wird, wie Mrs. Dixon schon vor über 30 Jahren voraussagte, wird ein

Wirtschaftskampf von gigantischen Ausmaßen herrschen. China stellt die Seherin als eine große Gefahr für die Zukunft dar. Nach all den vorausgegangenen Kämpfen wird es im ersten Viertel des neuen Jahrhunderts die Zähne zeigen. Es wird nach ausreichend wirtschaftlicher und politischer Stabilität zu neuen Eroberungen aufbrechen. Sie vorsieht unter anderem einen Kampf zwischen Rußland und China, bei dem die Waffenarsenale beinahe der ganzen Welt eingesetzt werden.

Im Nahen Osten sieht Jean Dixon nichts als Unheil und ständige Spannung.

Für die katholische Kirche sieht die Hellseherin drastische Veränderungen. Spaltung nicht nur in Fragen des Dogmas und der Prinzipien, sondern auch in Disziplin und Moral. Einander kontrastierende Sekten werden entstehen, viele Priester werden heiraten wollen und es auch tun.

'Gegen Ende des Jahrhunderts', schreibt sie, 'wird Gott selbst eingreifen. Ein Kreuz wird am östlichen Himmel erscheinen und die Menschen werden von einer (inneren?) Stimme dazu aufgerufen, sich unter einem einzigen Gott zu vereinen. Dann werden die Menschen, auch wenn sie bei verschiedenen Kirchen bleiben, alle in demselben großen Glauben zusammenfinden.

Im Lauf der dramatischen Wechselfälle dieses Jahrhunderts wird ein Papst verletzt und ein anderer getötet werden. Das wird der sein, dessen Wahl aber bestritten wird und auch nicht vom römischen Klerus anerkannt. Aber seine Kraft wird ein solches Gewicht haben, daß die Kräfte der Opposition verschwinden werden.'

Auch Jean Dixon prophezeit das Kommen des großen Lügners - der Antichrist. Seine Vorläufer, seine Lehre und seine Anhänger beschreibt die Seherin ganz genau und ausführlich.

Doch viele ihrer - auch anderen Voraussagungen sind mit Datierung und rechtfertigen schon deshalb Mißtrauen.

Daten in Prophezeiungen sind zu oft trügerisch, weil sie meist willkürlich zugeordnet wurden.

Daten haben für Menschen der Gegenwart eine große Bedeutung, daher auch der Wunsch, sie zu wissen. Doch für das Leben der Menschheit und der menschlichen Evolution, haben Daten keinerlei Bedeutung, weil beide nach Geschehnissen bemessen werden und nicht nach dem Kalender.

Nostradamus rechnete nach Ereignissen. Es gibt in seinen Voraussagungen nur ein einziges Datum: Das Jahr 1999. Dort, wo die Zeit eine ewige Gegenwart ist, existieren keine Daten. Deshalb ist es schwierig und trügerisch, die Daten der prophezeiten Ereignisse festzulegen.

Und doch gibt es prophetische Zeitangaben mit klarer Bedeutung. Wie das Jahr 1914. Von anderen, wie 1953, 1966 oder 1980 hat man die Wertigkeit der Datierung nicht erkannt. An diesen Daten war anscheinend nichts geschehen. Doch auch im Leben eines Menschen gibt es Augenblicke, die zwar entscheidend, aber nicht aufsehenerregend sind. Daher bleiben sie manchmal unbekannt und gehen unbemerkt von den meisten anderen vorüber.

So zum Beispiel wurde Christi Geburt in Rom überhaupt nicht bemerkt. Weder Kaiser Augustus noch der römische Senat hatten davon Kenntnis.

Wichtige Daten können unbemerkt vorübergehen, ohne daß sie von jemanden wahrgenommen werden. Ich möchte hier nur ein Beispiel aufführen:

Der persische Astrologe Anwai bemerkte in der Nacht des 16. September 1188 die Konjunktur von fünf Planeten im Zeichen der Waage: Sonne, Mond, Saturn, Jupiter und Mars. Das war ein außergewöhnliches Phänomen, das auf Grund seines astrologischen Gehalts ein verhängnisvolles Datum für die Menschheit anzeigte. Er teilte es der Bevölkerung mit, die etwas Unheilbringendes für alle erwartete, etwa einen

Kataklysmus oder sonst eine Katastrophe. Doch es geschah nichts Auffallendes und der Astrologe wurde ausgelacht. In dieser Nacht jedoch wurde Dschingis Khan geboren, der mit seinen asiatischen Horden ganz Asien und einen großen Teil Europas heimsuchen sollte. Jean Dixon nannte mehrere Daten in Verbindung mit dem Anti-Christ. Seine Geburt sei ihr angeblich als im Februar 1962 offenbart worden sein. Seine Jugend soll er im Nahen Osten verbringen und erst in den Achtziger Jahren wird er seinen Einfluß verbreiten und wird bald danach die propagandische Organisation der Vereinigten Staaten ausnützen, die seiner Sache auf unvorstellbarer Weise zugute kommen wird. Häufig wird er selbst nach USA reisen, weil ihm die Führung dort eine enge Zusammenarbeit anbieten wird. Bis 1999 wird die Macht dieses Mannes ins Unermeßliche gestiegen sein und bald wird er die Hebel der Macht über die ganze Welt in die Hand bekommen...

Jean Dixon behauptet, der Antichrist werde ein politisches Phänomen sein - mit militärischer Macht. Mit den modernsten Waffen wird er die Welt erobern und im Schach halten. Er wird eine neue Art von Religion einführen, deren Grundlage der Atheismus und der Kampf gegen jede Form von Religion ist.

(Als Nachbemerkung: Könnte es sein, wie von mindestens einem Medium in Trance behauptet worden war, daß der Antichrist als eine weibliche Person in Erscheinung treten wird? Sozusagen die treibende und steuernde Kraft hinter einem der politisch Mächtigen unserer Tage?)

Die Voraussagungen des Pietro Ubaldi

Dieser Seher hat mehrere Bücher geschrieben, die ihm von einer 'Stimme' diktiert wurden. Das bedeutendste war wohl 'La grande sintesi' (Die große Synthese) Hoepli Verlag, Mailand 1933.
Ubaldi lebte viele Jahre lang in Brasilien und wurde dort vom Direktor der Zeitschrift 'O Cruzeiro' in dem folgenden Interview über verschiedene Punkte befragt:
"Können Sie uns ein paar Voraussagungen politisch-gesellschaftlicher Art nennen, die schon eingetroffen sind?"
"1931 schrieb ich unter dem Diktat der Stimme eine private Botschaft an Mussolini. Er bekam sie auch. Der Duce hat sie gelesen und mir persönlich dafür gedankt. In dieser Botschaft schrieb ich ihm folgendes: 'Ein Krieg ist im Anzug und wir werden dabei eine bedeutende Rolle spielen. Vermeiden Sie ihn auf jeden Fall, denn er könnte das Ende der abendländischen Kultur bedeuten und der asiatischen Invasion in Europa Tür und Tor öffnen.
1931 sah ich bereits die Atomspaltung voraus, von der ich in meinem Buch 'Die große Synthese' berichtete. Um sich davon zu überzeugen, braucht man nur in der Ausgabe von 1933 nachzusehen."
"Was haben Sie auf wissenschaftlichem Gebiet außer der Atomspaltung noch vorausgesagt?"
"Achtzehn Jahre bevor Albert Einstein mit der allgemeinen Gravitationstheorie und der Theorie des einheitlichen Schwerefeldes zu seinen letzten Schlußfolgerungen auf physikalisch-mathematischem Gebiet kam, hatte ich das alles schon vorausgesehen und in meinem Buch 'Die große Synthese' zwar nicht in mathematischer, sondern in philosophischer Form darüber berichtet. Einstein hat mir zu diesem Thema eigens geschrieben, und nun sucht er auf wissenschaftlichem Ge-

biet zu verwirklichen, was ich philosophisch schon vorausgesehen habe.''

"Was hat Ihnen die Stimme über die unmittelbare Zukunft der Menschheit gesagt?"

''Sie hat viel gesagt. Sie hat Ereignisse bis zum Jahr 3000 vorausgesehen, aber besonders, was in den nächsten Jahren passieren wird. Von heute bis zum Jahr 2000 werden wir große Kämpfe erleben, apokalyptische Kämpfe in allen Bereichen des Denkens in Philosophie, Wissenschaft, Wirtschaft, Soziologie und Politik, die heute die Welt teilen.

Unsere auf den Materialismus gegründete Kultur geht ihrem Ende entgegen, um einer neuen Platz zu machen, deren Grundlage der Geist ist. Es wird unvermeidlich zu einem Krieg zwischen den beiden materialistischen Prinzipien kommen, die heute die Welt beherrschen, das heißt zwischen dem Prinzip der Freiheit und der Demokratie auf der einen und dem der angeblich sozialen Gerechtigkeit und dem Staatsimperialismus auf der anderen Seite.

Der Zusammenprall ist unvermeidlich. Und jeder wird glauben, er könne siegen, aber das Endergebnis wird anders aussehen, das heißt, es wird der Welt den materiellen Beweis und folglich auch die Überzeugung liefern, daß der Krieg zur Lösung universaler Probleme vollkommen untauglich ist und daß das materialistische Prinzip im Endeffekt nur zur Vernichtung führen kann. Die Atombombe, das Produkt einer materialistischen Wissenschaft, ist eine Strafe Gottes, die den Materialismus vernichten wird.''

"Und was wird nach der Vernichtung geschehen?"

''Von den beiden materialistischen Prinzipien wird nur das Gute übrigbleiben, das in jedem von ihnen enthalten ist; überleben wird die wahre Demokratie, das Prinzip der Freiheit und das Prinzip der sozialen Gerechtigkeit.''

Da Ubaldi von der Überlegenheit des Geistes über die Materie gesprochen hatte, warf ihm der Journalist nun vor: "Aber warum besiegt dann der Geist nicht einfach die Materie und vermeidet so den Zusammenprall, den Schmerz und die Vernichtung?"

"Die Menschen lernen nur durch den Schmerz... leider! Gott ist der Vater, auch ein irdischer Vater ist gezwungen sein Kind, wenn es nicht hören will, zu bestrafen."

"Und wer wird aus dem Zusammenprall der beiden Kolosse - des demokratischen auf der einen und des atheistisch-Fortschrittsgläubigen auf der anderen - als Sieger hervorgehen?"

"Einen eigentlichen Sieger wird es nicht geben, denn der Sieger wird dem Tod geweiht, über den Besiegten sinken. Beide werden den Krieg verlieren. Und die Stimme hat mir gesagt, daß die ganze nördliche Hemisphäre: Asien, Europa und die USA, total zerstört werden wird, durch Atombomben usw., usw..."

"Und wie wird die Welt nach dem Kriege aussehen?"

"Nach der Zerstörung des Materialismus wird es auf der Welt nur mehr eine einzige Regierung, einen Staat und ein religiöses Prinzip geben.

Alle die glauben, werden gerettet werden, versicherte die Stimme, und alles wird einem wirklichen, echten Fortschritt dienen, damit die Menschheit zu einer großen Familie wird."

Wenn die Zukunft existiert, dann ist Vorhersagung bereits bewiesen.

Schlußwort

Hunderte Aufzeichnungen von Sehern und Prophetien habe ich in den vergangenen Jahren bis Mitte 1994 durchgelesen und analysiert. Etwa die Hälfte davon habe ich als zu zweifelhaft oder als ungeeignet abgelehnt, um sie hier in dieses Buch mit einzubeziehen. Meist waren es auch nur einfache Zukunftsprognosen, bei denen der Prognostiker sich so sehr in seine Aufgabe hineingesteigert hatte, daß er sich selber schon als Seher dünkte.
Vielleicht irrte ich mich. Aber selbst wenn, dann ist doch die Fülle der hierin glaubwürdigsten Aufzeichnungen genug, um selbst den größten Zweifler zum Nachdenken anzuregen.
Und ehrlich gesagt, nach all dem, was ich in den vergangenen Monaten erfahren habe, kommt es mir vor, als dränge die Zeit dieses Buch noch fertig zu bekommen - ungemein. Denn, wenn auch nicht alles, so wird doch vieles von dem, was hier geschildert wurde - bald eintreffen. Daran zweifle ich nicht im geringsten.

Juli 1994   Josef Schaller

III. TRILENIUM

Vorwort

Die folgende Prognose über das kommende Jahrtausend, soll nach all den apokalyptischen Prophezeiungen über einen Dritten Weltkrieg und/oder ein Weltgeschehen, auch einen Hoffnungsschimmer aufblinken lassen.
Schließlich hat sich der Mensch im Laufe seiner anthropologischen Entwicklung zu den Fähigkeiten seines wachsenden Geistes, auch einen immer mehr ausgeprägten Überlebungsinstinkt angeeignet.
Dieser Selbsterhaltungstrieb hat sich besonders in den letzten beiden Jahrhunderten steil gesteigert.
Man denke nur ein paar kurze Jahrhunderte zurück, als der Abendländer mit seinem Lehnsherrn, wie ein geduldiges Lamm zur Opferbank mitmarschierte, um für ihn zu kämpfen und zu sterben, ohne zu murren oder dagegen aufzubegehren.
Dieses Aufbegehren als aufbäumender Überlebenstrieb, ist erst um die Zeit der französischen Revolution besonders bemerkbar zum Ausdruck gekommen.
Von da an bestand der Mensch immer mehr auf das Recht zu überleben, trotz angedrohten grausamsten Strafen und gegen alle Übermächte.
Zur selben Zeit nahmen auch die Zahl der Streitigkeiten und Kriege ab. Auch wenn es nicht den Anschein hat, so wurden in Europa in diesem 20. Jahrhundert weniger Kriege geführt, als in fast all den Jahrhunderten zuvor. Seit 1945 gab es bisher, außer dem Aufbegehren gegen die kommunistische

Unterdrückung und den Freiheitsbestrebungen der Iren und Basken, nur einen einzigen Krieg in Europa, den Religions- und Bürgerkrieg im ehemaligen Jugoslawien.

Und so können wir hoffen, daß sich der Mensch des Abendlandes auflehnt gegen alle Kriegshetzer, Unterdrücker und Förderer von Massenvernichtungswaffen. Zugleich und besonders auch gegen die Gefahren der Umweltvergifter, die heute eine Macht haben - in Verbindung mit eigennützigen Politikern und ihren Parteien, wie einst die absoluten Despoten und Diktaturen.

Wir müssen uns endlich losreißen vom Muster der vergangenen Jahrhunderte und in eine neue Zukunft weltweiter Verbundenheit und des Friedens wachsen.

Auffallend ist bereits der Überlebungsdrang der Jugend, die in den letzten Jahrzehnten mit enormen Friedensdemonstrationen gegen den Vietnamkrieg und andere Gewalttaten der regierenden Mächte protestiert haben.

Seither wird diese meist gewaltlose Methode des Protests immer wieder gegen menschheitsbedrohende Gefahren angewandt. Ob Krieg, Wirtschaftsunterdrückung oder Umweltvergiftung, politische Oppression oder gerichtliche Fehlentscheidung, - der Mensch protestiert und verteidigt so sein weiteres Bestehen.

Und das wird der Mensch auch in den kommenden Jahrhunderten genauso eifrig tun, wie in den vergangenen Jahrzehnten.

Die Menschheit wird überleben und wachsen im Geist - auch im kommenden Trilenium.

Wer nicht an die Zukunft glaubt,
wird die Gegenwart unerträglich finden.

Josef Schaller,
Juli 1994

Einleitung

1974 erschien ein Buch von Hubert Weinzierl mit dem Titel: 'Das große Sterben'. In dieser Zukunftsprognose stößt man auf Feststellungen wie: "In zwei Jahrzehnten verdoppelt sich die Erdbevölkerung!"
Damals waren es drei Milliarden - heute 1994, zwei Jahrzehnte später - 5,8 Milliarden.
"Zwanzig Millionen Einwohner zählende Städte werden keine Seltenheit mehr sein!" Vor zwanzig Jahren war New York mit 5 Millionen Einwohnern, die bevölkerungsreichste Stadt der Welt. Heute gibt es bereits Dutzende Städte, die weit über 10 und 15 Millionen Einwohner haben.
"Verdoppelte Anzahl von Kraftfahrzeugen!"
"Keine Bewältigung des Verkehrslärms und der Abgase mehr!"
"Verdoppelter, wenn nicht dreifacher Energiebedarf!"
"Allmähliche Ausrottung der Tier- und Pflanzenwelt!"
"Die Politiker am Ende ihres Lateins!"
"Versiegen aller Rohstoffquellen!"
"Die große Ökokatastrophe!"
Diese Manifestierung der Dummheit, mit der Politiker unsere Erde vergiften und in Stücke reißen, wird sehr bald zeigen, ob ihre Freunde, die Grundstückspekulanten und Chemiekonzerne, unbekümmert und siegreich weiter zerstören vermögen, oder ob die Stimmen der als 'Schwarzseher' angeprangerten Warner als letztes zu hören sein werden - im Sog zum Oblivion.
Am Ende des 'Siegeszuges der Technik' steht die Furcht, daß die Technik sich zu Tode siegt.
Wir leben bestenfalls einige Jahrzehnte von der rücksichtslosen Ausbeutung der Zukunft und überlassen unseren Kindern den Müll unserer Vergangenheit und eine kahle Erde.

In den vorherigen Seiten wurde aufgeführt, was die Seher für unsere Zukunft gesehen haben und was uns erwartet? Totale Vernichtung oder doch noch eine Zukunft? Aber um welchen Preis?
Wie wird diese Zukunft aussehen - falls wir die nächsten Jahrzehnte, das nächste Jahrhundert überleben?
'Trilenium' schildert realistisch das kommende Jahrtausend - falls es kommt!
Eine Prognose für das kommende Jahrtausend zu schreiben? Die Idee die mir irgendwann im Frühjahr 1994, beim Lesen alter Prophezeiungen kam, fand ich - verlockend.
Aber wie und wo sollte ich beginnen?
Was weiß ich schon über die Zukunft?
Wahrscheinlich genausoviel oder so wenig, wie jeder andere Durchschnittsmensch des 20. Jahrhunderts - nämlich - nichts!
Und mit diesem 'Nichts' fing ich an.
Einige leere Blätter Schreibpapier und leere Gedanken, die ich der Zukunft öffnete...
Das Wort 'Trilenium' erfüllte mich und plötzlich wußte ich, daß das kommende Jahrtausend so genannt wird.
Und mit diesem Wissen strömte noch mehr darüber in mich, vielmehr in meine Schreibhand, und füllte die leeren Seiten mit dem Geschehen der Vergangenheit in der Zukunft...

Chronik des Trileniums

(Rückblick auf das Millennium vom 20. bis 30. Jahrhundert)

Der Brief

Deuropa, im Sommer 2999

Mein lieber Sohn,

Wo soll ich beginnen? Von den 180 Jahren, die mir als Fakthistoriker erlaubt sind zu leben, verbleiben nur noch etliche Monate. Die möchte ich nun benutzen, um Dir mein Sohn davon zu berichten, was geschehen war, ehe Dir erlaubt wurde geboren zu werden, - nach meinem Tod.

Schade, daß ich Dich nie kennenlernen werde. Aber das ist nun schon seit fast vierhundert Jahren so, daß erst der Vater oder die Mutter sterben muß, ehe ein neues, gleichwertiges Ebenbild aus einer Zelle des zu Tode Gegangenen, gekloned werden darf.

Nur den höchsten Wissenschaftlern der Gentechnik ist es erlaubt die ersten zehn Jahre ihrer Nachkommen mitzuerleben, um eventuelle Abweichungen zu korrigieren, bzw. zu verbessern. Deshalb wird ihnen auch eine Lebensspanne von 190 Jahren gewährt.

Am längsten, wie Du sicher weißt, ist mit 200 Jahren die Lebensdauer von jedem der 'Großen Sieben', die die Schicksale der Menschheit leiten. Obwohl schon seit langem davon gemunkelt wird, daß die meisten ehemaligen Mitglieder der GS (Großen Sieben), auch lange nach ihrem prädestinierten Ableben noch existieren, irgendwo im Regierungstrabant, der nun schon seit 350 Jahren zwischen Erde und Venus Wache hält in unserem Weltenbereich.

Das war natürlich nicht immer so, daß die meisten Bewohner ihre Nachkommen nicht sehen und erleben durften.

Vielleicht sollte ich gerade deshalb diese Chronik kurz vor dem Anfang des Trileniums beginnen, als die Bevölkerung der Erde gerade ein Drittel von dem war, zu dem es danach und bisher angewachsen ist - 18 Milliarden.

Hauptsächlich Kriege dezimierten die Bevölkerung im zweiten Millennium christlicher Zeitrechnung. Aber auch viele Krankheiten, gegen die noch kein Heilmittel gefunden worden war, hielten das Durchschnittsalter der Bevölkerung im Gebiet des heutigen Deuropas auf nur knapp 70 Jahre. Und doch sprach man schon damals von einer Überbevölkerung. Bis zum Ende des 20. Jahrhunderts waren bereits in vielen Ländern der Erde Geburtskontrollen eingeführt worden. Doch es waren meist europäische Völker und Menschen, die sich damit ein kinderfreies Leben schufen. In einigen asiatischen Ländern mußten sogar strenge Strafen eingeführt werden, um eine Familieneinheit daran zu hindern mehr als zwei Kinder hervorzubringen.

Obwohl viele ehemalige Seuchen wie Pest, Diphtherie, Pocken und andere epidemischen Krankheiten schon besiegt worden waren, so bedrohten die Gesundheit der Menschheit immer noch große Killerviren und Gebrechen, wie Krebs in all seiner schrecklichen Vielfalt, Herz- und Bronchialkrankheiten und neue Epidemien, wie - Aids.

Besonders in Afrika, Amerika und Asien hauste diese Seuche, die wie ein tödlicher Pilz den Mensch befiel. Durch Blut und Speichel drang dieser Virus in den Körper und zerstörte das körpereigene Immunsystem.

Ein Befall dieser Krankheit, war lange Zeit fast immer tödlich. Fast 30% der Bevölkerung Afrikas und ein beträchtlicher Teil der Menschen in anderen Ländern, besonders im USA-Gebiet, fielen dieser Seuche zum Opfer.

Ja, nach fast 150 Jahren gelang es endlich eine effektive Antitode dagegen zu finden. Aber selbst noch bis vor wenigen Jahrhunderten tauchte dieser Virus immer wieder auf, ähnlich wie der Grippe-Virus, vor nun schon eintausend Jahren.

An den todbringenden Kriegen waren oft Ideologien schuld daran. Religionen und die Machtgelüste fanatischer Diktatoren. Angefangen meist von machthungrigen Fürsten, wahnsinnigen Religionsfanatikern und Demagogen politischer Parteien.

Sie bekriegten und bekämpften alle und jeden, der sich ihren eigennützigen Plänen in den Weg stellte oder ihre Machtbestrebungen gefährden konnte.

Erst nach der Umstrukturierung des weltweiten Regierungssystems nach dem Großen Abräumen (siehe S. 322) und der weisen Führung der Großen Sieben, ist ein Krieg unter den Völkern der Erde ein absolutes Unding geworden.

Alle sieben Jahre wird in jedem der sieben Regierungsbezirke eine Person gewählt, die sich in ihrem bisherigen Leben selbstlos für seine Mitbürger eingesetzt hat. Diese Wahl wird aber so gesteuert, daß sie jedes Jahr in einem anderen Bezirk stattfindet in dem der 'neue' GS-Repräsentant gewählt wird, niemals aber alle sieben Bezirke zugleich. Jedes neugewählte GS-Mitglied übernimmt für die ersten vier Jahre seiner Amtszeit die direkt untergeordneten Mitarbeiter seines Vorgängers, damit eventuelle Projekte zum Wohle der Bevölkerung, noch reibungslos abgewickelt werden können. Nach Ablauf der siebenjährigen Amtszeit, verbleibt das abtretende GS-Mitglied meist als ehrenamtlicher Berater im überregionalen Dienst seines Regierungsbezirks.

Schon seit etlichen Jahrhunderten existieren in den weltweit verbundenen Computernetzen Übersetzungsprogramme, mit denen die Sprachschwierigkeiten behoben worden sind und jeder kann, zu jeder Tages- oder Nachtzeit, Information aus der ganzen Welt abzurufen.

Die Ausbildung wurde auch schon längst global vereinheitlicht, so daß ein Schul- oder Universitätsabschluß in jedem Land der Erde den gleichen Anforderungen entspricht.

Bis zum Ende des 20. Jahrhunderts paarten sich Männer und Frauen nicht nur wegen der dadurch empfundenen Lustgefühle. Bis dahin war das nämlich auch die einzige Möglichkeit Kinder zu zeugen. Durch diese Kopulation wurde die Frau befruchtet und gebar in den ersten Jahren ihrer Vereinigung, meist mehrere Kinder.

Mit diesen formte das Paar dann die damals kleinste menschliche Einheit, genannt - Familie.

Ja, mein mir leider immer unbekannt bleibender Sohn, die Eltern wurden in dieser Familieneinheit alt, während die Kinder zu Erwachsenen heranwuchsen. Sie blieben auch meist zusammen, und während die heranwachsenden Kinder von den Eltern versorgt und ernährt wurden, so sorgten sich später die erwachsenen Nachkommen um das Wohlergehen ihres Vaters und der Mutter, bis sie an Altersschwäche - oder Krankheit starben.

Nun, vieles war gut - wenn auch noch lange nicht so gut oder - nahezu vollkommen, wie in den späteren Jahrhunderten des dritten Jahrtausends.

So um das letzte Jahrhundert des 2. Millenniums wurden auch die größten Erfindungen gemacht und die fortschrittlichste Technik geschaffen, die es bis dahin gegeben hatte.

Ich möchte einige dieser Errungenschaften des menschlichen Geistes in Forschung und Technik - auch von denen der darauffolgenden Jahrhunderte für Dich hier auflisten, um Dir einen Überblick zu verschaffen - ähnlich einer Chronik - über das nun zuendegehende Jahrtausend, genannt Trilenium.

Die Energie der Technik

Kaum war Elektrizität erstmals von Menschen erzeugt und genutzt worden, so wurde auch schon bald jeder abhängig davon. Elektrisches Licht während der finsteren Nacht oder in dunklen Räumen, verlängerte den Lebens- und Leistungstag der gesamten Menschheit.

Elektrische Motoren und Geräte ermöglichten auch schnellere und bessere Erzeugung von Gütern.

Industrie und Handel, Transport und Verbrauch, Medizin und Forschung, Herstellung und Konsum, Technik und Haushalt, Arbeit und Vergnügen, Wissenschaft und Wirtschaft - alles wurde abhängig von Elektrizität.

Die Entwicklung elektrischer Energieversorgung ist ein sehr interessantes Thema und ich möchte es hier kurz aufführen:

Vor etwas über 1000 Jahren gab es eigentlich nur vier Hauptquellen zur Energieförderung: Kohle, Erdgas und Erdöl für Heizungsenergie, und - Wasser.

Anfangs wurde elektrischer Strom hauptsächlich durch die von Flüßen angetriebenen Turbinen der E-Werke oder durch Dampfturbinen die mit Kohle oder Öl geheizt wurden, erzeugt. Über die Nachteile von Kohle brauche ich wohl nicht weiter eingehen. Die Förderungskosten waren sehr hoch und die Verbrennung verursachte enorme Luftverpestung.

Erdgas verschmutzte die Umwelt nicht ganz so sehr, aber es war auch teurer. Erdöl wurde ebenfalls immer teurer und seit Ende des 21. Jahrhunderts - knapper.

Doch dann, in der zweiten Hälfte des 20. Jahrhunderts, kam die Energie der Kernfusion aus Atomreaktoren.

Nun wurde der Strom zwar billiger, aber die Gefahr von nuklearen Unfällen wurde ebenfalls immer größer und die Entsorgung der hochradioaktiven Brennstäbe, - ein schier unüberwindbares Problem.

Erst nach den Reaktorunfällen und Kriegen Anfangs des 21. Jahrhunderts, begann man ernsthaft nach anderen Energiequellen zu forschen und diese einzusetzen.
Man griff vorerst wieder zurück zu den natürlichen Energiequellen: Wasser, Wind und Sonnenenergie.
Überall standen bald ganze Wälder von Windturbinen. Auf Bergen und im Flachland, jede windige freie Fläche wurde genutzt. Doch diese Turbinen waren sehr teuer im Verhältnis zu dem Strom, den sie produzierten. Mit Wasser kam man da schon etwas weiter. Nicht nur die Staudämme der Flüsse produzierten die nun schon fast lebenswichtige Energie, - überall entlang den Ozeanküsten wurden omnidirektionale Turbinen ins Meer verankert, um aus der enormen Kraft der Gehzeiten elektrischen Strom zu gewinnen.
Die küstenreichen Länder England und Dänemark hatten plötzlich einen sehr gefragten Exportartikel - Strom. Denn nicht alle Länder Europas konnten die Kraft der Ozeane benutzen. Großbritannien z.b. produzierte das Dreifache ihres eigenen Bedarfs und verkaufte den Überschuß an europäische Binnenländer. Der Strom wurde durch Kabel entlang dem zerstörten Euro-Tunnel zum Festland geleitet. (Die Zerstörung: Seite 317)
Auch zwischen Dover und Calais wurden unter dem Meeresspiegel Stromturbinen verankert, die Tag und Nacht Strom lieferten, ohne die Umwelt zu verschmutzen oder Naturreserven aufzubrauchen.
Selbstverständlich wurden auch auf anderen Kontinenten überall diese Gezeiten-Generatoren gebaut und zur Stromgewinnung benutzt. Im USA-Gebiet gibt es entlang den Küsten sogar mehrere Reihen dieser Turbinengeneratoren. An der Meerenge der Behringstraße wurden riesige Batterien dieser Schaufelturbinen eingesetzt und liefern nun Strom für den größten Teil der USA-Gebiete.

Bemerkenswert ist auch, daß obwohl heute mehr Dinge mit Elektrizität angetrieben werden als vor 1000 Jahren, der Energieverbrauch sich aber nicht gesteigert hat. Hauptsächlich dadurch, weil inzwischen die meisten Geräte durch High-Tech Modernisierung viel weniger Strom verbrauchen als damals. So zum Beispiel liefert heutzutage ein 4-Watt Lichtstrahler mehr Helligkeit, als um das Jahr 2000 eine 100-Watt Glühbirne. Puls-Laser-Brenner kochen z. B. einen 10 Liter Topf Wasser durch direkte Einwirkung fast in Sekundenschnelle und dadurch auch mit nur einem zwanzigsten Teil des Stromverbrauchs eines Elektroherdes von damals.

Überhaupt, das ganze Bau- und Wohnsystem hat sich seit der Jahrtausendwende drastisch verändert.

Die meisten Neubauten in Städten und Ballungszentren sind aufstockbare Wolkenkratzer, die je nach Bedarf erhöht werden können. Zudem rotieren einige dieser Gebäude, so daß der an Außenwänden, Fenstern und auf dem Dach angebrachte polykristalline Belag wie Solarzellen den ganzen Tag das Sonnenlicht einfangen und in brauchbare Energie umwandelt. Somit ist jedes Gebäude sein eigenes Solarkraftwerk.

Innen sind verschiebbare Stellwände, mit denen jeder Bewohner oder Büroarbeiter seinen eigenen Wohn- oder Arbeitsraum schaffen kann.

Auch Fahrzeug-Parktürme wurden so immer höher gestapelt und wenn jemand seinen Elektro-Flitzer abholen will, braucht er unten an einer der Straßenebenen nur seinen Code eingeben, sein Eigentumsrecht wird mit dem Iris-Augenscanner bestätigt, und schon Sekunden danach bringt das computerisierte Förderband sein Fahrzeug zur gewünschten Ausfahrt. Ähnlich, nur in umgekehrter Reihenfolge verläuft das Ganze bei der Rückkehr des Fahrzeugs zum Parktower. Diese Identifikation mit dem Iris-Augenscanner gewährleistet nicht nur, daß kein Unbefugter das Fahrzeug benutzen bzw.

stehlen kann, der Computer berechnet damit auch die Abstellzeit im Parkturm, wo der Akku des Elektroflitzers aufgeladen wird.

In den dichtbesiedelten Hafenstädten wie z. B. Hamburg, London, New York und San Francisco, hat man sogar Parksilos unter Wasser installiert. Drei- bis vierstöckige Container mit Stellplätzen von je 500 und mehr Autos wurden ins Hafenbecken geschleppt, dort abgesenkt und mit Zu- und Ausfahrtsröhren verbunden. Die ersten dieser Untersee-Parkhäuser wurden schon Anfangs des 21. Jahrhunderts in London und Monte Carlo erbaut.

Diese polykristalline Belage, die Solarenergie in Elektrostrom umwandeln, werden überall dort angebracht, wo Sonnenlicht vorhanden ist. Nicht nur an Gebäuden, sondern auch auf Straßen- und Transitbahnüberdachungen, Brücken und Überführungen, an Fahrzeugen und Geräten, an Schiffe und Flugzeugen, oder wo immer auch sonst sich ein günstiger Platz dafür finden läßt.

Einige Forscher arbeiten nun sogar an der Nutzung einer Energiequelle, die bis vor wenigen Jahrzehnten noch Utopie gewesen war: Gravität, - die Anziehungskraft der Erde! Mike Schmidt, der Leiter dieses Projekts hatte schon immer gesagt, alle Energie die wir brauchen wäre schon längst vorhanden, - man müsse nur wissen wie man sie anzapft.
Er behauptet sogar, daß es ihnen im Labor für Sekundenbruchteile schon gelungen sei, diesen 'Gravistrom' zu erzeugen. Aber es wird wohl noch einige Zeit dauern, ehe man überall auf unserem Planeten Gravitätsgeneratoren benutzen kann. Wer weiß, vielleicht brauchen wir dann auch keine Akkus mehr, um mit unseren Elektroflitzer herumzufahren, wir schweben dann einfach mit Gravi-Cars (Gravität-Autos) von Ort zu Ort.

Umwelt- und Arbeitspolitik

Um die Wende des 20. Jahrhunderts gelang es auch zum ersten Mal mit Aeroplanes zu fliegen. Und die bisherigen Fahrzeuge, die sich als erste ohne Zugtiere von selbst bewegen konnten, waren einfache Dampfmaschinen, die meist auf zweispurigen Eisenschienen fuhren. Doch dann erfanden Ingenieure aus Deutschland, dem ehemaligen Herzland von Deuropa, ein neues Gefährt, das mit Erdöl, bzw. Benzin betrieben wurde. Sie nannten es - Automobil.

Damals, bis etwa zur Mitte des 21. Jahrhunderts, gab es noch soviel Erdöl, daß es sogar für Beheizung von Wohnungen, Büroräume und Werkstätten benutzt werden konnte.

Riesige Tankerschiffe bewegten sich mit Schraubenmotoren auf den Meeren der Erde und brachten das Erdöl von einem Ort zum anderen. Freilich gab es damals auch mehrere Ölpestkatastrophen, wenn einer dieser riesigen Tanker verunglückte und sich seine auslaufende Fracht hunderte Meilen weit über die Meere verbreitete. Fast alle Fische entlang den Küsten Nordamerikas und Westeuropa, die nicht schon anderen, von Menschen erzeugten Giften zum Opfer gefallen waren, verendeten davon und erst Ende des 21. Jahrhunderts wurde ein absolutes Meeresschutzgesetz erlassen, welches die auch durch andere Katastrophen so drastisch reduzierten Bestände der Meerestiere seither schützt. Inzwischen sind, wie Du sicher wissen wirst, große Gebiete in der Polarregion und in den Inselngebieten des Pazifiks, als Fisch- und Seenahrungszone-Gebiete entwickelt worden. Viele unserer Nahrungsprodukte, die die Menschheit heute verzehrt, stammen von diesen riesigen Unterwassergebieten.

Doch wieder zurück zu den Erfindungen des 20. Jahrhunderts.

Sprech- & auch schon Sicht-Telephon, Motionfilm, Radio und Television kamen in allgemeinen Gebrauch, und besonders mit letzterem beeinflußten die damaligen Mächte und Politiker das Denken der Bevölkerung.

Ja, es herrschte damals, Ende des 20. Jahrhunderts, trotz viel Geplärr über Freiheit und Demokratie, wieder eine Diktatur: - die Parteiendiktatur.

Die Politiker dieser Parteien manipulierten jeden Wahlausgang so, daß sie durch Koalitionen immer am Trog der Macht blieben und so weiterhin vorrangig ihre eigenen Interessen vertreten konnten. Erst dann folgten die Interessen von Land und Leut', - soweit diese wiederum nicht die Interessen befreundeter Mächte in Industrie und Wirtschaft hinderten.

Jede bürgerverbundene Opposition wurde von der regierungsgesteuerten Presse und den Nachrichtenmedien als radikal und als zu extrem im Keim erstickt, und so die Wahlen, z.Tl. durch lügnerische Schaudermärchen und geschickte Hetzparolen, zu Gunsten der führenden Parteien beeinflußt.

Die Leut', das heißt - die Bürger, mußten immer mehr Abgaben (Steuern) an diese Parteienregierung zahlen, deren Politiker die Steuergelder mit Dummheit verschleuderten oder damit im Ausland protzten. Es gab damals sogar Sprichwörter wie: 'Bonn-dumm' und 'easy be - like Germany'.

Doch schon längst existiert Deutschland, das Land unserer Vorfahren nicht mehr. Die parteienorientierten Politiker ließen es zu, daß dieses Land und sein Volk allmählich zerbröckelte, und wie schimmelige Krümmel im Vereinten Europa, dem Vorgänger des heutigen Deuropa, verkamen.

Es wird aber auch heute noch von Historikern das 'Euro-Herzland' genannt. Mit einigen Nachbarländern, wurde es im Laufe der Jahrhunderte, das Deuropa von heute.

Auf dem Weg der Entwicklung zu diesem Deuropa, hob sich das ehemalige Deutschland als Herzland Europas so hervor, daß DEU - 'Die Europa Union' abgekürzt wurde zu 'Deurop', eine Anspielung auf das Herzland - Deutschland.

Vieles, das früher in der Wirtschaft chaotisch wild verlief, wird seit der Regierungsreform, über die ich später noch berichten werde, streng kontrolliert, ohne jedoch die geschäftliche Profitmachung zu hindern. Nur eine Regulierung zwischen Produktionskosten, bzw. Lohnzahlung an die Arbeiter und der Firma. So zum Beispiel, wenn eine Fabrik mit 500 Arbeitern eine neue Maschine anschaffte, mit der sie ihre Erzeugnisse schneller herstellen und dabei zugleich 100 Arbeiter einsparte, so durfte die Firma diese Arbeiter nicht einfach entlassen, sondern mußte sie mit gleichem Lohn weiterbeschäftigen, - wenn auch mit verringerten wöchentlichen Arbeitsstunden.

Das war auch eines der maßgebendsten Probleme zwischen Arbeitgeber und Arbeitnehmer um das Jahr 2000, als aus dieser maschinellen Modernisierung eine weltweite Wirtschaftskrise ausgelöst wurde, die in jedem Land Millionen Arbeitslose verursachte. Die Fabrikbesitzer kauften einfach Maschinen mit denen sie ihren Profit drastisch vermehren konnten. Besonders, wenn sie danach nicht mehr soviel Arbeiterlohn bezahlen brauchten.

Denn, anstatt mit zumindest gleichbleibenden Profit, die Arbeiter mit einer reduzierten Stundenwoche weiterhin zu beschäftigen, wurden sie einfach entlassen, und der Profit der Firma schoß rapide nach oben.

Teil-Schuld an dieser, fast erzwungenen Umstellung auf Maschinen, sowie auch die damalige Abwanderung der Herstellerfirmen aus Europa in Länder mit billigeren Arbeitskräften, waren zum Teil auch die unrealistischen Forderungen der damaligen Gewerkschaften. Anstatt sich mit den Arbeitgebern an den Verhandlungstisch zu setzen, um eine beiderseits zufriedenstellende Lösung auszuarbeiten, taten sie das nur mit meist übertriebenen Forderungen nach mehr Lohn.

Wobei auch gesagt werden muß, daß die Gewerkschaft-Mitgliedsbeiträge (und Gehälter der Gewerkschaftsbosse) im Verhältnis mit dem Lohn der Arbeiter standen. Also war die Lohnerhöhung immer an erster Stelle der Forderung und nicht eine für Arbeitgeber-Arbeitnehmer beiderseitig zufriedenstellende Lösung.

Erst als durch Regierungsbeschluß (nach dem Chaos der z. B. in Deutschland von den Sozialparteien diktierten Koalitions-Regierungsära Anfangs des 21. Jahrhunderts) eine für alle Seiten akzeptable Lösung ausgearbeitet worden war, begann der mühsame Wiederaufbau und Umstrukturierung europäischer Fabrikationen und des Arbeiter-Lohnwesens.

Allerdings, wenn man bedenkt, daß zu Beginn dieses Millenniums, die meisten Menschen noch 40 Stunden pro Woche arbeiten mußten, um ihren Lebensunterhalt zu bestreiten, so kann man sich das heutzutage kaum noch vorstellen.

Und knapp ein Jahrhundert zuvor, bis Anfangs des 20. Jahrhunderts, begann der Arbeitstag für die meisten Leute sogar noch mit dem Sonnenaufgang und endete mit Sonnenuntergang. Und das sechs Tage die Woche!

Mit zwei mal zwei Tagen von je sechs Stunden pro Woche, jammern heute noch manche unserer Mitbürger, daß sie nicht genug Hali (Happy-Life) Lebensfreude-Freizeit hätten.

Atom- und Giftmüllentsorgung

Von einigen der großen Erfindungen und Errungenschaften der Technik in diesem 3. Jahrtausend der christlichen Zeitrechnung, möchte ich Dir berichten, weil sie das Leben der Menschheit so drastisch verändert haben wie nur wenige in all den Jahrmillionen zuvor.

Eines der größten Probleme zu Beginn des Trileniums, dem 3. Jahrtausend, war die Entsorgung und Lagerung von Atom- und Giftmüll.
Wieder war es ein Mann aus dem Herzland, der dazu den bestgeeigneten Vorschlag machte, - obwohl es noch sehr lange dauerte, bis seine Ideen verwirklicht wurden.
Riesige Behälter aus unzerbrechlichem Bleiglas!
'Nuggis' werden sie genannt (Nuklear-Gift-Gruben) diese Ablagerungsgruben, in dem die riesigen Berge von Atommüll und Chemiegifte seither gespeichert werden.
Es war schon ein gigantisches Projekt. Große Platten dickes und unzerbrechliches Bleiglas wurden in den eigens dafür ausgehobenen Gruben zusammengefügt, und nachdem sie mit dem Giftmüll vollgefüllt waren, zugeschweißt.
Nun kann das Chemiegift und die tödlichen, radioaktiven Strahlen nicht mehr daraus entweichen. Und die Behälter sind verfallsicher für die hunderttausend Jahre die es dauert, bis die Radioaktivität abbaut und das Gift unschädlich wird.
Dank weiterer Forschung ist es inzwischen auch gelungen, Mikroben zu züchten, die viele dieser Chemiegifte auffressen und in unschädliche Brennenergie umwandeln.

Ein anderes Mammutprojekt war auch die Bereinigung des weithin verseuchten Grundwassers, das den Ökologen überall große Schwierigkeiten bereitete. Als jedoch eine Gruppe junger Wissenschaftler, die sich zu einem Erholungsurlaub in den Everglades von Florida aufhielten, eine überraschende Entdeckung gemacht hatten, konnte auch dieses Problem erstmals mit Erfolg in Angriff genommen werden.
Angefangen hatte es, als die jungen Leute, die dort im Panam-Park der Everglades waren, sich gewundert hatten, warum in diesem riesigen Küstengebiet, trotz der enormen Mengen von verseuchten Abwässern die in die Lagunen

strömten, das Wasser ziemlich frei von giftigen Rückständen war. Und schon bald danach hatten sie die Wasserreiniger ausfindig gemacht.
Viele Millionen der dort im Wasser wachsenden Bäume und Sträucher filterten mit ihrem weitverzweigtem Wurzel- und Laubwerk die meisten der Gifte aus dem Gewässer. Zudem existieren dort unzählige mikroskopisch kleine Lebewesen, denen es anscheinend nichts ausmacht ihren dauernd verseuchten Lebensraum ständig zu säubern.
Nach dieser sensationellen Entdeckung, wurden hunderttausende Ableger dieser Gewächse und Millionen der Mikroben auch dorthin verpflanzt, wo sie sich vermehren und mit ihrer Reinigungsfähigkeit das Grundwasser der belasteten Gebiete wieder verbessern konnten. Und neue Verseuchung wurde, wie ich bereits erwähnt habe, durch strengste Strafmaßnahmen verhindert.

Intelligenz- und Wetterkontrolle

Zahlreiche andere Erfindungen aus dem großen Land von dem unsere Urahnen stammen und aus jenem Jahrhundert könnte ich Dir aufzählen und nennen, - obwohl damals der Durchschnittsmensch nur den siebten Teil seines Gehirns gebrauchte.
Aber wie gesagt, trotz alledem wurden damals schon großartige Erfindungen und immenser Fortschritt auf allen Gebieten der Forschung gemacht.
Die ersten Experimente und Versuche die menschliche Intelligenz in Laboratorien zu steigern, hatten geradezu katastrophale Folgen.
Die meisten Versuchspersonen bei denen diese Kapazität um nur 50% erhöht wurde, waren dem dazugewonnenen Denk-

vermögen nicht gewachsen und drehten buchstäblich durch. Erst durch langjährige Züchtung und allmähliche Erhöhung der Gebrauchsintelligenz - schon im Säuglingsalter (Säuglinge wurden damals die Neugeborenen genannt, die ihre Nahrung in den ersten Monaten nach ihrer Geburt aus der Brust ihrer Mutter in Form von Milch saugten), - erst dieser langwierige Züchtungs-Prozeß ermöglichte es den Menschen, im Laufe der darauffolgenden Generationen sich zum Dreifachen ihres bisherigen Intelligenzvermögens zu steigern.

Nun war auch Telepathie über kurze Entfernungen möglich. Und sogar einige Fähigkeiten, um die der Mensch manche Tiere schon seit Jahrmillionen beneidet hatte, gelang jetzt dem Mensch sich anzueignen. Das Gehör kann nun eine breitere Wellenlänge empfangen, das Wahrnehmen von Hindernissen in totaler Finsternis und sogar sein Ortungssystem grenzt an das von Brieftauben und mancher Fische.

Ja, selbst eine gewisse Empfindungs-Verständigung mit Tieren ist seither möglich und hat viel damit zu tun, warum seit fast 200 Jahren nur noch bestimmte Tierwesen zur Herstellung von Nahrung benutzt werden dürfen. Meist nur die fast hirnlosen Fleischkolosse, die eigens für den Konsum von proteinhaltigem Fleisch in riesigen Farmen auf dem Land und im Meer gezüchtet werden.

Bis etwa zur Mitte des eben zuendegehenden Millenniums, der Rat der 'Großen Sieben' neue Gesetze erließ, hatten manche Wissenschaftler oft auch mit dem Wetter experimentiert und es in manchen Gegenden mit meist verheerenden Folgen manipuliert. Seither jedoch wird es zentralgesteuert, soweit das überhaupt möglich ist. Aber zumindest gibt es keine Orkane und Hurrikane mehr, da diese Unwetter herbeiführenden Temperaturschwankungen durch die großen Solarspiegel im großen Tech-Trabant zu einem gewissen Grad gesteuert, bzw. beeinflußt werden können.

Ich weiß nicht, wieviel Du von diesem TTS (Technischen-Trabant-System) in Deiner Schulung erfahren wirst. Doch Du sollst auch wissen, daß noch vor knapp vier Jahrhunderten große Katastrophen geschahen mit Wachstumslichtlasern, die den Pflanzenwuchs in den riesigen Plantagen der großen Fluß-Deltas und Getreideanbaugebiete beleuchten. Ein Modul im elektronischen Steuerungsmechanismus brach zusammen und der Lichtlaser konnte wegen zusätzlicher Pannen längere Zeit nicht abgeschaltet werden. Das frühere Nil-Delta wurde dabei völlig verbrannt und verwüstet. Auch das Delta und die Plantagen entlang des Missouri und Mississippi und weite Flächen der Getreidefelder im USA-Gebiet verbrannten damals. Fast eine Milliarde Menschen starben infolge der daraus resultierenden, katastrophalen Hungersnot.

Seitdem ist natürlich dort alles wieder neu bepflanzt worden, und der lichtspendende Lasertrabant wird mit Quesarkraft und mit dem neuesten und dreifach gesichertem Steuerungsmechanismus in einem genau geregelten Orbit gehalten. Wie in den meisten Hi-Tech Anlagen fließen jetzt Lichtwellen anstatt Strom und statt Transistoren, 'schalten' einzelne Atome in Picakristallen.

Übrigens, das USA-Gebiet umfaßt heute nicht nur alle früheren Staaten der ehemaligen Vereinigten Staaten, (Puerto Rico wurde schon anfangs des 21. Jahrhunderts der 51. Staat) sondern auch das ehemalige Kanada, Mexiko, Kuba und einige kleinere mittelamerikanischen Länder. Die restlichen hatten mit den südamerikanischen Ländern Ende des 21. Jahrhunderts ihre eigene Pan-Am Wirtschaftsunion gegründet.

Genforschung und medizinische Entwicklung

Ein anderer wichtiger Durchbruch war durch Kloning den Wissenschaftlern im Gebiet der Chiru-Medizin gelungen: Nachdem schon seit der Jahrtausendwende Wissenschaftler behauptet hatten sie könnten durch Kloning bessere (Ersatz)-Körperteile und Organe herstellen, als die welche der Mensch bei der Geburt mitbekommen hat, wurden diese biologischen Experimente vorerst verboten. Zu viele ethnische und religiöse Gruppen hatten sich empört über die Anmaßung der Biologieforscher, der Mensch könne etwas besseres erschaffen, als der 'Supreme Kreator' - Gott.

Noch wurde der Organersatz durch Kunstorgane betrieben und weiter ausgebaut, und bereits seit längerer Zeit gab es das künstliche Herz, mit dem einige Menschen sogar schon bis zu einem Jahr am Leben erhalten wurden.

Die künstliche Niere wurde verbessert, der menschliche Gehörapparat durch Ersatz des Innerohrs, portable Lungen, die dem Blut Sauerstoff zufügten, künstliche Knochen und Gelenke und vieles mehr.

Dann wurde in Verbindung mit medizinischer Transplantation eine andere Richtung eingeschlagen:

Das Züchten von genmanipulierten 'Mieren'.

Diese Genwesen sind das Mischprodukt menschlicher und tierischer Gens, um Ersatzteile für den menschlichen Körper zu wachsen. Meist Organe wie Nieren, Augen, Herz, Milz, Galle und Leber, sowie auch erkrankte oder beschädigte Knochen, Membrane und Haut.

Transplantation der Lunge war weniger erfolgreich und bis vor noch wenigen Jahrhunderten, mußten die durch Umweltgifte schwer Lungengeschädigten portable Apparate mit sich tragen, die das Blut ständig mit Sauerstoff bereicherten.

Doch dann kam die Offenbarung einer 'Sensation', die eigentlich gar keine war, weil ja schon seit einigen Jahrhunderten Biologen damit im Geheimen experimentiert hatten. Das Kloning von Doubles!

Zwei große Universitätslaboratorien hatten, nach vorheriger Absprache, zur selben Zeit die Ergebnisse ihrer Forschung und Experimente bekanntgegeben. Sie hatten in den Labors für etwa ein Dutzend Menschen, EB's - exchange bodies (Ersatz Körper) gekloned und gezüchtet.

Diese Doppelgänger wurden in absoluter Geheimhaltung irgendwo in den Laborräumen großgezogen und im Laufe der Jahre wurden dann Transplantationen gemacht mit den Körperteilen des Ersatzkörpers. Das Ergebnis war jedesmal eine sensationelle 100prozentige Erfolgstransplantation.

Natürlich war der Aufschrei einiger Moralapostel und Religionsethiker sehr laut über diesen 'Mißbrauch' eines 'Ersatzmenschen'.

Aber durch geschickte Reverse-Propaganda gewannen die Wissenschaftler die Oberhand. Es sei nun endlich möglich geworden, die alternden oder kranken Organe jedes aktiven Menschen durch diese EB's zu ersetzen und ihm dadurch zu einem längeren und gesünderen Leben zu verhelfen. Die Ersatzkörper selbst hätten ja gar keine Seele, da sie ja sowieso nur für diesen Zweck am Leben seien.

Zögernd erst, aber dann immer öfter, wuchsen auch andere Cloning-Centers Ersatz-Körper, für die darauffolgenden Generationen. Die Laborbauten wuchsen zu enorm riesigen Anlagen, um die Millionen der inaktiven Doppelgänger zu hausen und sie in einem manchmal Jahrzehnte dauerndem Schlummer am Leben zu erhalten bis sie gebraucht werden. Medizinisch und mit Unterkühlung wird ihr Metabolismus reduziert, so daß der Alterungsprozeß erheblich langsamer ist, als der des Originalkörpers.

Selbstverständlich war besonders anfangs eine Transplantation noch immer schwierig und die Adoptionsheilung langwierig.

Seitdem aber das 'Rapid-Wachstum- Hormon' (RWH) entwickelt worden war, hatte die gesamte Transplantationsmedizin wiederum einen enormen Aufschwung genommen.

Sobald nämlich das RWH angewandt wird, wachsen die Millionen Fasern die das neue Organ mit dem Hostkörper, dem kranken Körper verbinden, mit unglaublicher Geschwindigkeit in nur wenigen Tagen zusammen.

Das heißt also, wenn der Kranke nur einige Tage nach Anwendung des RWH mit dem neuen Gen-Organ am Leben gehalten werden kann - auch künstlich, dann wächst das neuimplantierte und erheblich jüngere Organ in seinem Körper an und übernimmt die Funktionen, die das eigene erkrankte oder inzwischen entfernte Organ nicht mehr durchführen konnte.

Ähnlich ist es auch mit Gliedmaßen wie Beine und Arme.

Wo früher, wenn jemand durch Unfall oder Operation seinen Arm oder Bein verloren hatte, noch künstliche Prothesen benutzt wurden, kann ihm jetzt ein von Mieren oder einem EB gewachsenes Glied übertragen werden, das durch die RWH Behandlung in nur wenigen Tagen und Wochen völlig als sein eigenes anwächst und die Funktion des amputierten Gliedes übernimmt.

Nein, der Körper des RB's wird anschließend an die Operation nicht vernichtet, sondern mit Ersatzteilen von einem Mieren weiter am Leben erhalten. Es könnte ja sein, daß in einigen Jahren noch ein wichtiger Teil oder ein Organ gebraucht wird. Zudem sind dann die Innenorgane vom Ersatzkörper noch erheblich jünger als die des Originals.

Einige Religionsfanatiker hatten sich aber immer noch erregt darüber, von wegen einer Seele des Ersatzkörpers.

Aber der kann doch keine haben, da er nur als Körper geboren

wurde. Was meinst Du dazu?
  Schade, daß ich mich über solche Dinge nicht mit Dir unterhalten kann. Mit anderen, - Kollegen oder Bekannten darüber zu plaudern, ist zu gefährlich. Zu leicht könnte man wegen so etwas als 'Spinner' hingestellt werden und somit als unproduktiv oder unrealistisch seine weitere Existenz gefährden.
  Auch in anderen Bereichen hat die medizinische Forschung seit dem 20. Jahrhundert immense Fortschritte gemacht. Nach der Entschlüsselung des Genoms, konnten genetisch bedingte Erkrankungen durch gezielte Manipulation der Erbsubstanz völlig ausgeschlossen werden.
  Ja, diese Gen-Manipulation ermöglichte geradezu unendliche Steigerungen in der Erbsubstanz.
  Über die Zeugung von 'Wunschkindern' wurde heftig und lange debattiert und auch gestritten. Solange es noch Familieneinheiten gab, konnten die Eltern das Geschlecht, die Größe, Haut- und Haarfarbe etc. bestimmen.
  Doch dann wurde diese Genmanipulation von anderen Mächten mißbraucht. Wirtschaftsdiktatoren forderten Züchtungen, die als kräftige und widerstandsfähige Arbeiter in Bergwerken, Plantagen oder anderen manuelen Arbeitslagern gebraucht werden konnten.
Nach einigen Skandalen und durch Einsatz der extra für diesen Zweck wieder ins Leben gerufene Menschenrechtsorganisation, konnte dieser Mißbrauch endlich gestoppt werden.
  Die Gentechnik brachte auch andere Fortschritte. Die genetische Herstellung von Hormonen wurde weiterentwickelt und perfektioniert. Sie erlaubte sehr früh sogar die Produktion von Antikörper gegen Krebszellen und somit eine ganz gezielte Behandlung, besonders von Tumoren.
  In der Chirugie wurden schon bald viele und besonders komplizierte Operation durch Computer gesteuert und sogar

von Computern ausgeführt.
   Die menschliche Psyche wurde beeinflußt durch Gabe und Blockade von Neurotransmittern, so daß es heute schon längst möglich ist, einen psychisch 'optimal' reagierenden Menschen zu erzeugen. Ähnlich wird gezielte Beeinflussung des Immunsystems durch Gabe oder Blockade von Botenstoffen (Interleukine, Inferone etc.) gesteuert. Zum Beispiel bei schweren Infektionen oder Schwächung bei Autoimmunerkrankungen.

Weltraumforschung

   Die Pioniere der Raketenindustrie aus Deutschland ermöglichten auch die ersten Satelliten, den ersten Sprung in den Weltraum. Und die Weltraumforschung einiger Länder hatte schon gegen Ende des 20. Jahrhunderts mehrere Sonden in das unendliche All geschickt, um nach anderen Intelligenzwesen zu forschen.
Doch danach beschränkte sich die internationale Weltraumforschung lange Zeit nur noch auf wirtschaftlich rentable Projekte. WR-Labor-Forschung, um bessere Mikrochips, bessere Picokristalle und andere Materialien herzustellen.
Bemannte WR-Forschung wurde vollends eingestellt.
   Es war damals schon festgestellt worden, daß sich in knapp einer Million Jahre auf dem Planet Venus eine für Menschen lebensfähige Atmosphäre entwickeln wird.
Aber noch war die Temperatur auf dem Planeten zu hoch und die Gase dort zu giftig, um überhaupt an eine Kolonisation zu denken. Das heißt, - bis eine Gruppe Wissenschaftler ein Programm entwickelte, das die Temperatur auf Venus schneller senken und die giftigen Gase in lebensunterstützende Luft umändern könnte.

Mit riesigen Behältern wurden zwei WR-Stationen in den Orbit um die Venus gesandt, die den Planeten jahrelang mit einem Nährbrei verschiedener Gase berieselten. Nun hat ein kettenreaktionsmäßiger Prozeß begonnen, der Algen und ähnliche primäre Pflanzen darauf wachsen läßt, die die Temperatur senken und die giftigen Gase allmählich in Sauerstoff umwandeln werden. Aber noch wird diese Phase fast 2000 Jahre dauern, ehe richtige Pflanzen dort wachsen werden, die genügend Sauerstoff erzeugen, damit der Mensch auf dem Planeten Venus existieren kann. Nach etwa der Hälfte dieser Zeit werden jedoch bereits erste Wassertiere dort existieren können

Erst 200 Jahre nach dem Jahre 2000 wurden wieder Sonden hinausgesandt jenseits des Sonnensystems, um in den Galaxien nach anderen Lebewesen zu suchen oder lebensunterstützende Planeten zu finden.
Inzwischen waren auch neue Weltraumfahrzeuge entwickelt worden, die kaum noch Ähnlichkeit hatten mit den Weltraumraketen des 20. Jahrhunderts.
Noch wurden die meisten Sonden mit raketenähnlichen Projektielen bis zu 40 000 Km tief in den Weltraum befördert. Dann entfaltete sich daraus ein riesiger Sonnensegler, der mit seinen Segelflächen den Lichtdruck der Sonne auffing und dadurch mit immer schneller werdendem Tempo von 70000 Km/h und mehr, durch das reibungslose Weltall flitzte.

Inzwischen ist es gelungen, diese Geschwindigkeit ganz enorm zu steigern. Je mehr nämlich das Sonnenlicht auf die breiten - jetzt runden Flächen drückt, desto mehr versucht das Fahrzeug dem Lichtdruck zu entkommen (ähnlich wie das Abstoßen gleicher Magnet-Pole) und das Tempo des Weltraumgleiters steigert sich bis an die Grenze der Lichtgeschwindigkeit.

Einige Forscher gehen soweit, daß sie für die nahe Zukunft sogar noch größere Geschwindigkeiten vorausprophezeien. Da sich aber bekanntlich die Masse mit der Geschwindigkeit ebenfalls steigert (Einstein), müßte im selben Moment in dem die Geschwindigkeit des Lichts überschritten wird, das Objekt ebenfalls in eine andere Dimension eintreten.

Kontakt im Weltall

Etwa alle zehn Jahre wurde ein Lausch- und Forschungslabor losgeschickt und nach langer Stille und mehreren Fehlmeldungen kam endlich eine positive Meldung. Von einem der späteren Forschungslabors kam nach einer nahe an die Lichtgeschwindigkeit grenzende Reise von über 150 Erd-Jahren eine Mitteilung zurück, daß die Median-Sonde einen Planeten geortet hatte, der fast die gleichen lebensunterstützenden Werte hat wie unsere Erde.
Es dauerte nun wiederum fast ein Jahrhundert, ehe ein Laborsonde auf diesen Planeten mit dem Namen 'Iglob', gelandet werden konnte.

Die ersten Meldungen bestätigten die Untersuchungen der vorhergegangenen Forschung-Sonde. Luft und Wasser sind fast identisch mit dem der Erde. Der Mineralgehalt des Bodens zeigte ebenfalls große Ähnlichkeit, abgesehen von einer etwas höheren Acidität.
Doch am aufregendsten war wohl die Meldung, daß zahlreiche schwache Radiosignale wahrgenommen wurden, die dort in einem gewissen Intelligenzpattern von überall auf dem Planeten ausgestrahlt wurden.
Jedoch schon nach nur kurzer Zeit verstummten die Meldun-

gen von dem Forschungstransmitter.

Nun wurde fieberhaft an einer zweiten, diesmal einer bemannten Sonde zu diesem fernen Schwesternplanet der Erde gearbeitet. Und schon fünf Jahre nachdem die letzten Signale empfangen worden waren, verließen vier Astronauten mit dem Raumschiff 'Iglob-Eagle' die Erde, - Richtung dieses olivfarbigen Planeten Iglob.

Im Dauerschlaf überbrückten die Astronauten den größten Teil ihrer fast 80 Jahre dauernden Reise, und als sie gelandet waren, übersandten sie sofort Messungen und Bilder von der Landschaft dort.

Dunkelgrüne Gräser und Wälder, Flußläufe und riesige Teiche... Luft zum atmen!

Ich habe die damals übersandten Bilder dieser Landung schon oft im Archiv angesehen und werde nie vergessen, wie diese vier Männer zum ersten Mal dort ihre Helme und Spaceanzüge abnahmen und die Luft auf Iglob in ihre Lungen sogen. Wie sie lachten und scherzten, sich im seichten Fluß badeten und mit Wasser bespritzten. Einer pflückte sogar einige Pflanzen und Blüten - ähnlich wie Rhododendron, und nahm sie mit ins Raumschiff, als sie wieder dorthin zurückkehrten, um weitere Untersuchungen durchzuführen.

Ein Versuch mit diesen schwachen eigenartigen Signalen Kontakt aufzunehmen, schien jedoch nicht sehr erfolgreich gewesen zu sein. Lediglich ein lebhafteres Aufflackern der fremden Signale war feststellbar, jedesmal wenn die vier Astronauten in derselben Wellenlänge funkten.

Sie versuchten diese Radiosignale zu orten, die von überall rund um den Landeplatz zu kommen schienen. Am stärksten jedoch von einem Hügel, der etwa vier Kilometer weit vom Raumschiff entfernt lag.

Die Männer konnten nicht auf Anweisungen vom Kontrollcenter der Erde warten. Eine Antwort hätte ja über 100 Jahre

gedauert. Also in ihrem Übermut entschieden sich alle vier gemeinsam zu diesem Berg zu gehen und die Ursache der Radiosignale zu erforschen.
Freilich nahmen sie ihre Waffen mit. Die Laserhandfeuerwaffen und Explosiv-Schleuder-Raketen.
Was dann geschah weiß niemand genau. Plötzlich wurde das Sendebild gestört, als ob die Antenne zerstört oder abgerissen worden war.
Von den Minisendern, die jeder Mann der Expedition mit sich trug und vom Hauptsender am Raumschiff zur Erde weitergeleitet wurde, kam noch ein verzerrter Schrei des Entsetzens und in den letzten Bruchteilen der Fernsehübertragung ein Bild das aussah wie - Hunderte von Insektenaugen.
Dann war Funkstille!

Knapp fünf Jahre nachdem diese Schreckensmeldung auf der Erde angekommen war, wurde eine neue Expedition zu diesem mysteriösem Planeten gesandt. Diesmal hatten die vier Astronauten strengste Anweisungen das Raumschiff nie gemeinsam zu verlassen und wenn überhaupt, dann nur in dem gepanzerten und vollkommen hermetisch abgesicherten Geländewagen.

Die Übertragung für die Bilder und Forschungsergebnisse vom Raumschiff zur Erde, war mit mehreren Sendesystemen ausgestattet worden, um eine totale Funkstille bei Zerstörung eines der Systeme zu vermeiden.

Vor nun schon fast sechzig Jahren, kamen die ersten erschreckenden Meldungen von dort:
Ja, es gibt Intelligenzwesen auf diesem Planeten. Millionenfach sogar.
Mehrere hochintelligente Insektenkulturen, die mit eben diesen, als schwache Funksignale empfangenen Geräusche miteinander kommunizieren und sich aggressiv auf alles stürzen was freßbar oder fremd erscheint.

Doch noch überraschender war die andere Nachrichten die diese drei tapferen Männer und Frau geschickt hatten. Sie waren nicht weit vom ersten Raumschiff gelandet, konnten aber kaum noch Überreste davon vorfinden. Anscheinend war es von einer, wahrscheinlich von den Insekten produzierten Säure, ähnlich wie ein schnell wirkender Rost - zerfressen worden.
Das einzige Mal in dem der Geländewagen eingesetzt worden war, war auch das letzte Mal gewesen. Den darin umgekommenen Männern verdanken wir die Videodisks und die Forschungsergebnisse, die nun unter Archiv Iglob 317 bis 328 gespeichert sind.
Die Insekten hatten nicht nur das Raumschiff mit ihrer Säure zerstört. Sie hatten es anscheinend vorher genau analysiert und anschließend in der Nähe ihres Wohnhügels, mit einem Sekret aus ihrem Körper, - nachgebildet. Ähnlich wie auf der Erde Bienen und Wespen ihre Wabennester bauen. Nur, - und das war das Erschreckendere, sie waren sogar imstande, die chemische Zusammensetzung der analysierten und zerstörten Objekte mit selbstproduzierten Chemikalien nachzuahmen.
Wie die übersandten Bilder zeigen, waren mehrere Kopien des zerstörten Raumschiffs in verschiedenen Größen von den Insektenwesen nachgebaut worden.
Nun offenbarte sich auch der Grund für die rasante Destruktion des ersten Raumschiffes. Wie das Original, so war auch bei allen Nachbildungen, die Luke zum Eingang - offen.
Bildübertragungen und Testanalysen von einigen steinernen Ruinen auf dem Planeten Iglob ergaben, daß vor vielen Millennien eine menschenähnliche Zivilisation dort gelebt haben mußte, die diese Gebäude gebaut hatten.
Freilich waren fast alle Metalle und Weichgegenstände längst verrostet und vermodert, - oder von der Säure der Insekten

zersetzt, aufgefressen und verschwunden, aber der Bordcomputer hatte analysiert, daß diese Zivilisation eine Entwicklung und Bildungsniveau hatte, so wie es hier auf Erden vor knapp eintausend Jahren gewesen sein mußte. Woher sie kamen und wieso diese vielen hochintelligenten Insekten alles andere Leben auf Iglob zerstört hatten, konnte uns der Analysator jedoch nicht mitteilen.

Diese verschiedenen Insekten halten auch riesige Herden von Tieren und ganze Plantagen von Pflanzen die sie als bevorzugte Nahrung benutzen. Ähnlich wie die Ameisen auf unserer Erde, die sich Blattläuse halten, um sie zu melken. Der riesige Hügel, der sich drei Meilen vom Raumschiff befand, bzw. befindet, war nur einer von vielen in verschiedener Größe, in denen diese Kolonien von Insektenarten hausen.

Um es kurz zu machen, noch bevor der Geländewagen nach dieser ausgedehnten Erkundungsfahrt wieder zum Raumschiff zurückkehren konnte, wurde es von immensen Wogen Kleinst-Insekten eingehüllt und zum Stillstand gebracht. Die Fortbewegung war auf dem glitschigen Teppich der Billionen getöteter Insekten unmöglich geworden und langsam fraß sich die ätzende Säure anderer Insekten durch die Dichtungen der Luken, ins Innere des Gefährts.

Sobald die Antenne, die diese Insekten besonders aggressiv attackierten, zerstört worden war, endeten auch die ausgesandten Bilder und verzweifelten Hilferufe von dort.

Selbstverständlich versuchten die zwei auf dem Raumschiff verbliebenen Astronauten sofort wieder zu starten und zur Erde zurückzukehren. Aber inzwischen hatten sich mikroskopisch kleine Lebewesen, ja - ebenfalls Insekten, wie eine dicke Rauchwolke durch die Antriebsdüsen in die Motore eingeschlichen und sie mit ihrer überwältigender Anzahl, - lahmgelegt.

Draußen saßen schon ihre tausendfach größeren Verwandten

und sonderten Säure ab, die sich langsam durch die Dichtungen und Metalle fraß...

Nun befürchten einige Wissenschaftler, daß es diesen hochintelligenten Insekten gelingen wird, das intakte Raumschiff nachzubilden und vielleicht damit hierher zu kommen. Aber ich bezweifle das. Woher würden sie wissen wie man ein solch kompliziertes Weltraumschiff fliegt? Und um den Weg hierher zu finden, müßten sie auch Computerdaten lesen können.

Trotzdem arbeiten nun die Laboratorien an einem Insektizid, das auf Iglob gegen diese Tiere eingesetzt werden kann, um sie zu zerstören und den Planeten (wieder?) für Menschen bewohnbar zu machen.

Hoffen wir, daß diese Gifte nicht auch hier benutzt werden müssen. Es hat auf Erden hunderte von Jahren gedauert, ehe die Gifte der Insektiziden, die um die Jahrtausendwende produziert und eingesetzt wurden, abgebaut werden konnten.

Nur durch den natürlichen Einsatz von Schädlingsbekämpfung war es dann endlich möglich gewesen, den immer aggressiver und widerstandsfähiger werdenden Insekten Herr zu werden.

Unterhaltung

Ein anderer wissenschaftlicher Durchbruch nach dem 20. Jahrhundert war der Braintrip.

Durch einen Sinnes-Helm der es ermöglicht, die herrlichsten aller Gefühle in den Helmträgern zu erzeugen.

Wie auch heute noch vielfach gebraucht (als Nachfolger des ehemaligen Sinnesanzugs), kann jeder damit das fühlen, verspüren und erleben, wonach er oder sie Lust hat. Egal ob ein Hochgenuß wie köstlichen Speisen oder sinnliche Ekstase durch erotische Gefühle.

Anfangs war es allerdings so, daß die meisten Leute nur noch mit dem Sinneshelm - bzw. Anzug, durch den Tag lebten und keine produktive Arbeit mehr leisteten, weil sie sich damit von Ekstase zu Ekstase jagten.

Doch dann wurde es so arrangiert, daß nur der in den befristeten Genuß eines Sinneshelms kam, der es als Belohnung für getaner Arbeit oder Dienstleistung 'verdient' hatte. Etwa so ähnlich wie die Rezepte von einem Arzt schon seit über einem Jahrtausend verschrieben werden.

Besonders effektiv ist dieser Sinneshelm für die Ruhigstellung der Alten in den Seniorenheimen geworden. Hier wurden die Restriktionen schon längst wieder gelockert und gar mancher Greis verbringt seine letzten Jahre in einem Taumel der Genüsse, die er nicht einmal in seinen besten Jahren als junger Mann oder Frau gekannt hatte.

Leider wurden diese Sinneshelme anfangs auch eingesetzt, um Terror und Horrorvisionen zu erzeugen. Doch nachdem damit zuviele Menschen von kriminellen Elementen erpreßt und gepeinigt worden sind und so auch permanenten Schaden nahmen, wurde der öffentliche Gebrauch dieser 'Low-Trip' Programme verboten und Mißbrauch mit schärfsten Bestrafungen verurteilt.

Einige Zeit lang versuchte man damit besonders brutale kriminelle Übeltäter zu bestrafen, bis es dann schließlich doch als zu inhuman, (unmenschlich) verboten wurde.
Man implantiert seither in Gewaltverbrecher Phlegma-Tranquiller mit Langzeit Effekt, womit ihnen alle Lust und Laune zu ihrem bisherigen Treiben vergeht.
Nachdem die längst übervölkerten Gefängnisse abgeschafft worden waren, wurde jeder Übeltäter dazu verurteilt, den von ihm verursachten Schaden wieder gutzumachen und zusätzliche Arbeit für das Allgemeinwohl zu leisten.
Der Intelligenzquotient von Wiederholungstätern wird

durch chemische Behandlung in Strafvollzugslaboratorien reduziert und der Kriminelle mit einem Sender und Kontroller ausgestattet, dem er sich nicht entledigen kann. (Meist ein Halsband, das bei dem Versuch es zu entfernen, ein Mittel injiziert und den Träger für längere Zeit lahmlegt.) Durch dieses Band ist es auch immer möglich, den Vorbestraften zu lokalisieren und seine Aktivitäten zu verfolgen, bzw. zu kontrollieren.

Diese mehrfach Vorbestraften waren es auch, die später als erste Wiederansiedler in die immer noch etwas radioaktiv verseuchten Gebiete geschickt wurden.

Da fällt mir gerade ein, nachdem der Intelligenzquotient des Durchschnittsbürgers fast verdoppelt werden konnte, wurden die schon Ende des 20. Jahrhunderts so populäre Fernsehquiz-Shows besonders beliebt.

So wie einst in allen Ländern der Erde Leute mit einem Walkman auf dem Kopf durch den Tag wanderten, so liefen nun sogar noch mehr Leute mit Minicomputer in Kopfband oder Haar gesteckt umher, und versuchten durch das Lösen verschiedener Quiz-Programme ihr Wissen zu bereichern.

Das Fernsehen wurde über die Jahrhunderte auch erheblich verbessert und ist schon seit mehreren Jahrhunderten dreidimensional. Nun befinden sich in den meisten Wohnungen der zivilisierten Welt omnidirektionale und dreidimensionale Fernbildschirme rundum an den Wänden und sogar an der Zimmerdecke.

Anstatt Tapeten sind es nun langsam bewegliche - und abwechselnde - Bilder von friedlichen Landschaften, von Wäldern und Wiesen, Tiere oder anderen Szenen, und je nach Belieben auch Gemälde.

Nur dort, wo das Hauptviewing stattfindet, dort kann sich jeder aus fast unzähligen Programmen das aussuchen, was er gerade sehen will.

Alle Fernsehprogramme der ganzen Welt und eine computerisierte Videobibliothek mit fast allem, das je gefilmt wurde, kann mit dem Kontrollboard aufgerufen und angesehen werden. Dabei kann man schon seit mehreren Jahrhunderten in die meisten Filme auch die Darsteller einprogrammieren. Das heißt, man kann mit dem Viewscanner sein eigenes Portrait-Foto eingeben und der Computer programmiert das Gesicht auf den Schauspieler, den man in diesem Film darstellen möchte. Während des ganzen Films, ist man nun der Star der Action.

Mit den neuesten Ultra-Hi-Tech Synchro-Action-Geräten kann nun jeder nicht nur selber mitmachen, er kann nun sogar selbst die Handlung und die Intensität der Spannung mitbestimmen.

Wird es ihm zu toll, so kann er es mit einer einfachen Bewegung reduzieren. Will er jedoch mehr Action und Aufregung, so kann er das genauso leicht regulieren, bis hin zum Grad des schier Unerträglichen.

Bei diesen Action-Thrillers ist auch die Jagd auf wilde Tiere sehr beliebt. Von Bären-, Löwen- und Tigerjagd bis hin zur prähistorischen Jagd nach Dinosauriern.

Auch Kriegsspiele aus jedem Jahrhundert oder jedem Krieg gibt es. Der Spieler fühlt sich dabei als einer der Mitwirkenden und er kann den Charakter, den er selber darstellt, genauso leicht ändern oder wechseln, wie die Seiten der sich bekriegenden Armeen. Von den Kreuzzügen im frühen Mittelalter, die Weltkriege und Dschungelkriege im 20. Jahrhundert, bis hin zu fiktiven Spacewars.

Und durch Krimi-Action-Spiele, kann der Spieler als Detektiv die ärgsten Banden bekämpfen oder schwierigsten Fälle lösen, - oder als krimineller Mastermind, seine List und Verschlagenheit mit der des Kriminalkommissars von Scotland Yard oder FBI messen.

Ungefähr seit dem Jahr 2600 sind einige dieser Spiele allerdings nur noch auf Empfehlung eines Psychoanalytikers zu bekommen. Zu viele kriminelle Elemente hatten diese Spiele benutzt, um ihre geplanten Coups zu programmieren und zu testen.
Der Sport nahm bis zum Ende des 22. Jahrhunderts geradezu unheimliche Formen an. Die Teilnehmer an den verschiedenen Sportarten wurden nun geradezu gezüchtet und ein normaler Sportler konnte dabei schon längst nicht mehr mithalten.
Doch seit der Erfindung des Actionscanners interessiert sich kaum noch jemand dafür, welche Sportleistungen andere vollbringen. Sie können sich ja nun selber der Illusion hingeben, in jeder Sportart der oder die Beste zu sein, ohne dabei in die Gefahr einer Verletzung oder eines Unfalls zu geraten.

Das Ende der Versicherungsfirmen und Banken

Apropos Unfall, Privat-Versicherungen wurden nach mehreren Skandalen und durch die Mega-Schwindel-Aufdeckungen Ende des 21. Jahrhunderts abgeschafft.
Einige mutige Bürger hatten es endlich durchgesetzt, daß der Dauerbetrug, den diese Gesellschaften besonders mit Lebensversicherungen schon seit Jahrhunderten durchgeführt hatten, endlich an die Öffentlichkeit kam und das ganze Versicherungswesen abgeändert wurde.
Hatten diese Firmen doch tatsächlich all die einbezahlten Prämien für sich behalten, wenn die versicherte Person verstarb und sich anschließend kein rechtmäßig befugter Erbe meldete, der die Versicherungssumme für sich forderte.
Dies geschah millionenfach, da die Verwandten manchmal

nicht wußten, ob der Verstorbene eine Versicherungspolice hatte. Und selbst wenn sie es vermuteten, so fanden sie dieselbe nicht, wenn sie in einem, den Erben unbekannten Bankschließfach mit ali den anderen Wertgegenständen und Geldern gelagert oder sonst irgendwo versteckt worden war. Und so behielten die Versicherungen die Milliardenbeträge einbezahlter Prämien, - und die Banken die in den Schließfächern verbliebenen Werte der Verstorbenen und die Gelder ihrer Sparbücher, die nie abgehoben wurden.

Naja, wie Du sicher wissen wirst, gibt es nun schon seit fast 800 Jahren kein sogenanntes Bargeld mehr. Jeder kann mit seinem Code und dem PIS (Personen-Identifikation-Scanner) die Bezahlung und Transfer von Werten durch sein Wert-Konto durchführen.

Durch die Universal-Versicherung ist nun jeder Deurop-Bürger versichert, da die Kosten für Schäden, die durch eine Krankheit, einen Unfall oder Naturkatastrophe anfallen, aus Steuermitteln bezahlt werden.
Sollte ein Dritter durch seine Schuld den Schaden verursacht haben, so wird er dafür, ähnlich wie für ein Gesetzesvergehen zur Rechenschaft gezogen und muß Wiedergutmachung leisten.

Wohnung und Haushalt

Die 'Hausfrau' von einst gibt es schon lange nicht mehr. Alle Einkäufe, Bestellung von Nahrungsmittel und Kochzutaten, werden durch Comp-Tel-Shopping gemacht. Und so wie früher eine Fernheizung alle Bewohner eines Hauses mit Wärme versorgte, so werden sie nun auch mit den verschiedenen Zutaten für die Küche beliefert.
Der Hauscomputer errechnet den Durchschnittsverbrauch der

verschiedenen Nahrungsmittel und bestellt durch den Marktcomputer die benötigten Artikel.

Plant man ein größeres Fest oder Essen, dann braucht man nur die geschätzte Menge der Gäste eingeben sowie die gewünschten Gerichte und Getränke.

Bei der danach erfolgenden Lieferung werden die losen Mengen in die sich nach Größe verstellbaren Zutaten-Behälter gepumpt, die sich über und neben der Küche befinden.

Ähnlich auch die eingefrorenen Nahrungsmittel, die vorportioniert sind und bei Gebrauch automatisch entfrostet werden.

Nun braucht die Hausfrau oder der Hausmann nur noch in den Heimcomputer eingeben, was er zu essen haben will und für wieviele Personen, und die Computerküche holt sich die verschiedenen Zutaten aus den Zubringerröhren der Behälter und direkt in die Mixmaschine oder Kochtopf, um sie je nach Wunsch und eingespeichertem Rezept zu kochen.

Der Abwasch geschieht entweder durch automatische Spülanlagen, Luftsprüher, und/oder durch Zermalmung und Neuanfertigung des Geschirrs.

Diese Wiederverwertung wurde schon vor einigen Jahrhundert eingeführt und von der Regemi (Regenerationsministerium) streng überwacht.

Alle produzierten Gegenstände und Materialien werden nach dem Wiederverwertungsgrad besteuert.

Plastik, Verpackungsmaterial oder ähnliches, muß entweder kompostierbar sein, d.h. es muß sich nach einem Jahreszyklus bei Aussetzung in offener Witterung - auflösen, oder im Falle von permanenten Plastiken - wie z. B. Möbel oder Fahrzeuge jeder Art, sowie auch Kleidung und Schuhwerk, durch ein bestimmtes Verfahren in einem ReGen (Regenerator) auflösen und wieder in ähnliche oder andere Strukturen umgewandelt werden können. Ein Produkt, das mindestens zu 80 Prozent wiederverwertet werden kann, wird mit einer weit geringeren Steuer belastet als etwas, das kaum oder nur zum Teil wieder verwertet werden kann.

Um nochmal auf Kleidung und Schuhwerk zurückzukommen. Stell Dir vor, zu Beginn dieses Millenniums und noch einige Zeit danach, mußten die Leute doch tatsächlich noch in Einkaufszentren oder etwas, das sie 'Schuhgeschäft' nannten, gehen, um dort Schuhwerk anzuprobieren. Wenn sie dann das passende Paar gefunden hatten, bezahlten sie dafür und mußten nun monatelang - ja sogar jahrelang mit denselben Schuhen herumlaufen.

Naja, bestenfalls hatte der Durchschnittsbürger sechs oder sieben verschiedene Paare in seinem Schuhschrank, zwischen denen er wählen konnte. Ähnlich verhielt es sich mit den Kleidern die er oder sie in ihrem Kleiderschrank hatten.

Wie anders ist es doch jetzt mit dem Ped-Molder (Schuhformer), den jedermann bei sich zuhause hat.

Man steckt da einfach seine mit 'Oxys' (Sauerstoffdurchlässigen Socken) bedeckten Füße hinein, programmiert den 'Look', das Aussehen der Schuhe, die man haben möchte, und presto - der Ped-Molder formt die neuen Schuhe direkt um die besockten Füße. Wasserfest und immer genau passend. Mit dem Rip-Streifen zieht man sie nach Gebrauch wieder aus und schmeißt sie zur Wiederverwertung einfach zurück in den Ped-Molder.

Ähnlich ist es mit Kleidern, die man auch nur einmal trägt, ehe sie im ReGen (Regenerator) wieder aufgelöst werden. Braucht man etwas Neues, so fordert man über den Bildschirm einfach die neuesten Mode-Styles an, selektiert was man haben möchte, und der Texmo (Textilien-Molder) kreiert

den gewünschten Artikel in der passenden Größe.
Selbst ein Schneidermeister aus dem zwanzigsten Jahrhundert wäre über die Qualität dieser neuen Kunststoffe überrascht gewesen. Kein Fasergewebe, wie früher, sondern eine dünne Mikro-Struktur, ähnlich wie die späteren Polyestertücher. Das Ganze basiert auf eine Weiterentwicklung der Wunderfaser Kevlar, die sich bei der Herstellung steuern läßt bis zur Stärke von Stahl. Durch dieses Verfahren werden verschiedene Gewebe unterschiedlicher Dicke konstruiert, die dann durch computergesteuertes Dehnen - Ziehen und Wälzen, in das passende Kleidungsstück modelliert werden.

Umweltschäden und ihre Folgen

Ein Problem, das um die letzte Jahrtausendwende die Bevölkerung der britischen Inseln und entlang der Küstengebiete auf dem Festland Europas am Atlantik und am Mittelmeer betraf, war eine Tragödie die vor allem Kinder betraf.
Auch entlang der Ost- und Westküste Nordamerikas tauchte dieses Phänomen auf: Fast ein Achtel der Neugeborenen wurden verkrüppelt, mit schweren Geburtsfehlern geboren. Meist fehlten Gliedmaßen: Finger, Hände, Arme und Beine.
Doch dann tauchten vermehrt auch noch schwere Gehirn- und andere Organschäden auf, die eine lebenslange Pflege notwendig machten.
Manche dieser Neugeborenen hatten anstelle eines Gehirns nur eine schwammartige Masse, das ein Weiterleben natürlich unmöglich machte.
Man vermutete, daß die chemische Verunreinigung der Küstengewässer die Ursache für die hauptsächlich entlang den

Küsten auftretenden Mißbildungen der Neugeborenen war.
Doch dann kam noch ein anderer Faktor dazu:
Nach jahrzehntelangem Gebrauch von Geburtskontroll-Pillen, wurde es für Frauen manchmal schwierig, die Fruchtbarkeit wieder zu erlangen, wenn sie endlich Nachkommen haben wollten.
Nun mußten Hormone zu Hilfe genommen werden. Leider mit dem Ergebnis, daß sich immer mehr multiple Embryos im Mutterleib formten, die öfters ineinander verwachsen waren.
War die Geburt von sogenannten 'Siamesischen Zwillingen' Anfangs des 20. Jahrhundert noch eine relative Seltenheit, so verzehnfachte - ja sogar verhundertfachten sich diese bedauernswerten Mißgeburten auf allen Erdteilen und in allen Bevölkerungsschichten.
Familienplanung und Geburtskontrolle wurde eine der wichtigsten Aufgaben für die medizinische Wissenschaft.
Erst schuf man Pflegeheime für diese unglückseligen Geschöpfe, doch als dann diese Geburtsraten in immer erschreckendere Zahlen auftrat, entschloß man sich zur Euthanasie, - zum Gnadentod.
In einem fast Jahrzehnte lang andauerndem Moratorium der Gesundheitsbehörden von EG, UN und Nafta wurde beschlossen, die bereits verkrüppelten und lebensfähig Geborenen zu sterilisieren und alle Neugeborenen mit schweren Verstümmelungen durch sofortige Euthanasie von einem dahinvegetatierenden Leben mit diesem Leiden, zu erlösen.
Zudem sparten die betroffenen Länder Milliarden CU (Currency Units = Geldeinheiten) der deswegen anfallenden Pflegekosten.
    Ein ähnliches System wurde danach auch für unheilbar Erkrankte und die vollkommen pflegebedürftigen Alten eingeführt.
Erst als die Gesundheitsmedizin weitere Fortschritte gemacht

hatte, und sich die durchschnittliche gesunde Lebensdauer der Menschen immer weiter nach oben schraubte, wurde ein System ausgearbeitet, das allmählich zu dem führte, was wir heute haben: Aktive und gesunde Menschen bis zum Abtritt und die Ersetzung jedes Bürgers nach seinem Alterskriterium. In meinem Fall ist das, wie ich schon erwähnt habe - 180 Jahre. Irgendwann vor etwa 400 Jahren, so um das Jahr 2580 konnte von der Genforschung ermittelt werden, warum manche Menschen besondere Talente mit 'in die Wiege gelegt' bekommen. Kurz danach war es auch schon möglich, diese Talente bereits im Embryo zu züchten und zu fördern.
Doch wieder zurück zur letzten Jahrtausendwende und der darauffolgenden Tragödie.

Das große Abräumen

Probleme gab es vor rund 1000 Jahren auch mit dem Abrüsten nach dem sogenannten 'Kalten Krieg' zwischen Ost und West, zwischen der kommunistischen Ideologie des Ostens und dem demokratischen bzw. freikapitalistischem Wirtschaftssystem des Westens. Besonders in den Ostblockländern existierten die Armeen, Flotten und Luftwaffen noch jahrelang weiter und die Soldaten, zum Teil ohne adäquaten Sold oder Unterstützung von ihrer Regierung, betreuten immer noch Atombomben-Flugzeuge, Raketensilos und Nuklear-U-Boote, für die sie nicht einmal mehr ordentliche Ersatzteile hatten.
Und während sie sich noch immer über die Zuständigkeit stritten, zerfielen und verrosteten die Waffenarsenale, die nicht bereits durch Schiebereien an Unterhändler anderer Länder oder Untergrundorganisationen verkauft worden waren.
Erst dann begann die Auflösung der Millionen unter

Waffen stehender Soldaten und sie kehrten heim, um wieder die Felder zu bestellen, wie einst ihre Großväter und Urgroßväter. In den Städten wurden längst verfallene Häuser wieder aufgebaut und Straßen neu belegt, Fabriken, die einst nur Kriegsmaterial produzierten, wurden nun endlich umgerüstet für friedliche Zwecke und langsam begann der Wiederaufbau...

Etwa zur selben Zeit braute sich jedoch weit unter dem Meeresspiegel eine neue Katastrophe zusammen.

Errosion fraß durch die -zigtausende, von skrupellosen Chemiekonzerne und sogenannten 'Giftmüll-Entsorger' Firmen im Meer versenkten Fässer und Container und die daraus freigesetzten Gifte verbreiteten sich über die Meere.

Zwei vor einigen Jahrzehnten versunkene Atom-U-Boote der ehemaligen UdSSR waren im salzigen Meerwasser verrostet und setzten enorme Mengen von Radioaktivität frei. Nicht nur durch die strahlenverseuchten Fische gelangte der schleichende Tod unter die Bevölkerung, auch die Wolken, die ihre Dünste aus dem radioaktivem Meer gesogen hatten, regneten Siechtum über weite Landstriche.

Die Folgen der freigesetzten Radioaktivität kroch in das Knochenmark der dort lebenden Menschen, und besonders Kinder erkrankten an Leukämie und starben in erschreckender Zahl, d.h. - soweit überhaupt noch Kinder geboren wurden.

Dann jedoch kam bereits eine weitere Katastrophe - aus Asien. Nord-Korea hatte mit veralteten Flugzeugen und Atombomben Südkorea angegriffen. Kaum einer der Piloten überlebte den Atom-Holocaust, genauso wie die Millionen Opfer unter der Zivilbevölkerung. Viele versuchten noch zu flüchten, doch ihr Blut und Knochenmark waren verseucht und unheilbar erkrankt, starben sie in wenigen Monaten.

Die ganze Gegend um die Halbinsel Korea wurde abgeriegelt. Diejenigen, die noch am Leben waren, wurden mit

Hilfstransporten durch Abwürfe aus der Luft versorgt und verpflegt.
Bald waren auch diese Flüge nicht mehr notwendig und wurden eingestellt. Süd- und ein großer Teil von Nordkorea war ein Niemandsland geworden.
Als dann auch noch die 'wilde Horde', die Armee eines russischen Generals aus einem Teilstaat der ehemaligen UdSSR, einen selbstständigen Angriff auf die EG Staaten ausführte und in einer Blitzaktion in weniger als zwei Tagen vom Osten bis hin zum Rhein vordrang, starben Millionen Menschen an den Folgen ihrer Aggression, bei dem sie chemische und biologische Waffen einsetzten.
Eines der wenigen Kampfflugzeuge, das diese Armee zur Verfügung hatte, war mit einer H-Bombe (Wasserstoffbombe) nach England unterwegs, um dadurch auch dieses Land in die Knie zu zwingen und von dort einen Gegenangriff der längst reduzierten Nato-Streitkräfte zu verhindern.
Doch noch bevor das Flugzeug England erreichen konnte, wurde es abgeschossen. Als das Flugzeug in die Nordsee stürzte, explodierte die Bombe.
Ein riesiges Erdbeben erschütterte den Norden Europas, enorme Flutwellen überschwemmten alle angrenzenden Küsten, Teile von England und Holland verschwanden im Meer. Viele Millionen starben.
Erst am Rhein, ich glaube es war in der Nähe der damaligen Stadt Köln, wurde diese Armee von den vereinten Streitkräften, der schon seit längerer Zeit reduzierten Nato, mit Bomben und Raketen vollkommen vernichtet.
Selbstverständlich starben dabei wiederum einige Millionen Bewohner der vielen Großstädte in dieser Gegend.
Die Nachhut dieser 'russischen' Armee, war noch bis nach Tschechien verstreut und terrorisierte weite Teile des Herzlandes. Dabei setzten sie auch chemische Giftwaffen ein

und die Opfer übersäten viele Länder.
Dann explodierte - man hat nie erfahren ob es ein verzweifelter Verteidigungsschlag war oder von den Resten der Invasionsarmee ausgelöst wurde - auf jeden Fall, einer der Atomreaktoren im Osten brach auseinander, und verseuchte weite Gebiete.
Die Reste der feindlichen Armee flüchteten nach Norden, wo sie in Folge der Radioaktivität und dem mit Winden nachströmender Kampfgifte ganz elend zugrunde gingen.
Groß war nun die Not der Überlebenden in Mitteleuropa! Nur der südliche und östliche Teil Bayerns, ein Teil von Österreich und einige Täler der Schweiz waren im Herzgebiet verschont geblieben.
Nach einigen Tagen trafen aus fernen Ländern erste Hilfsgüter ein für die Verletzten und Hungernden. Für die von der Radioaktivität Verstrahlten konnte nur noch wenig getan werden. Und doch meldeten sich viele von ihnen freiwillig, um die verseuchten Gebiete zu reinigen und die Toden zu begraben, um wenigstens für die Überlebenden und die Kinder - für die ferne Zukunft wieder eine Heimat zu schaffen.
Es herrschten schreckliche Zustände und erst nach vielen Jahren konnte wieder Ordnung hergestellt werden.

Die Bevölkerung wählte einen Mann der schon in der Vergangenheit seine Aufopferung für Land und Leut' bewiesen hatte. Ihn baten sie durch eine Volksabstimmung, sie wieder in ein ordentliches Leben zu führen. Und so geschah es, daß nur zwei Generationen später - bis auf eine besonders stark verseuchte Zone - das Land wieder erblühte und der Wohlstand Fortschritte machte mit der neuerwachten Wissenschaft für demokratischen Frieden. Es war auch kurz danach, daß die Idee der GS geschaffen wurde...
Inzwischen hatte sich die Lage im Nahen Osten wieder

verschärft. Ein neuer Führer der Palästinenser erinnerte seine islamischen Glaubensbrüder daran, daß das nun schon seit vielen Jahrzehnten von den Israelis besetzte Gebiet einst ihr Heimatland gewesen war, und nachdem er von anderen arabischen Ländern finanzielle und militärische Hilfe bekam, griffen sie Israel an, mit einer Furie wie nie zuvor.

Da den Verteidigern in Israel keine Zeit mehr blieb, um Hilfe von den UNO Streitkräften herbeizurufen, setzte der etwas nervenschwache und übereifrige Verteidigungsminister, seine Atommacht gegen die Araber ein.

Binnen weniger Stunden tobte dort ein Atomkrieg zehnfach so intensiv wie der Atom-Holocaust von Seoul in Korea.

Stürme entfachten sich über der Wüste und ein gewaltiger Aufwind trieb die strahlenverseuchten Staubwolken in die Ionosphäre. Tagelang kreiste der todbringenden Nebel über den Erdball, dann begannen sich die Staubpartikel zu senken. Ein tödlicher Ring legte sich um den Globus...

Ja, ein Teil wurde vom hohen Uralgebirge im Osten Europas aufgehalten, aber für wie lange?

Jahr für Jahr sickerte immer wieder radioaktive Luft vom Osten nach Westen, um den ganzen Erdball.

Zig-Millionen Europäer, Nordamerikaner und viele Bewohner Nord-Asiens verfielen dem Siechtum und starben.

Nach den großen Nuklearkatastrophen Anfangs des 21. Jahrhunderts in Europa und im Nahen Osten waren große Teile dieser Gegend so verseucht, daß sie unbewohnbar wurden für Mensch und Tier.

Ja, selbst ein Teil des gesamten nördlichen Erdballs wurde durch die Erdrotation und den von der radioaktiven Gegend kommenden Winden und Regenfällen so verstrahlt, daß immer mehr Menschen in den Süden flohen und die Länder im Süden bis weit unter dem Äquator übervölkert wurden.

200 Jahre lang existierte kaum noch ein lebendes intelligentes Wesen in den nördlichen Regionen Europas, Asien und dem USA-Gebiet. Expeditionen von Freiwilligen fanden danach fremdartige Pflanzen und Mikroben dort, und die meisten Wissenschaftler die sich nicht mit der Ernährung der zusammengeballten Bevölkerung in den Ländern des Südens befaßten, experimentierten mit dem Abbau der Radioaktivität.

Wissenschaftler auf der ganzen Welt forschten fieberhaft nach einer Antitode, - einem Mittel gegen die Symptome der Radioaktivität. Zugleich herrschte weltweit überall noch eine Hungersnot von ungeheurem Ausmaß. Die riesigen Getreidefelder in Nordamerika und Osteuropa waren verseucht und konnten nicht mehr geerntet werden. Ja, sogar für etliche Jahrhunderte nicht mehr bestellt werden. Zudem fehlten all die Viehherden, die nun ebenfalls verseucht und verendet waren.

Jetzt waren auch die Genforscher gefordert. Mit neuen, kaum getesteten Experimenten, wuchsen Pflanzen von enormer Größe. Bäume die einst kaum 20 Meter hoch gewachsen waren, schossen nun 80 - 100 - ja sogar bis zu 200 Meter und mehr in die Höhe.

Nahe der ursprünglichen Verstrahlungsgebiete und entlang des Uralgebirges wurden riesige Wälder angebaut, deren Bäume sich hoch in den Himmel streckten, um einen natürlichen Filter gegen die radioaktiven Wolken und Staubwinde zu schaffen.
Die Regenfälle dort häuften und intensivierten sich derart, so daß es die meiste Zeit schien, als wäre der Himmel selbst mit dem Regen an den Horizont genäht.
Zugleich aber bewirkte dies eine Filterung der Atmosphäre und eine 'Spülung' der Erdoberfläche. Das radioaktive Wasser versickerte tief unter der Erde und nach etwas über

zwei Jahrhunderten, wurden einige dieser Regionen wieder für bewohnbar erklärt.

Es war inzwischen auch entdeckt worden, daß gewisse schnellwachsende Pflanzen, wie z. B. Salate, nur sehr wenig von den tödlichen Strahlungen beim Wachstum aufnehmen und so konnten bald darauf wieder Gemüsearten und Bäume in den weniger verstrahlten Gegenden angepflanzt werden.

Durch die Steigerung der pflanzlichen Wachstumshormone war es den Forschern auch gelungen, enorm riesige Gemüse- und Obstpflanzen zu erzeugen.

Als Arbeiter wurden dort meist Sträflinge eingesetzt, die wegen krimineller Straftaten zu lebenslanger Haft verurteilt worden waren.

Durch diese Strahlenverseuchung hatten auch enorme Völkerwanderungen stattgefunden und verursachten in den noch bewohnbaren Gegenden eine Wohnungs- und Hungersnot von ungeheurem Ausmaß. Überall Millionen Obdachlose und von den Folgen der Strahlen und des Hungers, siechende und kränkelnde Menschen.

Dort wo noch Vorratslager und Geschäfte existierten, ballten sich die Massen und stürmten in todesverachtender Verzweiflung die notdürftig aufgebauten Barrikaden. Die Armee und Miliz trat ihnen entgegen und schoß blindlings in die Massen. Hunderttausende starben im Hagel dieser Kugeln.

Endlich, nach monatelangem Ausnahmezustand, konnte wieder etwas Ordnung hergestellt werden und die Überlebenden wurden organisiert und notdürftig verpflegt.

Die bereits sterbend Verseuchten wurden in kontrollierte Zonen gedrängt und dort festgehalten.

Allmählich brachten dann die Erzeugnisse der Wachstumsforschung einen Aufschwung. Für die in den spärlichen Safe-Zonen eingeengten Überlebenden mußte auf sicherem Land genießbare Nahrung produziert werden.

Das war fast ein Ding der Unmöglichkeit.

Und so kam es, daß durch Hormone behandelte Schlachttiere gezüchtet wurde, die eine drei- und vierfache Körpergewichtsgröße hatten als ihre natürlichen Vorfahren. Um jedoch diese Tiere zu füttern und zu mästen, mußte nun auch mehr Weidegras und Getreide erzeugt werden. Hierzu entwickelten die Labor-Genies Magnumgräser und Gigapflanzen.

Als man schon glaubte, einen geregelten Ausgleich gefunden zu haben, machte sich ein neues schreckliches Phänomen bemerkbar: Die von Wachstumshormone behandelten Nahrungsmittel gaben nicht nur ihren erhöhten Nahrungswert an die Überbevölkerung der Safe-Zonen weiter, sie transferierten im Laufe der Jahre auch die Eigenschaft des Wachstums an den Verbraucher.

Immer mehr 'Gigantos' und 'Megamenschen' erschienen auf den Straßen der überbevölkerten Gegenden. Der Volksmund nannte dieses Phänomen irrtümlicherweise 'Elefantitis'. Doch nicht nur enorm große Babies wurden geboren, auch völlig normal gewachsene Kinder wuchsen plötzlich so rapide in Höhe und Breite, so daß sie in weniger als zwei bis drei Jahren schon die drei- und vierfache Größe ihrer normal gewachsenen Altersgenossen hatten.

Es blieb keine andere Wahl, die Zeugung und das Aufwachsen von Kindern wurde danach strengstens kontrolliert und überwacht.

Schließlich gab es fast nur noch Retortenbabies. Männer ließen ihren Sperma einfrieren und wurden anschließend sterilisiert.

Nicht nur die Befruchtung, auch das Aufwachsen der Kinder und Jugendlichen wurde nun in Institutionen durchgeführt, bis sie aus dem Teen-Alter herausgewachsen, und - im Falle der Männer - untersucht, registriert und sterilisiert waren.

Ungefähr zur selben Zeit war es den Wissenschaftlern auch gelungen endlich ein Widerstandsmittel gegen die tödlichen Effekte der Radioaktivität zu entwickeln. Allerdings sank durch den Gebrauch dieses Mittels auch der Intelligenzquotient der damit behandelten Versuchspersonen, und es wurde nur an Freiwillige oder durch Gerichtsbeschluß, an die zu lebenslanger Haft verurteilte Kriminelle verabreicht, die in Haftkolonien, - meist in verstrahlten Gebieten, gehalten werden.

Bei der Erwähnung der Gentechnik und Wachstumssteigerung der Pflanzen vorhin, fiel mir noch etwas ein.

Vor zwei - drei Jahren las ich in der Chronik, die einer unserer Vorfahren vor 1000 Jahren über seine bayerische Waldheimat geschrieben hatte, daß sich auch damals in Zeiten der Not, die Waldbewohner von Pilzen und Beeren ernährt hatten.

Pilze waren auch ein sehr wichtiger Bestandteil der Not-Nahrung in der Neuzeit, als die weltweite Hungersnot in allen Safe Zonen existierte. Schon bei den ersten Versuche die mit Pilze-Arten durchgeführt wurden, waren neue Sporenpflanzen entwickelt worden, die sehr reich an Eiweiß und anderen Nährstoffen sind. Darunter auch ein riesiger Bovistpilz, von dem sich eine Familie wochenlang ernähren konnte, indem sie jeden Tag ein Stück davon abschnitten. Die Schnittwunde wuchs fast über Nacht wieder zu, und der Pilz, der natürlich keine Ähnlichkeit mehr hatte mit den Hutpilzen von vor über 1000 Jahren, gedieh in der feuchten Halbdämmerung unterirdischer Schutzräume.

Bis zum Beginn des zweiten Century der Neuzeit (nach dem Christen-Kalender im 25. Jahrhundert), konnten schon wieder Gebiete inhabiert werden, die über 300 Jahre lang als Todeszone gesperrt gewesen waren.

Der P.I.S.

Eben mußte ich den Akku des Sprechcomputers wieder aufladen. Was heute nur wenige Sekunden Zeit in Anspruch nimmt, dauerte vor 1000 Jahren noch mehrere Stunden, als hauptsächlich noch Batterien in einfachen Sprechrecordern benutzt wurden.

'Speakos' (speak-computer) Sprechcomputer waren damals noch in den Anfangsstadien und sehr ungenau.

Damals, als man noch mit Geld bezahlte. Bunt bedruckte Papierscheine und geprägte Metallscheiben. Unvorstellbar heutzutage!

Kein Wunder, daß die Leute damals 40 und mehr Stunden pro Woche arbeiten mußten und wenig Zeit für schöpferische Muse und Vergnügen hatten.

Auch die verschiedenen Plastik-Kreditkarten gibt es schon längst nicht mehr.

Das war auch eine Plage des 20. und 21. Jahrhunderts, da durch übermäßige Kreditaufnahme (Schuldenmachen) immer mehr und vor allem junge Bürger und Familien vor einem unüberwindbaren Schuldenberg standen, wurde schließlich eine einheitliche Kreditkarte eingeführt, die von allen Kreditinstituten und Geschäftsfirmen akzeptiert wurde.

Eine computerisierte Zentrale gibt seither sofort Auskunft darüber, ob der geforderte Einkauf noch innerhalb der Kreditleistungsfähigkeit des Kartenhalters liegt. (Die Kreditschuld muß in einem bestimmten Verhältnis mit dem Einkommen liegen.)

Seitdem der PIS (Personen-Identifikation-Scanner) eingeführt worden war, legt man zu diesem Zweck nur seine Hand auf die Identifikatorscannerplatte und jede Person wird in Sekundenschnelle mit dem Gloco (Globalcomputer) sofort identifiziert. Nun wird jeder Einkauf, jedes 'Soll' oder

'Haben' registriert und mit dem laufenden Kontostand des Individuums verrechnet.
Dieses Identifizier-Scanner System wird auch für andere Zwecke benutzt, z.b. als 'Schlüssel' für Sicherheitstüren und Tresors, um Fahrzeuge zu öffnen oder benutzen zu können, Computeranlagen und ja, sogar Griffe von Handfeuerwaffen für Sicherheitkräfte wurden so gebaut, daß die Waffe nur von der dafür programmierte Person abgefeuert werden kann.
Ja, es war ein phänomenales Jahrhundert, das zwanzigste und auch die, die gleich nach dem Abräumen folgten.
Ich möchte Dir hier noch mehr davon erzählen, von der Weiterentwicklung in den Jahrhunderten danach...
Die Menschheit machte in diesen 100 kurzen Jahren seine bislang größten technischen Fortschritte. Und das, obwohl während dieser Zeit mehrere große Kriege stattfanden. Zwei davon nannten sie sogar 'Weltkriege' und beim zweiten, so um die Mitte des 20. Jahrhunderts, wurden zum ersten Mal Atomwaffen eingesetzt.
Aber zuerst etwas über die religiösen Brauchtümer der damaligen Zeit.

Der Trick mit der Religion

Erst nach der Erkenntnis, daß angeblich alle Religionen nur aus den Hirngespinsten raffinierter Menschen entsprungen sind, um ihre Mitmenschen zu kontrollieren, zu unterdrücken und die Reichtümer der anderen zu bekommen, durch diesen ältesten Ganoventrick der Welt, daß ich mich näher damit befaßte.
Eigentlich hatte es angefangen nachdem erst eine, dann noch eine zweite dieser sogenannten 'christlichen Sekten' angeklagt worden war, falsche Ideologien zu verbreiten,

um sich damit zu bereichern und Macht über ihre 'Gläubigen' zu erlangen.

Daraufhin wurden 'Fachleute' von den beiden größten christlichen Religionen angefordert, um als 'Experten' vor Gericht auszusagen. Doch die Rechtsanwälte der Sekten verwickelten diese sachverständigen Theologen in solche Widersprüche, so daß in Kürze das gesamte Religionswesen auf der Anklagebank zu stehen schien.

Dabei wurden geradezu haarsträubenden Anklagen und Aufdeckungen gemacht. Die ganze Geschichte des Judo-Christentums wurde wieder aufgerollt und unzählige Widersprüche entdeckt. Auch die brutale Gewalt, mit der diese Religionen im Abendland und eigentlich in allen Erdteilen eingeführt und der Bevölkerung aufgezwungen worden war. Ganze Völker, Nationen und Kulturen waren ausgelöscht worden, in diesem über 2000 Jahre lang andauerndem Holocaust. - Alles im Namen eines sogenannten Gottes der Liebe und der Gnade.

Das Richtergremium in diesem internationalen Prozeß der etliche Jahre dauerte, formulierte den Urteilspruch so, daß zwar jeder seine Religionsfreiheit behalten dürfe, aber Missionswerke in irgendeiner großangelegten Form und Bekehrungen waren nur noch erlaubt, wenn der moderne 'Heide' auch die Belehrungen der Aufklärung erfahren hatte. Ein wehrloses Kind oder gar einen unschuldigen Säugling zu taufen oder grausam zu beschneiden, - nur weil es angeblich mit einer 'Erbsünde' belastet war oder mit blutigem Ritual eingeweiht werden sollte - wurde sofort verboten.

Kein Gott der Gnade und der Liebe würde eines seiner eigenen Geschöpfe in die von diesen Religionsgründern erfundenen 'Hölle' verdammen, nur weil es noch nicht getauft worden war.

In seiner Abschlußrede sagte der vorsitzende Richter

auch noch etwas wie: "Hätte man anstatt die Zeit in Tempeln und Kirchen zu verbringen, mit dem sinnlosem Geplapper das man 'beten' nannte, die Tierwelt in freier Natur beobachtet, so wäre der Menschheit viel Elend und Not erspart geblieben... Kein Tier schlägt ein anderes aus Habgier oder Machtgelüsten. Kein Leittier führt sein Rudel in eine geplante Schlacht, um zu erobern oder andere zu unterwerfen. Sie töten nur aus Hunger - um zu überleben. Und selbst wenn ein fremdes Raubtier in das Gebiet eines anderen eingedrungen ist, so wird es nur vertrieben. Niemals aber, wenn es bereits flieht, wird es aus Haß verfolgt oder getötet.

Auch der Mensch hätte ohne die irrsinnigen Versprechungen der Religionsfürsten vom 'Ewigen Leben' - sein eigenes und das seiner Mitmenschen besser achten und schätzen gelernt und nach einem friedlichen, gemeinsamen Dasein getrachtet.

Doch die allmächtige Religion versprach ihnen, daß sie ewiges Leben erlangen werden, wenn sie im Namen dieser Religion bei den Kreuzzügen und Bekehrungen der einst glücklichen Naturvölker, die angeblichen 'Feinde der Kirche' vernichten und töten. Und so wurde die Macht des Christentums mit Feuer und Schwert auf grausamste Weise in alle Erdteile verbreitet und verteidigt. Jeder der durch die Taufe dieser Religion beitrat, stärkte diese Macht. Dafür durften sie danach ihre auch noch so schlimmen Sünden beichten oder bereuen, um nach ihrem Ableben in den 'christlichen Himmel' zu gelangen..."

Selbstverständlich gibt es auch heute noch Nachfolger dieser verschiedenen Religionsgruppen.

Das Judentum verbündete sich mit der christlichen Ideologie im 'Holocaust-Credo' - eine Art von neuer Erbsünde, und obwohl den meisten Heiligen des Christentums während des Religionsprozesses ihr fast göttlich bevorzugter Status aberkannt worden war, verehrt die Judo-Christengemeinschaft immer noch einige davon. Sogar einige neue, sogenannte 'Holocaust-Heilige', werden als Märtyrer von den Gläubigen dieser Religionsgemeinschaft verehrt.

Auch einige Gläubige des islamischen Korans existieren noch, obwohl sie damals durch den Atom-Holocaust der Israelis fast alle ausgelöscht wurden.

Hier und dort bestehen auch noch andere Lehren von einem Weltgeist, der irgendwo im unendlichen Jenseits hausen soll und die Konstellation unseres Universums kontrolliert.

Jene wenigen, die behaupten, daß die 'Seele' als die entweichende Energie eines Gestorbenen weiterhin existiert, und manchmal einen neuen Halt in einem Neugeborenen findet.

Dadurch kam wohl auch der Ausdruck 'Wiedergeburt' schon vor mehreren Jahrtausenden zustande.

Persönlich mache ich mir eigentlich wenig Gedanken darüber. Und schon gar nicht ob oder welche dieser Glaubenslehren die 'richtige' sein soll. Ich kann mir nicht vorstellen, daß eine göttliche Macht im sogenannten Jenseits interessiert daran ist, ob ein Mensch x-mal am Tag gebetet hat und seine Verstöße gegen irgendwelche Gebote einer bestimmten Religion gebeichtet oder bereut hat, wenn er Millionen mit einem flehenden Gebet auf ihren Lippen elendig verenden hat lassen. Was für ein Weltgott wäre das, der all die anderen Billionen Menschen in ewige Verdammnis schickt?

Puls der Ewigkeit

Kurz vor der letzten Jahrtausendwende hatte man schon die Entdeckung gemacht, daß sich die Lichtge-schwindigkeit seit dem Beginn solcher Messungen gesteigert hat. Lange konnte sich niemand erklären, wie dies überhaupt möglich war und Rufe wurden laut nach einem 'neuen Einstein'. Irgend jemand hatte damals schon mit Logik vorausvermutet, daß bei zunehmendem Raum - in gleichbleibender Zeit, die Geschwindigkeit zunimmt. Ergo: Im laufend expandierendem Weltall beschleunigt sich die Geschwindigkeit des Lichts. Und im Kern-Sog eines der Schwarzen Löcher verringert sich diese Geschwindigkeit wieder, bis sie dann vollkommen stillsteht - kurz vor der neuen Hyperexplosion.

Die Theorie über den Ursprung der Schwarzen Löcher als ein sich alle 15 bis 20 Milliarden Jahren wiederholenden Zyklus, nannte der um die Jahrtausendwende lebende Urahn: 'Puls of eternity' (Puls der Ewigkeit).

Das schwarze Loch im Weltall saugt alles in seiner Nähe in seinen nimmersatten Antimaterie Schlund, bis es 'gesättigt' durch unzählige Welten und Galaxien ins absolute Nichts zusammengepreßt, wieder mit einer Hyper-Nova explodiert und die neu erstandene Gasmasse neue Welten und Galaxien formt, im (fast) ewigen Schleuderflug durch die unendliche Leere des Nichts.

Drogen und Kriminalität

Selbst nach der Teil-Kapitulation der Regierung im Jahre 1994, als der Konsum von 'Phlegma-Kraut' (Haschisch) legalisiert wurde, wuchsen Drogenmißbrauch und Kriminalität sprunghaft auch in Deutschland an. Besonders nachdem die neue Misch-Regierung der Koalition von einer chaotischen Fehlentscheidung in die andere taumelte.

Autonome Gruppierungen zogen durch die Straßen deutscher Städte, demonstrierten gegen alles, was noch an Recht und Ordnung erinnerte, zerstörten Geschäfte, öffentliche Einrichtungen und störten brutal jede Versammlung, egal ob sie aus religiösen, wirtschaftlichen oder konservativ politischen Gründen stattfand.

Oft waren die Teilnehmer dieser autonomen Gruppen high von Drogen und hatten keine Skrupel, mit den brutalsten Mitteln gegen die verteidigungslosen Bürger vorzugehen oder die immer schwächer agierende Polizei anzugreifen. Es passierte, daß bei solchen Auseinandersetzungen Brandbomben geworfen wurden, drei oder vier Polizisten getötet und dutzende verletzt wurden, ohne daß irgendeiner der autonomen Täter dafür verurteilt oder bestraft wurde.

Wenn aber einer der Polizisten einen der Angreifer verletzte oder gar tötete, so mußte er mit einer schweren Disziplinarstrafe rechnen, und es geschah immer öfters, daß er dafür sogar vom Dienst suspendiert und für sein 'brutales' Vorgehen bestraft wurde.

Die Autonomen jedoch hatten ihre Gönner und Unterstützer in den linken Fraktionen der Politiker, welche eine Macht ausübten, die wenig zurückstand zu der Totalitarität kommunistischer oder faschistischer Diktaturen. Gesetze wurden durchgedrückt, die dem Bürger immer mehr Rechte wegnahmen und immer mehr Steuern aufbürdete. Die wenigen Aufsichtsbeschwerden, die noch eingereicht wurden, endeten im Papierkorb und die sich Beschwerenden wurden hassakiert und gesellschaftlich ausgeklammert.

In den Sitzungsräumen saßen stumpfsinnige Regierungsbeamte und rauchten Hasch...

Das neue Kriminal- und Arbeitsgesetz

Nach dem apokalyptischen Holocaust der Chemie- und Atomkatastrophen wurde, wie ich schon aufgeführt habe, drastisch aufgeräumt und das Regierungswesen vollkommen neu organisiert. Das Gesetzwesen wurde neu bearbeitet und seine Durchführung auch garantiert. Das Leben der Bürger wurde verhältnismäßig wieder sicher vor kriminellen Elementen. Ein Wiederholungstäter hat nun wirklich auch nur einmal die Gelegenheit zu wiederholen. Danach ist er dauernd unter Beobachtung, entweder durch die Direktionskontrolle seines Halsbandes, oder für immer in einer Strafvollzugszone aus die er niemals entkommen kann, während er dort arbeitet und seinen Unterhalt selbst verdienen muß.

Sogar GmbH-Firmen mit einem Aufsichtsrat müssen damit rechnen, daß das gesamte Gremium bestraft wird, wenn die Firma ein Verbrechen begeht. Egal ob wegen eines Betrugs oder wegen Umweltverschmutzung.

Obwohl heutzutage kaum jemand mehr als zwei mal zwei Tage zu je sechs Stunden (24 Std./Wo.) arbeiten braucht, hat jeder nicht nur das Recht, sondern auch die Pflicht zur Arbeit! Arbeitslosigkeit gibt es kaum noch, oder zumindest nur sehr befristet. Überstunden wurden schon vor vielen Generationen abgeschafft. Wenn eine Firma kurzfristig mehr Leute braucht, was bei computerisierter Arbeitsplanung fast nie vorkommt, so werden qualifizierte Arbeitskräfte aus dem Stand-by-Pool (Bereitschafts-Sammelpunkt) angefordert und für die Extra-Arbeit eingesetzt.

Viele Arbeitsstellen sind heutzutage nicht viel mehr als Computerüberwachung. Ein Angestellter paßt auf die computerisierten Maschinen auf, die die eigentliche Arbeit und Produktion verrichten. Natürlich geschieht fast nie etwas mit den Maschinen der neuen Hi-Tech-Generation. Und gerade deshalb ist es wichtig, daß der Überwacher während dieses ziemlich monotonen Dienstes, seine Aufmerksamkeit keine Sekunde vernachlässigt. Im Falle eines Produktionsfehlers muß innerhalb von Sekunden sofort reagiert werden. Deshalb ist die eigentliche Dienstzeit eines sechs Stunden Arbeitstages nie länger als zwei mal zwei Stunden. Die restlichen zwei Stunden werden mit Training und Entspannungstherapie ausgefüllt.

Zudem haben viele ihren Arbeitsplatz nun im eigenen Heim, d.h. Büroarbeit und alles das sich mit computerisierter Technik von dort aus machen läßt, wird von den Angestellten über den Bildschirm erledigt. Sie sind ja jederzeit mit den Kollegen oder Kunden via Bildtelephon verbunden und erreichbar.

Neue Erfindungen und Forschungen

Einige der neuesten Projekte auf dem Gebiet der Forschung sind: Die Tarnkappe (Lichtreflektorbiegung)
  Teleportation
  Das Perpetuum Mobile

Lichtreflektor, um etwas - ja, auch Menschen - unsichtbar zu machen, daran wurde mit Teilerfolg schon seit einigen Jahrhunderten experimentiert.
Es begann eigentlich schon Mitte des 20. Jahrhunderts mit der theoretischen 'Entdeckung' der Quanten.
Danach drangen Forscher mit Atomteilchenbeschleuniger immer tiefer in die Welt des infinitivsten Kleinstwesens ein.
Das Elektron und die Bausteine des Atoms (Protonen und Neutronen) sind die subatomaren Teilchen, aus denen diese

infinite Kleinswelt besteht.

Die Elektronen können in den Bahnen dieser Microwelt hin und her springen, indem sie Lichtenergie abgeben oder absorbieren. Durch Benutzung bestimmter Picakristalle erzeugen diese Elektronen überlagerte Lichtwellen, die sich gegenseitig auslöschen und somit - unsichtbar werden.

Eigentlich hätten die Wissenschaftler schon damals darauf stoßen sollen, als sie entdeckten, daß sich die Elektronen beim Messungsvorgang im subatomaren Quantenbereich in ihrer Fokusschärfe veränderten, d.h. nicht das gemessene Teilchen, sondern das Meßgerät wurde 'unscharf' und - 'verschwand' einfach während späteren Messungen, bis der Test beendet wurde.

Erst nach zahllosen Versuchen mit Hyper-Tech-Forschung gelang es, die 'verschwundenen' Elektronen wieder zu finden und zu lenken bzw. zu steuern.

Und, obwohl man durch die Anwendung von negativen Lichtreflektor nicht mehr erkennen konnte, was das Licht nicht widerspiegelte, so war es doch nicht die ideale Tarnkappe aus einem 2000 Jahre alten Märchen.

Das Objekt oder vielmehr die Person, die nach Einsatz des negativen Reflektors durch die Gegend lief, sah bestenfalls aus wie ein grauer oder tiefschwarzer, lichtloser Schatten.

Das Problem war, anstatt des schwarzen 'Etwas', den verdeckten Hintergrund erscheinen zu lassen.

Fast drei Jahrhunderte dauerte es noch, ehe die Beugung der Lichtelektronen so gesteuert werden konnte, daß der Hintergrund des unsichtbaren Objekts nach vorne gespiegelt werden konnte.

Eine Flüssigkeit wurde entwickelt, die sich durch Hi-Tech-Computer programmieren ließ und den Hintergrund naturgetreu nach vorne spiegelte. Nun gibt es diese Tarnkappe. Allerdings ist die Anwendung noch so umfangreich und teuer, so daß sie bis jetzt nur in Demonstrationen in Labors durchgeführt werden kann.

Ähnlich das Projekt der Teleportation.
Für Sachgegenstände funktioniert es bereits ganz gut. Vorausgesetzt man hat einen enorm teueren Teleporter (Sender) und eine noch kompliziertere und kostspieligere Empfängerstation.
An lebenden Objekten hat es bisher bei diesem hochwissenschaftlichen Projekt noch zu viele Fehlschläge gegeben. Vielleicht in 30 bis 40 Jahren...

Das Perpetuum - Mobile
Ein Jahrtausende alter Traum der Menschheit, der schon 'fast' Wirklichkeit geworden ist. Aber dieser Traum eines energielosen Bewegungsmittels bzw. eines Motors, wird wohl immer ein 'fast' bleiben.
Den ersten großen Schritt zu diesem Selbstgenerator machten kurz vor der Jahrtausendwende das Argonne National Laboratorium in USA. Durch den Einsatz eines Supermagneten war es ihnen gelungen, den Verlustfaktor auf 0,0000009 zu reduzieren.
Aber es war noch lange danach, bis damit erstmals ein Akku-Generator hergestellt werden konnte, der mit minimalem Antrieb Energie produzierte.

Verkehr und Transport

Das ist ein vielfältiges Gebiet und ich weiß nicht so recht, wo ich damit beginnen soll. Vielleicht - nachdem der Verbindungs-Tunnel zwischen England und dem europäischen Festland eröffnet worden war. Als dann täglich -zigtausend Autofahrer, die auf der anderen Seite ankamen, plötzlich mit einer vollkommen anderer Verkehrsweise konfrontiert wurden, kam es zu enormen Unfallssteigerungen auf den tunnelnahen Straßen.

Trotzdem nach den ersten paar hundert Verkehrsunfällen Millionen ECUs von den EG-Ländern ausgegeben wurden, um die ankommenden Fahrer auf die andere Fahrweise (links bzw. rechts) hinzuweisen, half es nur wenig. Mit dem steigenden Verkehr kam es zu immer mehr Unfällen.

In den ersten drei Jahren nach der offiziellen Eröffnung waren es schon 400 Tote und im Jahr danach fast mehr als doppelt soviele.

Da entschloß sich die EG endlich zu handeln und drastisch durchzugreifen.

Trotz heftiger Gegenwehr wurde das damalige Insel-Imperium Großbritannien gezwungen, ihre gewohnte Fahrtrichtung zu ändern und sich dem Rechtsfahren der übrigen Welt anzupassen.

Doch dies waren nicht die einzigen Verkehrsprobleme jener Jahre.

Zur Zeit der letzten Jahrtausendwende gab es jedes Jahr immer erschreckendere Zahlen von Verkehrstote, die zum Teil auch auf den damals sehr primitiven Autobahnen bei Unfällen ihr Leben lassen mußten. Teilschuld daran war auch, daß auf den Straßen keine andere Kontrolle herrschte, als die durch den Geschwindigkeitsbeschleuniger, die Bremse und das Lenkrad in den Fahrzeugen. Schuld war aber auch, daß der größte Teil der Güter in sogenannten Lastkraftwagen ebenfalls dieselben Straßen benutzten. Und so war es meist überhöhte Geschwindigkeit, Fahrerfehler und Unwetter (Nebel und Straßenglätte), die diese Unfälle auslösten. Manchmal aber auch die geradezu idiotische Anlage von Richtungsschilder am rechten Fahrbahnrand.

Wenn zum Beispiel der Fahrer eines Pkws eines der Schilder lesen wollte, um sich zu orientieren, und neben ihm fuhr gerade einer der riesigen Lkws der die Sicht zum Schild verdeckte, so bremste der Pkw-Fahrer oft plötzlich ab, um das rechts angebrachte Informationsschild noch lesen zu können, bevor es der Transporter verdeckte.

Erst anfangs des 21. Jahrhunderts begann man endlich auch in Europa diese Richtungstafeln dort anzubringen, wo sie ungehindert von allen Verkehrsteilnehmer gesehen werden konnten, nämlich in der Mitte, bzw. über dem trennenden Mittelstreifen der Autobahn.

Dann jedoch kam die Zeit des Schreckens über Europa, und die Straßen waren danach wie leergefegt...

Die Deurop-Bahn

All diese Dinge, wie Informations-Schilder und Tempo-Limits sind inzwischen längst überflüssig geworden. Während des Wiederaufbaus nach den großen Nuklearkatastrophen in Europa, wurden bereits die ersten Transportbahnen gebaut, ähnlich so wie wir sie heute kennen. Danach fuhren nämlich die meisten Leute schon mit Elektro-Cars, mit Massentransportern wie Magnet-Gleit-Bahn oder Elektro-Bussen, die durch eingebaute Fahrt-Taster ein zu nahes Auffahren zum vorderen Verkehrsteilnehmer verhinderten und eine automatische Bremswirkung veranlaßten.

Als sich dann die Deurop-Transitbahn über den Kontinent ausbreitete, wurden alle neueren Autos schon mit der neuen Fahrt-Computeranlage gebaut.

Und nun kann man sein Fahrtziel bereits zuhause im Wohnzimmer in den Fahrtcomputer einprogrammieren.

Angenommen Du willst nach Amsterdam fahren, aber erst noch einen Abstecher nach dem nahegelegenen München (80 km) machen.

Nachdem Du die Daten eingegeben hast, gehst Du zum Parkturm neben Deiner Wohnung und forderst mittels des PIS (Personen-Identifikation-Scanner) Dein Fahrzeug an. In kürzester Zeit bringt das Förderband Deinen Elektroflitzer zur Ausfahrt. Während das Fahrzeug geparkt war, ist auch der Akku wieder aufgeladen worden. Die Rechnung dafür wird mit dem Mietpreis Deiner Wohnung von Deinem Wertekonto abgebucht. Du steckst nun den Transitcomputer in die dafür vorgesehene Halterung Deines Flitzers und fährst los zur nächsten Deurop-Transit-Bahn Auffahrt. Hier mußt Du kurz anhalten und wieder Deine Hand für zwei - drei Sekunden in den PIS legen, während der DT-Bahn-Fahrtcomputer die einprogrammierten Daten Deines persönli-

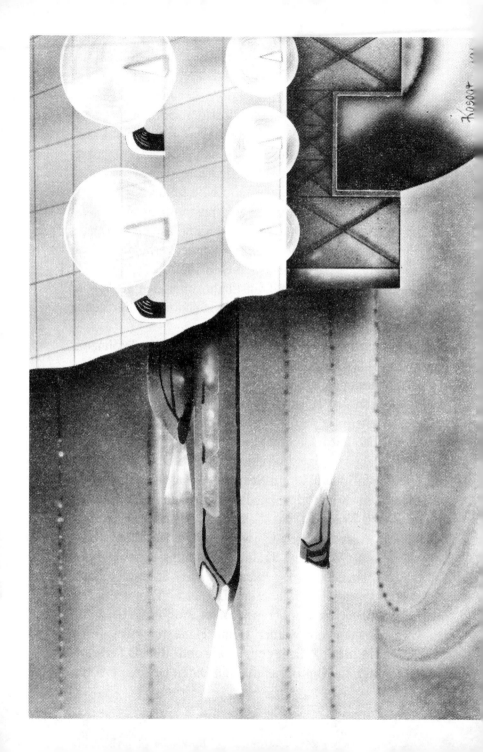

chen Fahrtcomputers abliest. Nun kannst Du die Hände von der Steuerung und den Fuß vom Beschleunigerpedal nehmen, - der Bahncomputer übernimmt Deine Fahrt. Draußen hat es geregnet, aber in der überdachten Deurop-Transit-Bahn merkst Du nichts mehr davon. Oben auf dem Bahndach befinden sich Solarzellen und Windgeneratoren, die den Strom erzeugen für die viele tausend Kilometer lange Bahn, die sich wie ein gigantisches Netz über die Kontinente spannt.

Für die kurze Strecke nach München leitet Dich der Bahncomputer nach der Einfahrtsbahn in die zweite Spur der in jede Richtung vierspurigen Transitbahn, und bringt Dich mit Tempo 200 zur gewünschten Ausfahrt in München. Hier mußt Du wieder die Steuerung übernehmen und den Strom für die Fahrt liefert der fahrzeugeigene Akkugenerator.

Sobald Du Deinen Besuch in München beendet hast, fährst Du wieder auf eine DT-Bahn-Auffahrt und beginnst Deine Reise nach Amsterdam. Nun kannst Du ruhig ein Nickerchen machen, fernsehen oder die Transport-Tech-Szene um Dich herum beobachten. Der Bahncomputer hat Dich erst in die dritte Spur gebracht (240 kmh) und sobald der Weg frei ist, in die von Dir angeforderte vierte Hi-Speed Innenbahn. Die kostet zwar etwas extra, aber mit Tempo 320 kmh gleitest Du mit diesem Transportsystem sicher und schnell zum Ziel.

Links neben Dir, im abgesonderten Fracht- und Rapid-Transit-System, zwischen den in beide Richtungen laufenden Pkw-Bahnen, summen die Komfortzüge der Massentransporter mit 420 km/h. Direkt darunter, die Frachtcontainer-Bahn mit 500 km/h.

Abzüge leiten den Fahrtwind nach oben, wo große Windgeneratoren den Wirbel wieder in brauchbare Stromenergie umwandeln. 75 Prozent der 'verbrauchten' Energie wird so wiederverwertet. Wenn die ebenfalls vorprogrammierten Frachtcontainer an ihrem Zielort ankommen, sausen sie auf einer Gleitrampe nach unten und werden von dort mit Elektro-Lasttransporter zum Verbraucher gebracht. Bei den 'Haltestationen' verringern die Personenzüge der Rapid-Magnetbahn ihre Fahrt kaum, sondern eine Transfer-Kabine paßt sich kurz vorher dem Tempo des Zuges an, und die Leute steigen durch die Verbindungstür in die Stationskabinen. Die Türen schließen sich und während der Zug mit unverminderter Geschwindigkeit weiter gleitet, verringert sich das Tempo der Transferkabinen bis sie genau in der Station anhalten. Nachdem die Leute ausgestiegen sind, saußt die leere Kabine wieder zurück, um auf den nächsten Rapid-Transit-Zug zu warten. Die Passagiere werden nun mit Elektro-Busse zu ihrem Ziel in der Stadt gefahren, - oder sie mieten sich einfach einen kleinen Stadtflitzer.

Ähnlich, nur in umgekehrter Reihenfolge, verläuft das Einsteigesystem.

Der Flugverkehr ist ebenfalls sicherer geworden. Neue Energie Puls-Jets treiben die Düsen voran, und keiner der 800 bis 1500 Passagiere in den riesigen neuen Flugtransportern braucht sich Sorgen zu machen wegen einer Treibstoffexplosion oder einem Versagen der Triebwerke. Die Flugroute ist mit dem Traffic-Computer ganz präzise eingespeichert und neue Radarscanner zeigen den Weg fast noch besser als bei hellem Tageslicht. Die Fluggeschwindigkeit ist fast das Dreifache von dem von 1999, und die Zubringer-Züge zum Flughafen sind Magnet-Gleitbahnen, die mit 400 km/h die Passagiere von und zu den Städten bringen.

Reisegepäck ist fast überflüssig geworden, da man doch überall in Hotels und sogar in den Waschräumen öffentlicher Verkehrsmittelstationen neue Kleidung etc. für eine minimale Gebühr bekommen kann. Die meisten Reisenden tragen jetzt höchstens noch ein PC-Etui.

Man reist schnell und leicht in der Zukunft!

Und nun mein unbekannter Sohn, zum Abschluß dieses Video-Briefes möchte ich Dich bitten, daß auch Du Dich bemühst die Vergangenheit der kommenden Zeit aufzuzeichnen für die noch ungeborenen Generationen der Menschheit. Vielleicht wird es eines Tages - in einem kommenden Jahrhundert oder Jahrtausend wieder möglich sein, das Stückchen Paradies zurückzugewinnen, das unsere Vorfahren Familie und Heimat nannten - aber leider nicht bewahrten.

Leb wohl mein Sohn...

Ausklang

Nach Abschluß dieser Chronik der Zukunft, habe ich einige Zeile, ja sogar einige Seiten wieder gelöscht, weil sie mir beim Durchlesen - nachdem ich sie geschrieben hatte - gar zu absurd vorkamen.
Ich bin kein Akademiker, und vieles was ich hier in meiner eigenen Handschrift gelesen habe, - verstehe ich nicht. Kann es nicht deuten...
Ausdrücke wie: 'Trilenium',
'Puls der Ewigkeit'
'omnidirektionale Infinitum'
'Holocaustcredo'
und vieles andere mehr, kann ich in keinem Lexikon finden. Noch nicht, - doch ich bin sicher, daß es eines Tages dort stehen wird.

Juli 1994
Josef Schaller

Ein Wort des Dankes...

An die zahlreichen Personen in den Staatsbibliotheken von Berlin und München, der Carnegie Library in Pittsburgh, USA, den Archiven in Pilsen und Prag, sowie die Mitarbeiter der Stadt- und Pfarreibücherei Zwiesel, die mir bei der Forschung nach prophetischen Schriften und Büchern geholfen haben. Besonderen Dank dabei auch meinen Freunden Thomas Weber und Fred Baran für die Auskunft über die bayerischen Waldpropheten.

Für die wertvollen Tips und Informatik bei der Gestaltung der Zukunftsprognose 'Trilenium':
Herrn Karl-Heinz Reif von Reif-Systemtechnik
Meiner Nichte: Dipl. Ing. Bettina Niemeier
Den Herren Dr. Roman Eder und Dr. Christian Pötzl, für ihre Hinweise im medizinischen Bereich
Herrn E. Stern, für seine Mithilfe als Lektor

Zeichnungen: Martin Sekyra, Klatau
Illustration Airbrush Design: Klaus Kaspar, Frauenau
Titelseite: Ein Projekt, an dem mehrere Personen mitgewirkt hatten:
    Michael Schmidt - Brandenburg
    Toni Schaller - Zwiesel
    Lambert Sporrer - Zwiesel
    Klaus Kaspar - Frauenau

Was ist Zeit?

Nur einige spielerische Gedanken über Zeit...

Für uns ist es ein Geschehen, das sich in einem gewissen Zeitraum abspielt. Erst liegt dieses Geschehen noch in der fernen Zukunft, dann rückt es durch den Ablauf anderer Ereignisse in die nähere Zukunft, bis es schließlich in der Gegenwart angekommen ist. Und noch während es vor unseren Augen abläuft, - wird es Vergangenheit.

Gegenwart ist zeitlich nicht meßbar. Alles Geschehen spielt sich in dem zeitlich unmeßbaren Moment ab in dem es geschieht.
Und sobald etwas geschieht - wird es schon Vergangenheit.
Alles Geschehen ist also entweder Zukunft - die noch nicht existiert, oder Vergangenheit - die nicht mehr existiert.

Wenn es Zeit dauert, um etwas zu erreichen, dann ist jeder Ort oder jedes Geschehen - außer dem Hier und Jetzt - Zukunft.

Zukunft ist das, worauf wir in der Vergangenheit gewartet und gehofft hatten. Sie wird auch in der Gegenwart immer vor uns liegen.

Vergangenheit ist das Gestern von heute.